JN096582

一人称研究の実践と理論

「ひとが生きるリアリティ」に迫るために

Masaki Suwa
諏訪正樹 著

近代科学社

まえがき

「ひとが生きるリアリティ」に迫るためにはどういうやりかたで研究するのがよいのか？　一人称研究はこの問いと格闘してきた者たちが人工知能や認知科学の分野から提唱した手法である。

老若男女、ひとはそれぞれ、生き方を模索しながら日々生きる。生きることは一筋縄ではいかない。他者とのコミュニケーションに違和感を覚えたり、こんなことでよいのかと疑問が湧き起こったり、悩んだり、苦しんだりする。立ち止まって足を踏み出せなかったり、後悔したり、生き方を変えてみようと思い立ったりする。目に見える成果が上がらないことに愕然としたり、それでも明るく前を向こうと決心したりする。長年頑張ってきたが同じ場所をぐるぐる回るばかりで、一向に進歩がないのではないかと不安になったりする。しかしあるとき、ひょんなことで糸口や光明を見つけ、一歩踏み出したりもする。「生きる」とはその繰り返しである。艱難（かんなん）辛苦や喜怒哀楽を伴う試行錯誤が、生きるリアリティである。

ひとの知を扱う研究分野で「生きるリアリティ」に迫ろうとする動向は、残念ながら主流ではない。昨今に至るまで、あるいは昨今はますますその種の研究は希少かもしれないという思いを私は抱いている。

「生きるリアリティ」に迫らんとするならば、生きる上での試行錯誤のプロセスに（その一端でもよいから）むきあう必要がある。そして、試行錯誤を捉えるためには、まずは研究対象となるひとを定め、そのひとの一人称視点からみえる世界を研究対象に据えることが必須であろう。それが一人称研究の中心思想である。一人称視点とはなにか？　それは本人から見える世界や自身のあり様、そして自身と世界の関わりの様である。ひとは誰しも一人称視点を有し、それを重要な拠り所のひとつとしてものごとを感じ、考え、判断・理解し、行動している。一人称視点は主観に他ならない。

ひとの思考や行動の根幹に鎮座しているのは主観であるが、一人称研究は主観だけを拠り所にせよという主義主張ではない。他者から見てどう見えるか、写真や映像にどう映っているかという客観的視点（三人称視点）も大いに拠り所にするのがよい。ひとの知を扱う研究のこれまでは、客観的視点の重要性を主張するがあまり客観的視点だけを重視してきたのではないだろうか。ときどき主観を蔑む雰囲気が漂う場に遭遇することもある。その風潮は研究の世界だけでなく学校教育にも多分にありはしないか。一人称研究の思想の根底にあるのはまさにこの懸念なのである。

たとえば、研究対象のひとの心身を詳しく掘り下げるために N ＝ 1[1] のものごとを詳細に研究報告すると、すぐ、「それはその人だけに成り立ったことであって、普遍性は証明されていないですよね？！」とか、「そのひとの主観的記述には客観性がないので、データの有効性に疑問が残ります」といった質疑が飛び交う。その場に居合わせるとがっかりする。普遍性が証明されていないから、客観性が不足しているからという理由で、ひとりのひとの心身についての詳細報告に真摯にむきあおうとしない態度がもしそこにあるのであれば、知の研究の未来に対して大いなる危惧を禁じ得ない。

普遍的であると証明できた知見が得られるならば、それに越したことはない。しかしながら、一般に、普遍的な知見を得るには時間を要する。普遍性を求めんが故にひとりひとりの心身にしっかりとむきあうことを疎かにすると、得られる知見が表面的になることも大いにある。まずはひとりひとりの心身にむきあう一人称研究を行い、新しい知の側面を抽出する。そして、複数の一人称研究から共通の側面が導き出せたならば、それは次第に普遍的知見となっていく。そのようなやりかたで普遍性や一般性を追求すればよいのではないかと思うのである。

客観的なデータだけでひとの知を議論できるだろうか。私の答えは否である。上に述べたように、生きる上で生じる紆余曲折や試行錯誤には、従来の研究では見過ごされてきた多様な知の姿が眠っているはずである。それを掘り起こすためには、主体としての心に生起するものごと、つまり主観を扱わざるを得ない。主観のデータ抜きで議論できるのは他者から見た認知の姿だけである。それも重要な知見には違いないが、知の全貌では全くない。本人が様々な生活状況に臨機応変に対処しながら、心身を進化させる糸口をなんとか見出し、それを見出すたびに意識を刷新し、心身のありかたを変えていく（学んでいく）知の姿は、主観のデータ抜きに語ることができるはずがない。

従来の知の学問は主体の存在を脇に置き、敢えて触れないようにひとの振る舞いや言動を機械論的に扱ってきたとも言える。一人称研究は従来の学問がむきあ

1） 心理学では実験参加者の数を大文字の N を表すことが多い。N=1 とは、実験参加者がひとりであることを示す。

うことを避けてきた知の姿を掘り起こすための研究手法である。

動物生態学者のユクスキュルは、生理学者と生物学者の違いをこう表現している。

> “生理学者にとってはどんな生物も自分の人間世界にある客体である。生理学者は、技術者が自分の知らない機械を調べるように、生物の諸器官とそれらの共同作用を研究する。それにたいして生物学者は、いかなる生物もそれ自身が中心をなす独自の世界に生きる一つの主体である、という観点から説明を試みる。したがって生物は、機械にではなく機械を操る機械操作係にたとえるほかはないのである。
>
> 要するに問題は、ダニは機械なのか機械操作係なのか、単なる客体なのかそれとも主体なのか、ということである”（ユクスキュル 2005, p.13）

「それ自身が中心をなす独自の世界」は、まさに一人称視点からみた世界のことであると私は解釈している。ユクスキュルはさらにこう続ける。

> “（中略）反射弓[2)]の個々の細胞はすべて、運動の伝達によってではなく刺激の伝達によって働いている。だが、刺激は主体によって感じとられるものであって、客体に生じるものではない”（ユクスキュル 2005, p.15）

ここで重要な文言は「感じとられる」である。知覚とは、感覚器官に入った信号を受動的に処理してできあがる像ではない。知覚像は記憶内に格納されている表象[3)]と感覚入力のせめぎあいの中で主体が能動的につくるものであることが、脳神経科学の知見からもわかっている（たとえば［ダマシオ 10］）。知覚像が形成されるときには主体としての取捨選択がそこにあるのだ。高等動物の場合には自覚的な決断を伴う取捨選択もあり得る。

人の知を機械論的に扱うということは、生きている主体としての取捨選択とそのための決断を、そして選択と決断を行う母体である身体の存在を扱わないこと

---

2) 引用部分に筆者の注釈を挿入する。「反射弓」とは、受容器、知覚神経細胞、運動神経細胞、実行器という、外界からの感覚入力から運動出力までの一連の認知プロセス全体を指すものと、ユクスキュルは書いている。

3) 記憶内の表象をダマシオは「傾性的表象」と称し、ユクスキュルは知覚記号／作用記号と称した。

を意味する。知の学問がそれでよいのかと本書は問いかけたい。

では、なぜ従来の知の学問、たとえば実験心理学、認知科学、人工知能は、主体としての選択と決断と身体を扱わずに機械論的に知をモデル化してきたのだろうか。その理由は自然科学の方法論の縛りにあると私は考えている。自然科学の方法論は、客観的なデータに基づき論理的な推量を以て普遍的な知見を導き出すことを是とする。これまでの知の学問の多くはその方法論を信奉し"科学"にならんとするあまり、主体としての心の有り様を科学的研究の対象にならないと遠ざけてきたのではないか。なにせ主体の認知は主観的で、多義性を有し、かつ身体固有性や状況依存性を多分にはらむものであるから。

しかしながら、よく考えてほしい。科学の方法論は、自然を対象とする学問、たとえば物理学や化学において培われてきたものである。物理や化学の法則が支配する世界は、木村敏[4)] [木村 82] 風にいうならば「モノ」の世界である。そこに認知主体の主観性、多義性、身体固有性が入り込む隙間はない。一方、認知主体が経験するのは「コト」である。木村氏によれば、「コト」とは、外界の事象（それは客観性を有する）に遭遇したときに心身に沸き起こる主体的経験を意味する。主体的経験は外界の事象と主体の関係である。たとえば、記憶内に格納されている表象と外界事象由来の感覚入力のせめぎあいで能動的につくりあげられる知覚像は、主体的経験の典型である。それは「コト」である。「生きている人の知の姿」がコトの世界の上に成り立つということは明白である以上、その探究を自然科学の方法論で縛るのはいささか奇異ではないだろうか。

もちろん、ひとの知の領域にも自然科学の方法で扱える部分はある。先に言及した「他者から推定できる認知の姿」はこれに該当する。しかし、それはひとの知のほんの一部分である。それだけで人の知を論じると重要なものごとが漏れ落ちるのは避けられまい。一人称研究は、従来の学問が掬いとれていなかったであろう知の側面を掬いあげるためのひとつの研究のやり方なのである。

第 1 章で述べるように、一人称研究が人の知能や知性の研究において必須であるという考え方は、徐々に知られる思想になってきた。私が共に書をしたためたり、学会の論文特集や大会企画において協働したりしてきた研究者だけではなく、それ以外の方たちからも一人称研究と意を同じくする研究事例が生まれはじめている。しかし、今後、未だ数少ない一人称研究が新たな一人称研究を生み、

4) モノ vs. コトの議論は『時間と自己』に見られる。

研究事例が増え、重要な研究分野として市民権を得るためには、

- そもそも一人称研究はどのように着手すればよいのか
- 一人称研究を長期間継続するためには、どのようにデータを収集・蓄積すればよいのか
- そのデータを分析、評価するための研究手法としてどんなやり方がありえるか
- 一人称研究のプロダクトとしてはどのような形態がありえるか
- 一人称研究の良し悪しはどういうポイントで決まるか
- 人が生きるリアリティをあぶりだすとはどういうことか
- 一人称研究はそのことにどう機能しているか

などの問いに、説得力ある答えを提示することが必要であろう。

そこで本書は、これまで私あるいは私の受け持った学生が実践した研究の中から選りすぐりの実践的研究をピックアップし、その研究の動機、プロセス、得られた知見、そしてその知見の意味を詳細に解説することを試みる。第 11 章に述べるように、私が指導教員あるいは主査として担当してきた卒論・修論・博論のなかで、一人称研究に該当するものは実に約 100 件に上る。その指導経験と、私自身が生活のなかに潜む身体知を学問にせんと格闘してきた軌跡が本書の礎である。

◇◇

本書は、第 1 部（第 1 章〜第 6 章）として理論編、第 2 部（第 7 章〜第 10 章）として実践研究事例、第 3 部としてまとめの章（第 11 章）を設ける構成になっている。

第 1 部は、一人称研究の基礎事項と背景理論を説くものである。第 1 章では、一人称視点とは何を意味するか、生きるリアリティに迫るためになぜ一人称研究が必要かを詳しく解説する。

第 2 章では、一人称視点からみた外界と自身の関係を日々ことばとして残し収集するための「からだメタ認知」という認知メソッドを解説する。からだメタ認知のことばの事例を豊富に提示するために、私自身の野球に関する一人称研究（打撃のスキルを学ぶ実践研究）の事例で解説を試みる。

第 3 章では、一人称研究の初期スタイルの典型事例（ボウリングのスキルを

学ぶ実践研究）を紹介する。一人称視点のことばのデータに基づく研究という意味で、れっきとした一人称研究の代表格である。膨大なデータを分析し尽くした秀逸な研究ではあるが、第２部で紹介する昨今の研究事例とは異なり、この当時の私の研究室の一人称研究にはまだ「生きるリアリティ」をつかもうとする側面は希薄であることがおわかりいただけると思う。

第４章では、「からだメタ認知」の理論的バックボーンである「外的表象化」という概念を解説する。外的表象化とは心で感じていること、考えていることを、ことばや絵や動作で外に表す行為である。からだメタ認知は、身体動作や体性感覚というからだ領域のものごとをことばで表現しようとする認知メソッドなので、一種の外的表象行為である。それが認知に何をもたらすのかを理論的に考察する。

第５章では、からだメタ認知のメソッドをうまく実践するためのヒューリスティクスを紹介する。身体動作や体性感覚は暗黙性が高く、ことばで表現することは難しいことから、「からだメタ認知」は自己矛盾ではないかという疑問を抱くかたも多いであろう。しかし、難しいには違いないが、全く不可能かというとそうでもないのである。工夫しさえすればことばはすらすら出てくるものであることを、私の実践経験から説く。

第６章では、一見自己矛盾にも映る「からだメタ認知」という手法が実は矛盾ではないことを論じるために、身体とことばの関係を理論的に説く。身体とことばは互いに異質なメディアではあるが、それらをうまく併用・統合し、互いに他を促し合うサイクリックな関係をつくりあげることが、からだメタ認知の目論みである。

第２部では一人称研究の最近の事例を紹介する。第７章は、建築空間における“居心地”という認知の様を探究した研究である。居心地とは、空間に心身をどう置くか（“居かた”と呼んでもよい）にまつわる認知の様であり、人がそれぞれ、生活の中で後天的に獲得してきた身体知である。私が一年半くらいかけてカフェを巡って収集したからだメタ認知のことばを基に、私自身の“居かた”のあり様を抽出した研究である。

第８章は、日常生活で風景に遭遇してふと生まれる眼差しを私の受け持った学生が探究したものであり、居心地ならぬ“見心地”の研究である。“見心地”は、風景という視覚的な情報に喚起されて沸き起こる、生きる上での“居かた”の一種であろう。

第9章は、私の受け持った学生が音楽鑑賞という時間体験を深く掘り下げた研究である。居心地や見心地も、長い時間ある場所に佇んで生じる心身状態であるという意味で時間体験ではある。それに比べると、音楽鑑賞体験はメロディや和音進行に喚起されて微小な時間単位で劇的に移り行く程度が甚だしい。ある種唯一無二の時間体験かもしれない。

第10章は、陸上選手が長い歳月をかけてより良い走り方を模索した、という身体スキルの学習プロセスのあり様を提示した研究である。スキルの学習は競技場での練習や試合だけに留まるものではない。生活と競技が一体となり“アスリートとして生きる”ことを模索しはじめた途端、学習が大いに進むという主張が新しい。

そして第3部が本書のまとめの第11章である。

本書は、是非、第2部の研究事例と第1部の理論解説を行ったり来たりしながら読み進めていただくことをお勧めする。第2部でとりあげた研究対象―居心地、風景に対する眼差し、音楽鑑賞、スポーツの身体スキル―は、生活に普通に登場する知のあり様である。一人称研究の重要なキーワードのひとつは「生活研究」であろう。生活研究であるからこそ、多様な読者にその研究対象に身体を没入し共感することを促せるのではないか。生活を研究対象にした具体的な研究データ（からだメタ認知のことば群）を念頭に置きながら第1部の詳細理論に触れることによって、理論解説を読んだだけではわからない一人称研究の真髄を自分ごととして深く理解していただけるのではないかと私は考えている。

本書を読み、一人称研究をどう遂行すればよいのか、分析をどう行えばよいのか、得られた知見をどう評価すればよいのかについて、じわりと身に染みてご理解いただけたとすると、一人称研究の推進者のひとりとしてこれに勝る喜びはない。

一人称研究はまだ始まったばかりである。本書をまとめる意義のひとつは、この新しい研究方法の意義や可能性について私自身がより深く問うことかもしれない。

最後になりますが、この場を借りて近代科学社元取締役フェローの小山透氏に大いなる謝意を届けたいと思います。一人称研究を扱ったふたつの書『一人称研

究のすすめ　知能研究の新しい潮流』、『知のデザイン　自分ごととして考えよう』から始まり、実践書としての本書の企画・執筆に至るまで、新しい考え方を世に問うことが出版のひとつの使命であるという信念とご慧眼を以て我々の執筆を支えつづけてくださいました。同社デジタルファースト編集部、石井沙知編集長と山根加那子さんには、丁寧なサポートと編集のおかげ様で無事出版を迎えるに至ったことへの感謝を申し上げます。

カフェの居心地の研究（第7章）は AOI TYO Holdings 株式会社との共同研究を皮切りにスタートしたものです。当時同社 Pathfinder 室にいらした HI サイエンティストの佐々木淳さん（現在、旋律デザイン研究所　代表）と同室ディレクターの岸本高由さん（現在、株式会社 TYO 事業開発本部）に謝意を届けます。広告業界で新しい方法論を模索・開拓せんとするご意志に深く共鳴し、お二人と定期的に繰り広げた激論が一人称研究の実践手法を構築するうえで大きな助力となりました。

東京工業大学の藤井晴行氏とは、一人称研究の誕生から今日に至るまで、書・論文の共同執筆、学会企画での協働、未だ日の目を見ない共同研究の数々、酒を酌み交わしながらの議論を通して、「生きるリアリティ」に迫る研究のありかたを共に考えてきました。彼との日常的な議論が本書の地盤を育む最強の肥しであったと改めて強く感じます。ありがとうございます。飲み食いしながら大いに語ることのできる時代の再来を希求してやみません。

2022年5月

諏訪 正樹

目次

第 1 部

第 1 章

一人称研究とは

一人称研究の起こり

「一人称研究」という文言は人工知能学会誌 2013 年 9 月号（Vol.28, No.5）の特集企画「一人称研究の勧め」[諏訪 , 堀 13] で世に初めて登場した。その後、学会での特集企画や幾つかの出版を経て、（人口に膾炙するまでには至っていないが）人工知能や認知科学の分野で知られる概念となってきた。一人称研究に関する特集企画や出版を列挙してみると、

- 『一人称研究のすすめ　知能研究の新しい潮流』[1)]（2013、近代科学社）の出版：人工知能学会誌 2013 年 9 月号に掲載された特集論文を基に内容を編集追加したもの [諏訪 , 堀 15]
- 人工知能学会誌での連載「一人称研究」（全 8 回：2017 年 5 月号から 2018 年 11 月号）：上記著書の著者が対談相手を招き一人称研究について激論を交わした談話集 [2)]

1） 諏訪正樹、堀浩一、伊藤毅志、松原仁、阿部明典、大武美保子、松尾豊、藤井晴行、中島秀之の共著である。

2） 各回の談話メンバーを記す。

- 第 1 回（2017 年 5 月号 [諏訪 , 鈴木 17a]）および第 2 回（2017 年 7 月号 [諏訪 , 鈴木 17b]）は、鈴木宏昭氏（青山学院大学）を招待し、諏訪と堀が対談（対談のタイトルは「一人称研究とはなんぞや」）。
- 第 3 回（2017 年 9 月号 [中島 , 池上 17a]）および第 4 回（2017 年 11 月号 [中島 , 池上 17b]）は、池上高志氏（東京大学）を招待し、中島と諏訪が対談（対談のタイトルは「人工生命研究から見た言語化の意義」）。
- 第 5 回（2018 年 5 月号 [藤井 , 塚本 18a]）および第 6 回（2018 年 7 月号 [藤井 , 塚本 18b]）は、塚本由晴氏（東京工業大学）を招待し、藤井と諏訪が対談（対談のタイトルは「建築デザインの理念に共感する」）。
- 第 7 回（2018 年 9 月号 [下條 , 松原 , 伊藤 18a]）および第 8 回（2018 年 11 月号 [下條 , 松原 , 伊藤 18b]）は、下條信輔氏（カリフォルニア工科大学）を招待し、伊藤、松原、諏訪が対談した（対談のタイトルは「孤高の人の思考を科学するとは？」）。

- 『知のデザイン　自分ごととして考えよう』[3)] (2015、近代科学社)の出版：世の中で起こるものごとを自分ごととして捉え、自身の知を醸成するためには、一人称視点から見える世界を記述することが必須であることを説いた書［諏訪，藤井 15］
- 『認知科学』(日本認知科学会学会誌)の「「生きる」リアリティと向き合う認知科学へ」特集の企画（エディタ：諏訪正樹、青山征彦、伝康晴)：客観性や普遍性を是とする、いわゆる科学の方法論だけではひとが生きる姿のリアリティを炙り出すことはできないという思想の下、ひとが生きる上で欠かせない主観の世界を研究の俎上に載せる実践事例や方法を論じる論文を募集した特集([諏訪，青山，伝 20a]，[諏訪，青山，伝 20b])[4)]
- 『「間合い」とは何か　二人称的身体論』(2020、春秋社)の出版[5)]：「間合い」という現象の研究は一人称視点、二人称視点の両方を許容して初めて成立すること、そして「間合い」はひとが生きる上での本質的なものごとであり、従来の科学観／研究観で見逃されてきた主観の世界の典型的事例であることを説く書［諏訪他 20］

といったところだろう[6)]。

『一人称研究のすすめ　知能研究の新しい潮流』［諏訪，堀 15］のまえがきには、一人称研究とは何か、その意義は何であるかについての端的な論がある。

---

3) 諏訪正樹・藤井晴行の共著である。
4) 論文投稿 48 件という数字は認知科学会での関心の大きさを物語る（これほど数多くの投稿を集める特集はそれほど多くない)。Extended abstract の審査、査読審査を経て、最終的に 11 件の論文が掲載に至った。
5) コミュニケーション・相互行為・会話分析の研究者である、伝康晴、坂井田瑠衣、高梨克也氏との共著。
6) 「一人称研究」という文言のオフィシャルな登場は人工知能学会誌の特集企画であるが、このタイプの研究の必要性を痛感させられたのは、さらに遡って山口市で開催された人工知能学会全国大会（2012 年）であった。まち歩きがもたらす認知（実際に身体を駆使してまちを歩くことで、知覚が新たに喚起され、解釈が生まれ、新しい経験が醸成される）に関する論文［諏訪，加藤 12］を発表したところ、会場では賛否両論、喧々囂々(ごうごう)の議論が巻き起こった。主観に基づいていて必ずしも普遍的ではない知見を提示しても論文として成立しないという懐疑的コメントと、ひとの知能の一端を垣間見させるユニークな研究であるという称賛が繰り広げられたのだ。セッション終了後、諏訪は、まち歩きとは別のトピックで共同研究を行っていた藤井氏と密なる議論を交わした。藤井氏曰く「せっかくワクワクする内容のはずなのに客観的数値だけで表現されている研究が非常に多いのはもったいない。もっと自分の感覚を大切にしたほうがよいのではないか」と。「一人称研究」という考え方や文言はまさにこのときの議論から誕生した。その後、諏訪と藤井氏は一人称研究の重要さを様々な角度から説く書(冒頭の箇条書きで列挙した書のひとつ）として『知のデザイン　自分ごととして考えよう』［諏訪，藤井 15］を共同執筆することになる。

“ひとは、それまでの人生背景、性格、ものの考え方に基づいて、自分の一人称視点からみえる世界状況に反応して、行動します。世界を一人称視点からどのように知覚していたのか、それに対してどう反応し、何を思ったのか、そしてどう行動したのか。そこに、そのひとの知が現れているはずです。

そのひとの人生背景、性格、ものの考え方という個別具体性を捨て置かず、そのひとの一人称視点からみえる世界を記述したデータと、そのひとの主観的な意識のデータをもとに、知の姿についての先見的な仮説を立てる研究がいま必要とされていると感じています。わたしにとって、一人称研究とはそういう研究です。”(p. iii)

従来の科学観／研究観は、客観的なデータに基づき普遍的な知見を導出して世に提示することである。その原則に則る科学研究は、誰の目にも確かなデータに基づいているため説得力があり、適用範囲が広大なので社会貢献の可能性に満ちている。しかし、果たしてその原則だけで知の研究は立ち行くのか？と、このまえがきは疑義を投げかけている。その疑義の真意について以下詳細に紐解くことにする。

一人称視点とは何か

私たちひとりひとりが日々の生活のなかで、何をみて、何を感じ、何を考えて、どう行動しているかを振り返ってみよう。まず、何をみているか。現象学の教科書『これが現象学だ』[谷 02] に谷氏は、エルンスト・マッハが描いたとされる絵を掲載している（図 1.1)。リビングのソファに楽に腰掛けているときに見える外界の描写だ。注目すべきは眼前に広がる部屋の様子や窓の外の風景だけではなく、自身の身体も描きこんでいる点である。まず驚くことに（普通は自覚することが稀な、自身の）鼻の稜線が右側に [7] 描かれている。ゆったりとソファにもたれる上半身や洋服の様子、そして投げ出すように伸ばす下半身も克明に描かれている。この絵は一人称視点がなんたるものかを如実に表現している。一人称視点には自身の身体の一部が映り込み、身体が外界とどのような位置関係にありどう

7） 左目で見える世界を描いたものである。

相互作用しているのかも映りこむものである。自身の身体は主観的には「内側から感じる」ことのできる存在でありながら、客観的には世界の一部であるというのが面白い。つまり、身体の存在こそが自己と世界の接点である。これは重要な論点なので、本書で何度も登場することになる。

図 1.1：マッハの図[8)]

先の書の前書きには「自分の一人称視点からみえる世界状況に反応して、行動します」とある。私たちは常に、一人称視点に立って外界をみて、外界のものごとを（より詳しくいうと、外界のものごとの一部だけ[9)]）を捉える。それを「知覚」という。知覚し、それに解釈を施したり新たな思考を紡いだりして[10)]行動する。身の回りに生起している外界のものごとを上空から俯瞰的に捉えて全体像を得るという視点（「神の視点」とでも言おうか）を、現場でとることのできるひとはこの世に存在しない。

たとえば、サッカープレーヤーがみる世界を考えてみると一人称視点の本質がよくわかるはずだ。

---

8) ウィキペディア“エルンスト・マッハ”（https://ja.wikipedia.org/wiki/エルンスト・マッハ）

9) すべての外界状況を知覚するわけではなく、ひとは、知覚するものごとを暗黙のうちに選択している。心理学ではそれを「選択的注意」（selective attention）と称する。

10) より正確にいうならば、知覚、解釈づけ、新たな思考はその順番にだんだん起こるのではない。多くの場合、知覚と解釈と新たな思考は同時に発生する。そういう解釈を立ててそういう思考を生み出すように知覚しているということもできる。本書で繰り返し登場する situated cognition（状況依存の認知）という思想の基本的な考え方である。situated cognition 思想については[Clancey 97]が詳しい。

- 自身の立ち位置から見る：フィールド上に立つ視点から、味方・相手選手やボールの位置と動きの速度を見て、自身がパスを受けられるスペースや味方選手にパスを通せる道筋を見出す。たとえボールを扱っていないエリア[11]であっても、自身の立ち位置から見える近傍の相手選手との関係から、動きの駆け引きを行う。
- 内側から見る：自身が動いたり、ボールを受けたり蹴ったりすることが、味方選手や相手選手の位置や動き方に影響を及ぼすという点で、すべてのプレーヤーはフィールドで生起するダイナミクスの一部を成している。つまりフィールドの内側の存在[12]である。
- 局所視野：フィールドの内側の存在なので、フィールドで生起するすべてのものごとを常にウォッチできているわけではない。見えていない領域（典型的には背後）が常にどこかにある。

一方、スタンドで見守るコーチやベンチ外の選手は、フィールドで生じている現象を俯瞰的に捉える神の視点を有し（つまり、基本的にすべてのものごとが見えていて)、(内側の存在ではなく)外からの視点を有する[13]。これが客観的視点である。本書では、一人称視点との比較を明示するために、ときに「三人称視点」と称することにする。

知覚とはどういう認知か

一人称視点とは何かについての理解をもとに、再び、『一人称研究のすすめ 知能研究の新しい潮流』のまえがきに戻ろう。注目すべき文言は、「人生背景、性格、ものの考え方」と「知覚」である。まず、知覚とはどういう認知であるかについて解説する。

知覚は脳内表象を形成するという認知である。何を契機に何の表象を形成する

11）サッカーの専門用語では off the ball と称する。
12）株や競馬馬券を大量に購入すると、それが原因で株価や馬券の倍率が変化する。株主や競馬ファンは、（実感することは稀であるが）実は内側の存在であることを示唆している。
13）一人称視点の「自身の立ち位置から見る」、「内側から見る」、「局所視野」に相対する文言に各々下線を引いた。

のか？　多くの読者は、身体に入力された感覚信号の表象をつくることと考えているかもしれない。しかし、そうではない。

入力感覚には大別して２つある。ひとつは五感器官を通して得る外界からの感覚（視覚・聴覚・触覚・嗅覚・味覚）であり、もうひとつは、身体動作や内臓の状態･動きに伴って身体の内から得る自己受容感覚(以後は､体性感覚と称する)である。「何を契機に？」への回答は「２つの感覚入力」である。しかし、「何の表象？」の答えは､「感覚入力信号の表象（それらを純粋に処理し､表象を形成する)」ではない。正しくは、

- すべての感覚入力信号の一部（「選択部」と称する）に選択的に注意を向け、
- 過去の記憶パタンのなかから「選択部」に合致する部分を有するパタンを選び出し、
- 選ばれた記憶パタンにより、感覚入力信号のその他の部分を上書きする

ということが、知覚がおこなう処理である。

つまり、見たい世界を見る（そういう脳内表象を作る）ということである。入力信号の一部が礎となる脳内表象をつくるので、外界を一切無視して過去の記憶パタンだけに依拠しているわけでもない。

脳科学研究の知見（たとえば［ダマシオ 10］）を参考にすると、過去の経験の記憶パタンとは、

- 過去に身体があるものごとに接したときに形成した知覚内容
- その知覚内容に自身が施した解釈や意味
- そのとき想起されたことばや概念
- そのときに沸き起こった感情
- それに伴い何か行動した（身体を動かした）のであればその身体感覚
- その行動の直後に生じたものごとや、きっかけとなった直前のものごとの記憶パタン

の全体からなるのではないかと私は考えている。記憶はそのひとの人生背景に彩られているのだ。さらに、過去に湧き起こった感情、施した解釈や意味が一部を

成しているのなら、記憶パタンの内容はそのひとの性格やものの考え方を反映している。

記憶パタンがこういうものごとから構成されているのであれば、二人の人が同じ場所で同じ外界に遭遇したとしても、その場でつくられる脳内表象（知覚内容）は同じではない。つまり、知覚という認知は、そのひとの人生背景、性格、ものの考え方に依存して生成されるということである。認知の状況依存性［Clancey 97］は、現場の外界状況だけではなく、過去の経験から培われた内的な記憶の活性化状態にも左右されて生じる現象なのだ。

一人称研究の思想

先に「入力信号の一部に選択的に注意を向ける」ことが知覚の礎になると書いた。どの一部が選択されるのか？　これは人の認知にまつわる最も重要な問いのひとつである。その答えはこうである。どの一部が選択されるかは、そのときその場に立ってみないと本人にすらわからない。外的な何らかのことがらにより偶発的に選択部分が左右されることもあるだろうし、人生背景、性格、ものの考え方を色濃く反映した記憶パタンからの作用ということもあるだろう。知覚は状況依存的なのである。しかも、その人のその人らしさ（個人固有性）に強く依存する認知なのである。「その人らしさ」とは、ざっくりいうならば、本人の主観が形成する世界の特徴である。

外界に接して脳内で形成される知覚内容とそれに応じた思考が行動の源になる。知覚、思考、行動の連動と累積がそのひとの知の姿のありさまを決めるのだとするならば、そのひとの主観の世界を扱わずして知の姿を論じることは、ものごとの一端しか扱わないことになる。既に触れたように、身体は客観的に外から動きを捉えることのできる存在でもあり、自身が内側から自己受容感覚器を通して感じとることのできる存在でもあるというのが特徴的である。知の姿を、客観的なデータだけではなく主観的なデータをも併用して描き出すことが、知の研究には必須なのではないか。この書はそういう研究思想に基づいたものである。

主観の世界が知覚と互いに相互作用をなし、知覚が感覚入力に根差していることだとするならば、主観の世界を扱うためには本人の一人称視点から見た世界も[14)]研究対象に含めざるをえないのは明白であろう。端的な事例で言うならば、スタンドから俯瞰的にみえるフィールド全体の見えだけをよりどころにする研究では、サッカープレーヤーの知覚、知覚を生み出す主観、知覚を源に生み出される主観、知覚と主観に依存して生み出されるプレー（行動）の全容を知ることはできまい。

さらに、ひとが「生きる」とはどういうことかを考えてみれば、一人称視点のデータや主観が知の研究において必須なのは明白である。生身のひとにとっての「生き様（生きるための知の姿）のリアリティ」は、身の回りに生起する客観的なものごとだけではなく、それを捉える主観に彩られている。

- 外界のものごとになんとなく違和感を覚える（違和感の所在は必ずしも明確にはわからない）
- 疑問を抱く
- 迷いや躊躇がある
- 問題点に思いが至る（明確な問題意識を有する）
- 目標や意図を持つ
- 取り得る行動が複数あるなかで、どれを選択するかを決断する

など、主観にも様々な種類がある［諏訪，藤井 15］。ひとは生活するなかで、刻々このような主観に導かれ、ときに翻弄され、知覚や想いを生成し、行動を繰り出す。それが生きるという生々しい営みである。客観性だけに拠り所を見出す科学の原則は、ひとが生きる生々しい局面を捨て去る。それで、「生きている」ひとの知の姿を論じることになっているのか？ それは、生の局面が絡まないような知の**部分的な側面だけ**を対象に研究していることにならないだろうか？ 私はそう懸念する。知の研究、特に臨機応変な認知という動的対応力を探究するために一人称視点が必須であることについては、『一人称研究のすすめ　知能研究の新しい潮流』の第一章［諏訪 15］に詳しく論じている。

一人称研究とは、一人称視点に依拠して知や認知のありさまのリアリティにむ

14) 世界で生じている（誰が見ても明白なる）客観的事実を扱うことは当然として、それだけでは足らない。

きあい[15)]、従来の科学的研究がとりこぼしてきた知のありさまについて先見的な仮説を立てるというスタイルの研究である。しかし、一人称視点だけを拠り所にするわけではない。第4章や第8章で論じるように、一人称視点で環境にしっかり向き合うことは、むきあう対象（自身の身体が相対する環境中のモノ）への二人称的共感を生む。

一人称研究は必ずしもひとりで行うことにはならない。次の節で論じるように、一人称研究は学びを自ら積極的に駆動しながら自身の心身が進化・変容する様をとらえる研究なので、多くの場合、他者（コーチや指導者の存在）が関わってくる。他者から学び手自身の身体がどう見えているのかという三人称的視点のことばをもらうこともあるし、自身の身体を写真やビデオに撮れば、自身が自身を三人称視点から眺める機会にもなる。

一人称研究は、一人称視点に依拠することを重要視しながら、二人称視点や三人称視点（客観的な視点）を大いに併用すること[16)]が肝要である。それは一人称視点からみえる世界（自身の身体と環境への気づき）を進化・変容させることにつながる。

学びのプロセスは一人称研究が必須

人の学びという知の側面の探究を事例に論じてみよう。教師やコーチから教わったものごとがすっと理解でき、それが知識として定着し、似たような問題を次回からはさっと解けるというひとは少ない。教わった内容の一部に違和感を覚えたり、違和感の所在が分からずに悶々としたりする。違和感の所在がわからないと明確なことばで問いを立てることすらできない。教えられる内容の背景を知らなかったりその内容を学ぶ意味や価値を感じたりすることができないと、そもそもなぜそういう論理展開で内容が教示されるのかがピンとこない。疑問をことばで表現できるようになったとしても、どの問いから手をつけてよいのか迷う。ひとは誰しも紆余曲折を経てものごとを学ぶ。

紆余曲折の諸相―違和感、問い、疑問、意味、価値―はいずれも主観的であり、

15) 文法概念である人称のなかの「一人称」を研究するという意味ではない。
16) 一人称研究には、一人称視点への自覚がどう寄与するかに応じて、様々なバリエーションがあり得ることについては、『「間合い」とは何か　二人称的身体論』[諏訪他 20]を参照いただきたい。

かつ本人の性格や人生背景といった個人固有性を強くはらむ。科学的方法論の教義（普遍的や客観性の原則）に則って探究すると紆余曲折のプロセスの多くは捨象され、学びの学びたるゆえんを扱い損ねてしまうことは自明であろう。

身体知研究という分野[17]が誕生して20年弱になる。その黎明期および前の時代に盛んに探究されていた研究の典型は、スポーツ科学の方法を礎にしたものであった。エキスパート（プロフェッショナル）なアスリートのもつスキルがどう成り立っているのかを運動学的データや生化学的データによって解き明かし、それをアマチュア（競技レベルの低いアスリート）と比較するという研究である。卓越したスキルの達成の成り立ちや条件としてエキスパートとアマチュアは何(what) が異なるかを解明するという点で、有意義な研究であることに間違いはない。何が異なるかがわかればエキスパートを目指すアスリートは目標を得ることができる。

しかし、この種の研究は、エキスパートがどうやって現在のスキルにたどり着いたのかという how の知見は何も提供してくれない。記録が低迷したり試合に負けたりして悩み、練習の仕方について疑義を抱いたり、自分のスキルを成立させている身体の様々な側面をいちから見直してみたり、仮説や問いを立てたり、新たな問題意識で実践に臨んでみたり、様々な紆余曲折を経てヒントを掴み、それまでとは全く異なるチェックポイント・意識・心のあり方を紡ぎ出して、エキスパートは現在のスキルにたどり着いているはずである。what はプロダクトであり、how はそれに至るプロセスである。

中村雄二郎氏の著書『臨床の知とは何か』[中村 92] は、近代科学の方法論はひとが生きるということの現実から乖離していることを説き、新たな学問の方法を提案する書である。筆者は中村氏と根本思想を一にする。彼の著書から関連する言説を引用してみる。

> “実践とはなにかということが甚だ捉えにくいのは、ひとが具体的な問題の個々の場合に直面するとき、考慮に入れるべき要因があまりにも多い上に、本質的にいって、それらの要因が不確かであり、しかもゆっくり考えているだけのひまがない、つまり << 待ったがきかない >> からである。いいかえれば、無数

17) 人工知能学会身体知研究会（http://www.sigskl.org/index.html）を参照のこと。

の選択肢があるなかで、多かれ少なかれ、その時々に際して決断し、選択しなければならないからである。このような場合、一見したところ、問題はおのずと絞られ、単純化するようにみえるし、私もかつてはそう考えていた。問題を貧しくするという意味での単純化である。しかし、いまから思うと、そのように考えたのは、理論の普遍性や論理性を信じすぎていたためであり、決断し選択する＜自己＞の身体性に十分な考慮を払うのを忘れていたためであった。

　このようにして、むしろ決断や選択をとおして、理論というものが各人にとって責任をもったものになり、そのような実践と現実との接点あるいは界面にこそ、通常隠されていた現実の豊かな相がよく開示されることがわかったのである” (p.69)

「問題を貧しくするという意味での単純化」という痛烈な表現に関連する別の箇所も引用する。

“＜現実＞とは、このように近代科学によって捉えられたものだけに限られるのだろうか。というより、このような原理をそなえた理論によって具体的な現実は捉えられているだろうか。否であろう。むしろ、近代科学によって捉えられた現実とは、基本的には機械論的、力学的[18]に選び取られ、整えられたものにすぎないのではなかろうか。もしそうだとすれば、近代科学の＜普遍性＞と＜客観性＞と＜論理性＞という三つの原理はそれぞれ、何を軽視し、無視しているのだろうか。それらは何を排除することによって成立しえたのだろうか。” (p.7)

紆余曲折こそひとが学ぶプロセスの「豊かな相」であり、それを軽視・排除したのでは話にならない。学びという実践に含まれる知のリアリティを「貧しく単純化」してしまっては本末転倒である。私はそう主張したい。

---

18) 認知科学や人工知能の礎の理論として有名なものに、情報処理モデル［Simon 78］がある。90 年代に「身体性」(embodied aspect) や「状況依存性」(situatedness) がひとの認知の重要な特質であることが説かれてからは、情報処理モデルは人の知能を単純化しすぎているという批判が数多くみられるようになった。情報処理モデルが現在のコンピュータやAI システムの基礎理論であることを鑑みれば、ここで中村氏が「機械論的」「力学的」と評することの意味がよく理解できるであろう。

さらにいえば、学びは実践そのものである。ひとは生きながら学びという実践を行い、その実践がその後の生き方を左右する。「実践と現実との接点あるいは界面にこそ、通常隠されていた現実の豊かな相がよく開示される」という文章をこの文脈で解釈すると、身体知の学びの紆余曲折という how を探究するからこそ、実践と現実の界面が顕在化し、身体知の豊かな相がみえてくるということになる。

つまり、身体知研究は what の研究と how の研究の両面から進めるのがよさそうである。what の研究[19]は科学の方法を適用することに適しているが、how の研究はその方法だけでは立ち行かない。ひとが身体知を学ぶという現実を十全に捉えるためには、主観的なデータ、一人称視点から見える世界についてのデータが必須になることは明白である。

「普遍性」思想の教育

ふたたび『一人称研究のすすめ　知能研究の新しい潮流』のまえがきに戻ろう。一人称研究の説明のなかに「(そのひとの)個別具体性を捨て置かず、一人称視点からみえる世界を記述したデータと、主観的な意識のデータをもとに、知の姿についての先見的な仮説を立てる研究」という文章がある。この記述についてここで詳細に解説しておく。

近代科学の原則のひとつとして「普遍性」があることは先に触れた通りである。わたしたちは、みな、小学校の頃からこの思想を叩き込まれている。私の小学校時代のエピソードをひとつ紹介しよう。

私が通った小学校では、高学年の生徒は夏休みに一人ひとつ研究をして、二学期の冒頭に模造紙で研究成果を発表するという教育プログラムがあった。研究のお題は先生が与えるのではなく、生徒が自ら決める[20]。私の家族が当時住んでいた家の庭には、大きな木の根元近くに大きな蟻の巣があった。蟻の数の多さに日頃から興味を抱いていたのだろうか（経緯は一切覚えていないが)、私は6年生

19) what 研究、how 研究という文言は、『「こつ」と「スランプ」の研究　身体知の認知科学』[諏訪 16a]で導入した造語である。

20) 自ら決めると言っても、すべての生徒が一からすべて自分で研究を立ち上げ、完遂していたわけではないとは思う。両親や先生からヒントやアイディアをもらってトピックを決めたり、遂行の仕方も多かれ少なかれアドバイスをもらったりしていたに違いない。その辺りの記憶は一切消し飛んでいるが、とにもかくにも私は蟻の活動の研究をやった。

の夏休みに蟻の活動と天候の関係について研究することにした。研究を始める時に抱いていた仮説[21]は、晴れの日は曇りや雨の日よりも蟻の活動範囲が広く、活動する蟻の数も多い、というものだったと記憶している。

私はほぼ毎日蟻の巣に張りつき、蟻が這い出てくるとその後をつけ、歩く経路を記録した[22]。そうやって１日に何匹もの蟻の活動を観察したのだ。

仮説が検証されたのかどうかは憶えていないが、本節でのポイントはそこではない。この仮説の裏に、普遍的な知見を導き出したいという欲求がうっすら見えていることに注目していただきたい。この仮説は天候と蟻の活動量のあいだに普遍的な因果関係を想定するものである。「天候さえ見ていれば蟻の活動量はほぼ推定できる」、「その土地に固有の気温・湿度の上昇下降パタン、その庭に固有の性質、その蟻の巣に固有の性質が多少は存在するであろうが、上記の因果にそれほど大きな影響は与えない」という思いがある。

一小学生が抱いた仮説にすら、**研究たるもの普遍的な知見を導き出してナンボ**という裏の思いが透けて出ているということである。小学校では、情操教育から始まって、多様な科目で多種なものごとが教育される。その教育のどの時点で、普遍的な知見を見出して世に示すことが重要であるという観念が幼な心の規範になっていくのだろうか。高学年の生徒は既にそうなっている。

思えば、教科書は過去の歴々たる研究知見が詰まったメディアであり、そのほとんどが普遍的知見である。知見をひとつひとつ吸収していく過程で、普遍的な知見こそ学ぶ価値があると考え、特定のひとや特定の地域だけに成立する類の事実は「そんなこともあるのね？！」と軽く受け止めるマインドが醸成されるのかもしれない。こうしてわたしたちは小学生の頃から、研究とは仮説を検証することを経て普遍的な知見を獲得する営みであるという観念を身につけるに違いない。

21) 小学生なので仮説などという言葉で考えていたわけではないとは思うが、いまの立場で語るとすると「仮説」ということになる。

22) これについて閑話休題。蟻の自然な経路を観察していると当初考えていたが、蟻の眼には巨大な何者かに追いかけられて実は逃げているだけかもしれないと、ある日私は気づいた。もしそうなら蟻の自発的活動を調べていることにならないという問いが湧き、その解決のために工夫を凝らそうと試みた（結局どうやってもうまくいかなかったと記憶している）。この気づきは、学者となった現在の私からみると、科学の方法の重要な論点であるが、そのイシューは本書では取り上げない。

普遍的知見の価値

その学びの態度や意識は間違っていないし、その意味で、小学校教育のプログラムもうまく機能している。普遍的知見を得ること、それらが多数蓄積されていくことは、社会にとって重要である。普遍的であると検証されているからこそ、それに基づく政策を安心して立案したり近未来を予測できたりする。

物理的な法則が支配する世界―学問的には物理学、化学、生物学はその典型―は、普遍的に成立するものごとが多い。台風が周りの気圧配置のなかでどう動き、上陸するまでの経路や通るエリアの海水温度に応じてどういう勢力をもつかについて、近未来の予測は可能である。ウィルスが体内でどう増殖し身体に何をもたらすかについては、蓄積されてきた分子生物学の普遍的知見により推定できる。走行中に片足が着地した瞬間、遊離足[23)]の膝、足首、腸骨や仙骨がどういう位置関係にあるかによって、運動力学的に効率の良い走り方かどうかを判定できるのは、骨、筋肉、関節の結びつき方というフィジオロジーが普遍的に成立する事実であるからである。科学は、物理世界に成り立つ普遍的知見をひとつひとつ掘り出すことに貢献し、この数百年、社会は劇的に発展を遂げてきた。有益な「掘り出し」を支える原動力は、客観性、普遍性、論理性であったことは疑いようがない。

心は「見えない」、身体もすべてが「見える」わけではない

しかし、である。ひとの知能を探究するという領域はそれほど一筋縄ではない。ひとの知能は心身からなる。身体と心。この両輪からなる知能という実態に科学の方法はどう太刀打ちすればよいかという問題に、私たちは直面している。

デカルトが「我思う、故に我あり」と言ったように、心という存在があるからこそ私たちの知能は成立している。しかし、科学の立場からすれば心は厄介である。物理的な存在である身体を礎にして心が成立していることはほぼ自明であるにもかかわらず、心は「見えない」、つまり、物理的に定位できないからである。科学の言葉で言うならば、「客観的に観察できない」。「寂しい」という感情を抱いているとき、その脳活性パタンは、悲しいときや楽しいときのものとは異なる。

23) 着地していない側の足のこと。

脳活性パタンは観察可能だが、「寂しい」という心の状態は観察できない。知能は、客観的に観察可能な身体、客観的に観察が不可能な心の両輪で成立するがゆえに、従来の意味での科学的な探究が難しい。

しかし、全く観察できないわけでもない。心の状態に志向する本人の自覚が一種の観察であるとみなすならば、心は(常にではないが)観察可能である。哲学は、そういう内なる観察のことを「主観」と称してきた。一人称研究を支えるのは一人称視点であり、一人称視点からみえる世界の記述は、その視点から実際に見えているものごとすべてに意識を向けず、取捨選択のふるいにかけているため主観である。さらに、意識を向けているものごとに与える解釈、付与する意味、喚起される感情は、個人固有のものごとであり主観である。客観的に観察して得たデータだけでなく、主観のデータも扱うことの是非とその扱いかたを問うことが、知能の研究の重要なイシューである。

もうひとつ注目しておくべきことがある。それは、身体は物理的存在であるにもかかわらず、そのすべてが客観的に観察できるわけではないという点である。スポーツ科学が扱うような運動学的および運動力学的現象、内臓における生化学的現象、血流や呼吸という現象については、現在の科学技術で客観的観察が可能なことが多い。しかし、一方で、骨や筋肉や関節や腱を動かすことによって沸き起こる自己受容感覚、内臓の動きや状態から生じる内臓感覚、痛みの感覚などは、物理的な信号を基にした現象であるにもかかわらず、依然、客観的観察は可能ではない。身体は外部から観察可能な対象であると同時に、内側から感じることのできる対象であるということを先に論じた。そう。身体の中を流れる自己受容感覚、内臓感覚、痛みの感覚は、心と同様に、「主観的にアクセス」する以外に方法がない。

従来科学から漏れ落ちるリアリティを捉えるために

従来の科学では客観的なデータに依拠して論じることを要請するがゆえに、客観的な観察が不可能な領域は研究対象外とせざるを得なかった。そうやって、解釈、意味、感情、自己受容感覚、内臓感覚、痛みの感覚などは、科学的研究の範疇外に追いやられてきた。先に挙げた中村雄二郎氏の文章「＜現実＞とは、このように近代科学によって捉えられたものだけに限られるのだろうか（中略)。近代科学によって捉えられた現実とは、基本的には機械論的、力学的[24]に選び取られ、整えられたものにすぎないのではなかろうか」は、この点を問題視しているのである。科学の方法論が扱い得る領域に限っては、方法論があまりに強力であったがゆえに「方法論先にありき」という教義に従うことがいつのまにか無自覚になった。そして、科学の方法論で捉えられない領域は扱うことなく不問に伏してきたと言える。

科学の方法論で扱いきれないものごとには価値がないのか？　いや、そんなことはない。現在用いている方法論で捉えられない領域があるのなら、その探究を不問に伏すのではなく、探究を可能にすべく方法論を修正することが探究のあるべき態度ではないか。「一人称研究」はそのひとつのムーブメントである。客観的なデータだけに依拠していると取りこぼしてしまうような「ひとが生きるリアリティ」に価値を見出そうとする一人称研究は、一人称視点からみた世界の記述を扱い、主観を扱う以上、すぐに普遍的な知見の獲得を可能にするわけではない。主観は気分次第で揺れ動くことも多いだろう。しかし、主観的なデータを長期間収集すれば、一個の人格に通底する心のありさまに（そのひとにはよく見られるという意味での）典型的なパタンが見出せるはずだ。それは、その人の知の姿の一端を表すものである可能性はある。多くの人に成り立つ普遍的な知の姿かどうかの検証は済んでいないが、少なくとも一人の人の典型的なパタンであるという存在証明は済んでいる。

ここで問うべきは、普遍的な知見でないと社会に貢献できないのかということである。決してそんなことはない。存在証明が済んでいるのであれば、普遍的な知の姿の一端かもしれないという仮説を立てればよい。その仮説を調べる価値がありそうだと多くの研究者が思ったなら、皆で寄ってたかって関係がありそうな現象を集め、仮説が成立する証例、成立しない証例を提示すればよい。一人称研究はその一石を投じた最初の研究であり、れっきとした社会貢献であろう。

24）認知科学や人工知能の礎の理論として有名なものに、情報処理モデルがある。90 年代に「身体性」（embodied aspect）や「状況依存性」（situatedness）がひとの認知の重要な特質であることが説かれてからは、情報処理モデルは人の知能を単純化しすぎているという批判が数多くみられるようになった。情報処理モデルが現在のコンピュータや AI システムの基礎理論であることを鑑みれば、ここで中村氏が「機械論的」「力学的」と評することの意味がよく理解できるであろう。

研究という営みと社会

個人における存在証明に依拠して立てた仮説が、その後検証には至らない可能性は多々ある。そのケースが多いならば、仮説提示研究の社会貢献度は低いという論もあろう。

その論に対して私はこう申し上げたい。先見的な研究であればあるほど、そもそも成功率は低いのだと。成功率が高いと値踏みできるような対象だけを研究していては、早晩世の中は古い価値観や視点の殻を破れなくなる。いまの世の中がまだ気づいていない視点・変数・側面に着目し、それに基づいて仮説を立て後続の研究者に興味を抱かせることは、新しい価値観やものごとの見方を獲得する上で欠かせない研究態度である。単なる存在証明に依拠して立てた仮説がその後検証される（日の目を見る）確率が低いとしても、日の目を見なかった仮説提示研究は社会貢献なしと誰が豪語できるであろうか。日の目を見ない可能性を恐れず、古い価値観や視点の殻を破るために先見的な仮説を立て果敢に挑戦する研究も、大いに社会貢献の一翼を担っている。その社会認識を育てることが急務である[25)]。そうでないと、研究者は安全志向で成功が見込まれる研究だけに終始しがちになる。そして、現社会の価値観や視点の殻を破る先進的な研究が廃れる。

蟻の活動と天候の関係についての仮説を小学生でさえ思いつくということは、すでに世の中にそういうものの見方があることを示唆する。過去の研究が立てた仮説に基づくものの見方が通例の状況で、その仮説を追認するだけの研究はあまり価値は高くない。私は、「研究とは、仮説を立て検証することである（ひとりの研究者が仮説立脚から検証までを行うべき）」という研究観にあまり賛同できないのだ。そもそも、誰も着眼したことのない仮説を最初に立てるひとはいったい何をして、どう仮説を立てるのかを考えてみよう。最初は、そのひとの意識における存在証明すらない、しかし本人にとっては揺るぎない直観が存在することが多いのではないか。私は、個人の直観からスタートして先見的な仮説を立て世に提示する研究の方が、社会貢献の気勢に溢れていて個人的に好きである。

先見的な仮説を立てることは人一倍の着眼力、胆力、労力を必要とする。したがって、仮説立案から仮説検証までをひとりの研究者がひとつの論文で行うこと

25) 科研費を始めとする研究費申請書の評価の仕方においても、研究論文の査読においても、この論はとても重要であろう。

は現実的ではない。研究の世界がその風潮に傾けば、先見的な仮説を立てようという気概のある研究者は育たなくなる。仮説検証まで到達しなくても、面白そうな先見的な仮説を提示していれば（あるいは仮説提示の緒がみえていれば)、れっきとした研究論文であると認めようではないか。『一人称研究のすすめ　知能研究の新しい潮流』のまえがきにある「知の姿についての先見的な仮説を立てる研究がいま必要とされていると感じています。」はその思いをこめた文章である。

第2章

「からだメタ認知」というメソッド

からだメタ認知メソッド

第1章の論をかいつまんでまとめると、

- 従来の科学研究の方法では一人称視点から見た「世の中の見え」(自身と世の中の関係)という主観が漏れ落ちてしまうこと
- 主観とはすなわち、人が自分らしく生きる上で醸成する「意味の世界」であること
- これまでの科学は意味の世界を排除してきたが、その分析がひとの知の姿を描き出すには必須であること

ということである。一人称視点からみた世の中の見えが一人称研究の基礎データとなる。長い期間をかけてそのデータを収集・蓄積し、分析することによって、本人が世の中をどのように見て、ものごとに臨機応変に反応し、そのものごとにどのような解釈を与え、何を思うかという知の姿が見えてくる。その知の姿は本人の心身に生じた一現象なので、そのまま普遍的な知見になることはないが、他の研究者に追随研究の動機を与える興味深い仮説を提供する。

本章では、一人称視点から見た「世の中の見え」を日々収集する手法としての「からだメタ認知メソッド」を紹介する。さらに、その収集にあたって重要な心持ち(マインド)について、私の経験を交えて解説する。からだメタ認知メソッドを用

いて私の受け持った学生が初めて一人称研究[1]を行ったのは2003年、一人称研究が本格化したのは2005年のボウリングの熟達研究[2]（[伊東06]［諏訪，伊東06]）以降である。私はかれこれ20年弱、からだメタ認知メソッドの開拓と背景理論の整備を進めてきたことになる。本章はそのエッセンスである。

「からだメタ認知」とは、外界から五感を通して感じたものごと（知覚）や、自身の身体の内なる体性感覚（体感）に自覚的に意識を留めて、ことばで表現しようと努力することである。それによって、問題意識を醸成するとともに、知覚や体感の感じ方を進化させて、身体知の学びを促すという効果が得られる。どのようなことをことばで表現するのがよいかを具体的にリストアップすると、

1. 外界を構成するモノのうちどの存在に気を留め、それらのモノのどういう属性や関係性に暗に気づいているか（外界から何をどのように知覚しているか）
2. 自身は身体をどう動かし、どう行動しているか（身体各部位に分けて意識できるなら、各部位を動かし、複数部位をどう連動させているか）
3. そのとき身体の内なる体性感覚として、どのようなこと（体感）を感じるか
4. 外界からの知覚や内なる体感に（もしあるなら）どのような違和感や疑問を抱くか
5. 外界からの知覚や内なる体感に（もしあるなら）どのような解釈や意味を与えているか
6. それに基づき、どんな問題意識が芽生え、意図・目標が誕生したか

である。

認知は身体システムとことばシステムからなる［諏訪16a]。前者のシステムは「身」において、後者は「心」において機能する（両者合わせて「心身」）。リストアップした項目の1番から4番はほぼ[3]身体システムで生じているものごとである。一方、5、6番はことばシステムで生じているものごとであり、心理学でいうところの「思考」はこれに該当する。これらのものごとを（特に1～4番を）

1）当時は一人称研究ということばはなかったが、この研究が最初の一人称研究である。歌を歌うスキルを学ぶために、カラオケや自宅で日々発声法（脱力の仕方、呼吸の仕方、声を息に乗せる方法など）や感情の込め方などについて着眼したこと、想うものごとをことばに残し、ことばの内容（定性的性質）と採点結果の関係性を分析する研究であった。[諏訪04]に簡単に紹介しているのでご参照いただきたい。

2）ボウリングの熟達研究については次章で詳しく紹介する。

3）4番の違和感や疑問のうち、明快なことばで論じることができることはほんの一部であろう。

ことばで表現しようと試みるのであるから、当然困難を極める。しかし、意識次第で全くことばにならないものでもない。からだメタ認知メソッドの最大の特徴は、いわゆる「思考」だけではなく、身体システムで生じているものごとにも敢えて意識の光を当てようとすることにある。

なぜ、身体システムで生じているものごと（以後、簡単に記述するため、総称して「体感」と書くことにする）にも意識を向けようとするのか？　その理由は、「体感」への留意は身体知の学びには必須であるからである。より緻密に段階を踏んで論じるとこうなる。

- 身体知を学ぶということは、体感の微妙な差異に敏感に気づくことを通して、それらを緻密に制御する（足したり、引いたり、異なる体感の連動に気づいたり、新たな連動を生み出すような身体動作を試したりする）スキルを体得することである
- しかしながら、体感という代物は実に曖昧模糊としていて、ややもすると変容したり流れ去ったりしてしまう。体感が変容したのならその差異に気づけることが必要である。また、消え去ってしまわないように意識内に留め置くことが肝要である。
- したがって、からだメタ認知の第一義的目的は、微妙に異なる多様な体感への持続的な留意である。留意を保つためにことば化という手段を用いる。
- 体感をことばで表現するということは、曖昧模糊とした体感という存在にラベルを貼ることである。体感が微妙に変容すれば表現することばの組み合わせを微妙に変えればよい。

体感をことばで表現するメソッドであると主張すると、「曖昧模糊としたものは正確に表現できないし、表現したことがすべてであるとは言い切れない」という反論をしばしばいただく。しかし、ことば化の目的は体感を正確に表現することではない［諏訪 05a］。そもそも体感なるものは本当の姿・形が見えない。どう表現するのが正解であるのか、本人にすらわからない。むしろ、多様な体感への留意を持続させるために、ことばの機能を活用して体感の微妙な差異をあれやこれやと吟味しながら、体感なるものを常に自らのことばに紐つけておくことが、ことば化の目的である。体感なるものを常に自らのことばに紐つけておくと、身

体[4]とことばが共創され、結果として身体知の学びが達成される。いわば、**身体知の学びを促すためにことばの力を借りる**のである［諏訪 16b］。

「からだメタ認知」と「メタ認知」

2000年代前半に研究を始めた頃は「からだメタ認知」という呼称ではなく、「メタ認知的言語化」(［諏訪 05b］［庄司，諏訪 08］) や「身体的メタ認知」(［諏訪，赤石 10］［諏訪他 12］) という呼称で論文を書いていた。「メタ認知」は1970年代頃の心理学で提唱された概念であり、頭で考えていること（すでに言語的意識に上っているものごと）を、考えているだけに留めず言葉として外化することによって自身の思考を客観的にモニタリングし、自己分析をして生きる上での行動を制御することを指す。

しかし、私は、その定義が示唆する類のことば化だけでは「身体性」を捉えることはできず、身体知の学びの方法にはなり得ないと直観していた[5]。「身体性」は、1980年代後半から知の源として重要視されはじめた概念である。知能の学問が身体性を扱うためには、すでに頭の中で言語的意識に上っている明晰な思考だけではなく、自身の身体動作や、曖昧模糊としてことばで表現することがとても難しい知覚・体感といった類の認知もことばで表現する対象にする[6]ことが必須であろうと考えたのである。したがって、「メタ認知」の前に「身体的」という修飾語を付加していた。

「からだメタ認知」という呼称を用いたのは、『一人称研究のすすめ　知能研究の新しい潮流』と『知のデザイン　自分ごととして考えよう』(ともに近代科学社) を共同執筆した2015年以降のことである。後者の一節を引用する。

“体感は正確に客観的に扱えない対象だからこそ、従来のメタ認知では敢

4)　より詳細にいうと、知覚や体感という身体システム内で生じているものごと。

5)　［諏訪 05b］や［庄司，諏訪 08］で使用している「メタ認知的言語化」という呼称は、いまから考えると、身体性を捉えるためのメタ認知という特徴を反映できていなかったことになる。論文中では、身体性をとらえるための言語化であるという本質を説明しているので、現呼称「からだメタ認知」が意図することは当初から持ち合わせていたわけだが。

6)　ことばにすることが難しい類の認知をことばで表現するという試みは、大いなる矛盾であろうと考えるかたも多いだろう。しかし、構成的方法論によって認知を探究するという考え方、すなわち「認知の様態を変容させながら認知の探究を行うための手段として言語化を捉える」ことを導入すれば、ことば化は決して矛盾ではない。構成的方法論については第11章で詳しく解説する。

えて研究対象から外したのだと、筆者たちは考えています。当時は身体性に関する議論がほとんど為されなかった時代であることにも起因しているのでしょう。従来のメタ認知は，意味的には、「明白に客観的事実として把握できることばや身体を対象としたメタ認知」という行為であったということができると思います。つまり、上に述べた、真の意味でのメタ認知から身体が欠落した＜頭メタ認知＞なのかもしれません[7)]。身体知という概念がなかった時代のメタ認知なので、体感や知覚がことばで表現する対象から欠落していたとしても無理はないと思います。”（p.121）

以上のことから、からだメタ認知とは、従来型メタ認知の「学びの手段」という精神を受け継ぎつつ、身体知の学びを十全に扱えるよう身体システムが暗黙のうちになし遂げているものごとにも留意を払うことを目指して、「メタ認知」を拡張したメソッドといえる。本章では、からだメタ認知の具体的な事例をいくつか紹介したうえで、その手法の意義や論点を順に整理して提示する。

野球のバッティングスキルの一人称研究：計測にまつわる問題

私は、草野球ではあるが毎年十数試合に出てプレーをする現役野球選手[8)]である。若い頃は走力と守備力（外野手）において自他ともに認めるものがあったが、打撃についてはずっと悩んできた。自身が有する身体能力を半分も使い切れていないという感覚に苛まれたまま、中年に至ってしまった。身体知研究の専門家になり、自身の野球の打撃を実践例として身体スキルの学びの過程の探究を始めたのは2003年頃である。それ以来、日頃のバッティング練習（バッティングセンターと素振り。特に前者）や試合後には、自身のパフォーマンス、体感、身体部位の使い方などについて感じたこと、考えたことをことばで表現する作業を続けてきた。

バッティングスキルの探究と聞くと、ことばで記録を残すだけではなく、バッティングフォームを写真や動画に残すこともすると連想する方も多いだろう。「か

7) 「からだメタ認知」は単に「メタ認知」と呼ぶだけでよいとも思うのだが、「頭」だけではなく「からだ」の側面が欠落しないようにという想いを込めて、敢えて「からだメタ認知」と呼ぶことにしている。
8) 2020年からのコロナ禍でほぼ1年半のあいだ、所属する2つのチームはいずれも試合を自粛している。このまま2021年度も終了すると丸々2シーズン野球をやらないことになる(2021年秋に執筆)。

らだメタ認知メソッド」により記録したことばの実例を紹介する前に、重要なイシューについて触れておく。身体知の学びの探究においては、身体動作の撮影(より一般的には、計測)はいろいろな意味で難しさをはらむというイシューである。

私自身、バッティングフォームの写真や動画の記録は、是が非でも必要な場合は試みてきた。しかし、野球というスポーツの性質上、ことばで記録を残すことに比べると、写真や映像の記録は遥かに頻度が低くならざるを得ない。まず、バッティングセンターという公の場所では、個人的なカメラ設置は普通許されない。野球の試合でも、研究題材だからといって私の打席の動画撮影をチームメイトに依頼することはできないし、そもそも相手チームの許可も得られない。

一方、家での素振りの撮影はもちろん可能である。しかし、ここにも別の問題が立ちはだかる。一般的にいうならば、生活行為を題材とする身体知研究において、自身の身体を撮影したいという研究者としての欲求と撮影行為が、学びの生のプロセスを阻害しかねないという問題である。

野球を例にしてこの問題を詳しく論じる。そもそも、身体知の学びは生活のふとした瞬間に進展する。バットを構えてからインパクトまで、そしてフォロースルーまでの身体各部位の使い方・連動のさせ方、呼吸の仕方、投手の身体動作や球の見方、打席での心の持ち方など、打撃スキルを構成するものごとは多岐にわたる。そのすべてが、打席で球を迎え打つほんの２～３秒の行為に凝縮される。重要なことは、日頃の練習でいかに自分なりの問題意識を醸成するか、そのために些細な違和感や疑問を逃さずにキャッチするかにある。学びの目的は、身体能力を最大限に発揮できる動作を体得することにある。その達成のために肝要なのは意識面での学びの運営である。

特に重要視すべきことは、些細な違和感や疑問を逃さないことである。違和感や疑問は試合や練習でバットを振っているときに生じることが多いが、それだけではない。生活のふとした瞬間に頭にもたげてくる。風呂に入っているとき、咄嗟に何かを避けたとき、歩いていてなにげなく足裏に感覚が向いたときは、その一例である。自宅で別のことをしているときにふと気づくことがあると、その体感をいち早く確認するためにすぐにバットを振る（振りたくなる)。練習は、試合やバッティングセンターだけではないのだ。ふと考えたり気づいたりすること、そのときの体感を確かめるためすぐにバットを振ってみること、そしてそこで得た感覚や考えをことばで記録することのすべてが練習の一環である。つまり、日常そのものが練習なのだ。

そのようなふとした瞬間に動画や写真を残せるだろうか。答えは否である。動画撮影は、カメラを三脚に設置し、画角を調節し、カメラの設定を確認する作業を伴う。どんなに手早くやっても 10 分はかかる。ふとした気づきはそのあいだに流れ去ってしまう。10 分かけてカメラを設置してから、ふとした気づきを確認するためにバットを振るよりも、すぐ振りたくなるという欲求や問題意識を優先すべきである。研究者である前に野球選手なのだ。そういうときは敢えて撮影を試みない方がよい。家中に様々な角度でカメラが常備されていて、打撃スキルを学んでいる人がどの部屋であれバットを手にするやいなや自動認識して、最適な角度で録画が始まるという IT 装備の生活環境が近未来には実現可能かもしれないが、現在はそのレベルにはない。

より一般的にいうならば、この難問は、身体動作を記録・計測しようとする意図が学びのふとした意識を阻害する可能性を大いにはらんでいるというイシューである。第 1 章で論じたように、一人称研究は客観的に計測可能な「身」に生じていることだけではなく「心」で生じているものごとも研究対象として扱う。だからこそ生じるイシューだと言ってもよい。この論点は［諏訪他 12］に詳しく報告がある。身体知の学びは生活そのものが舞台である[9)]。そして計測欲求はときに学びを阻害してしまう危険をはらんでいる。この 2 つは、私自身が野球という例題で一人称研究を実践し、生活の中で学びがどう進むのかを自己観察するとともに、一人称研究のありかたを開拓してきた経験から見出したイシューである。

「からだメタ認知のことば」の実例：脱力と呼吸

まず、私が日々記録しているバッティングにまつわるからだメタ認知の実例を紹介する。図 2.1 は、2019 年 4 月中旬にバッティングセンターで練習をした直後に私が残した記録である。野球の打者が自身のスイングについて、そして投手の動作や球とスイングの関係について、どんなことを考え、模索し、そして打席

9) 少なくとも 2 つの意味がある。ひとつは、生活の中でのふとした瞬間の気づきを重要視するのがよいということである。もうひとつは、少し前の方に書いたことであるが、私は打撃スキルの研究者である以前に、試合を構成する一野球選手であるということである。第一義的目的は試合を滞りなく戦うことである。研究者であるがゆえの計測欲求を有するからといって、第一義的目的を阻害するようなことはあってはならない。野球の試合も生活なのだ。研究の営みのために生活を阻害することは避けねばならない。

に立っているのかの一端がみて取れる[10)]。

「からだメタ認知のことば」という名前で呼んでいるが、より馴染み深い一般的名称で呼ぶならば、日々感じたこと考えたことを記録する「日記」である。日記をつける習慣を持つスポーツ選手は、昨今ちらほら散見される。サッカー選手の中村俊輔さんの「サッカーノート」[中村 09] は有名である。からだメタ認知メソッドで重要視することは、先に1〜6番の箇条書きで整理した記述内容である。身体システムで生じている知覚や体感、そして自身の身体部位の動きや連動といった、本来ことばに表現しにくい類のものごとにも意識を向け、なんとかことばで表現することを**特に要請される**日記と考えればよい。以後、からだメタ認知メソッドにより残したことばを「からだメタ認知日記」と称する。

私のからだメタ認知日記の実例（図2.1）を解説しよう。バッティングの基礎理論や身体論の説明を交えながら、打者としての当時の私の意識のありさまを解説する。しばらく紙面を費やすことになるが、おつきあいいただきたい。2019年の春は、新たなバッティングフォームを目論む数年来の模索が結実しかかっている時期であった。実際その1ヶ月後（2019年5月12日）の試合でこの模索が成果をもたらすことになる。この新しいバッティング方法は、2021年現在においても私が主導原理として意識しているものごとである。

図2.1をご覧いただきたい。箇条書きにみられるように4つのポイントを挙げ、それらを合わせた意識を以てバッティングを行う意図・目標が現れている。まず、呼吸に関する記述がひとつ目（以後は「箇条書き①」）に、全身の脱力に関する記述がふたつ目（「箇条書き②」）にリストアップされている。以下、バッティングの基本理論を少々解説する。

打者はバットを構えた状態（「スタンス」と称する）から、投手の投球動作に応じて[11)]バックスイングの状態に移行し、そこで溜めたパワーを利用して次の一連の動作を行う。下半身を投手側に並進させて左足[12)]を踏み込み、上半身の回転と

10）本書は、私あるいは私が指導した学生が行った様々な領域での一人称研究について論じるものである。代表的な領域のひとつはスポーツである。野球の打者の意識のデータをここで紹介する理由は、スポーツスキルの身体知研究はどういう類のデータを扱うものかについて、読者の皆様の理解を促すためである。

11）投手の投球動作に「応じて」とは、打者が投手とのあいだによい間合いを図るという意味である。バックスイングからインパクトに至る動作において、打者が投球動作に応じてどう間合いを形成しているかについては、『「間合い」とは何か　二人称的身体論』の第1章［諏訪 20a］をご覧いただきたい。打者の動作の基本を解説している。

12）私は右打者なので左足（投手側の足）を踏み込む。以後も、右打者なりの記述をする。

2019年4月中旬（バッティングセンター）

- 息を吸った状態でスタンスを決め、バックスイングとともに吐く。
- スタンス時に腕を張ったりせずに自然にゆったりとする
- 肩甲骨が浮く感覚でバックスイングする
- 球を空中に置く意識を定着させる方法を模索する

を目指して今日は4打席92球。

息と脱力に関してはできたと思う。特にゆったりとすることに関しては、グリップを比較的左脇に近いところに置く方が、左脇に粘り気を持つためにもより自然ではないかとやりながらすぐに修正した。グリップが左側にあるほうが首も投手側に少し入るし、左足に十分荷重することにもなると見出す。

何球か良い当たりをした後、次第に下半身をぐっと沈めて立つ感覚が芽生えてきた。スタンス時は、スイングのきっかけなどを一切心配する（バックスイングの準備ができていないかもというそわそわ不安定な体感）ことなく少し広め。内転筋に乗り左右均等。そしてぐっと丹田を押し下げる。股も地面にじわりと押し付けられている感覚。すると少々振り遅れてもスイングは安定する。

肩甲骨を使ってのバックスイングも概ねできた。しかし肩甲骨が腹部から離脱して独立に浮いているような理想的な体感はまだ得られない。

最初、打球が上がらなかった。ゴロばかり。身体ごと球を上から叩きに行っている感覚があった。肩甲骨の浮きを左右入れ替えるだけでスイングをすることに徹したところ、綺麗に球の少しだけ下にうまくヘッドが入り、球をきっちりと受けている感覚が現れた。上半身が突っ込まずに（左足には踏み込むものの）スイングが綺麗にU字になったのだと思う。

空中に球を置くことはなかなか再現性が保てない。今のがそうだ！と思いきや、次の球ではだらだらと球の軌道を目で追ってしまう。軌道を直線で追うとだいたい詰まる。バックスイング時に首を投手側にぐっと下げる感じで見据えるのがよいのか？いろいろ試しているが、なかなか再現性がない。うまく行ったのは、今日はほんの一回だけ。

図2.1　バッティングについてのからだメタ認知日記の一例

ともにスイングを始動し、バットの芯で球を捉える（「インパクト」と称する）ことである。打者にとって最も重要な瞬間は、球のコースや高低に応じて適正なる位置に適正なタイミングでバットの芯を運び、球を捉えるインパクトである。その瞬間に全身の力を凝縮するために、バックスイングをはじめとして身体各部位で各種準備を行い、素早く効率的なスイング軌道を目論み、実行する。「野口体操」の始祖にして新しい身体論を打ち立てた野口三千三氏は、

“あらゆる器官・組織・細胞のすべてにおいて、解放されている部分が多ければ多いほど、それにそれだけの新しい可能性を多くもつことができる。次の瞬間、新しく仕事をすることのできる筋肉は、今、休んでいる筋肉だけで

ある。”（［野口03］, p.8-9）

と論じている。インパクトで力強く球を弾き返すためには、スタンス、バックスイング、スイングの始動[13)]のすべてのフェーズで、できるだけ脱力しておくのがよい。インパクトの瞬間に働くべき筋肉はその瞬間が来るまで「休んでいる」必要がある。

箇条書き①より先にまず箇条書き②から説明を始める。「腕を張ったりせず」という記述がある。両腕でバットを持っているので、「腕」という部位が明記されているが、腕に限らずスタンス時は全身をゆったりさせようという意識の現れである。

バットは一定の重さがある。したがって、スタンス時にバットを握る両手（グリップ)をどこに位置させるか、どういう角度でバットを構えるかによって、指、前腕、上腕、肩などにかかる力は異なり、使う筋肉も異なる。バットの構え方はバックスイングやスイング起動にも影響を与えるのだが、どのフェーズにおいても脱力を保てるような構え方について、普遍的に適用可能な正解はない。それは、身体能力や身体の性質に応じて各々の打者が模索すべきポイントである。つまり、スタンスでのバットの構え方ひとつとっても、各々の打者が「からだメタ認知メソッド」によって試行錯誤を繰り返し、自分に適したあり方を模索すべきである。

脱力と深く関わるのが呼吸だ。一般的に、息を吐いているときは脱力し、吸っている時は緊張する。野口氏は書の中で、呼吸ということばが「吐く」を意味する漢字から始まることは、吐くことが呼吸の本質であると示唆するものだと論じている。息を吐き切れば生命維持のために自然に吸うように身体はできているのだと。箇条書き①は、身体の動きと呼吸の関係に関する意識づけである。

私は若い頃、運動しているときいつ息を吐いていつ吸っているかを考えたことがなかった。からだメタ認知の習慣ができてからも一定期間、私は身体部位の動きや体感だけに焦点を当てていたと、今ふりかえって思う。呼吸が身体運動において重要な変数であることに目を向けたのは、野口氏の書で「息することは生きることである」と題する記述に出会ったことがきっかけである。

緊張して打席に立ち凡打に終わった経験は数知れず。なかでも体感の記憶が残

13）一般的に、打者がややもすると力んでしまうのはスイングの始動である。

る印象的なシーンをいくつか思い起こしてみると、過去の私はバックスイングの時に息を吸っていたかもしれないとさえ思う。からだメタ認知の習慣のなかで、野口氏の書に触発されてそう考えるようになった。息を吸うと肩甲骨付近の柔軟性が一瞬奪われる体感が生まれる。一方、息を静かに吐くとどっしりと地に足が着き、肩甲骨の柔軟性は保ったまま虎視淡々と何かを狙う感覚が生まれる。そういえば、バッティングセンターで快打を連発している時は後者の体感に溢れている。

バックスイングがスイング始動の準備であることを考えれば、虎視淡々と狙う意識と、脱力して冷静に投手の動作や球の出処をみることを両立させねばならない。つまり、息は静かに吐いて然るべきである。この仮説は、呼吸と身体の関わりに意識を向けはじめて以来、ずっと意識してきたものである。バッティングセンターでは地に足がついた粘り気のある体感を以て良い当たりを連発するのに、試合の打席ではどうしてもふわふわして所在なき体感になってしまうことに、私は長年悩んできた。しかし、呼吸がそのひとつの要因かもしれないと感づいて以来、打席でどっしりと構えられるようになった。この意識づけは、それから何年も経った2019年の日記においても主要なる意識のひとつとして箇条書き①に現れている。

「からだメタ認知のことば」の実例：スイング軌道・間合い

箇条書き③は肩甲骨の使い方に関する記述である。その後の詳細記述では、肩甲骨とバックスイングおよびスイングの関係に二つのパラグラフを費やしている。バックスイングのときの「肩甲骨が腹部から離脱して浮いているような体感」とは、右の肩甲骨がスイングの準備動作として（背中から見て）反時計回りに回転し、体幹部から離脱する感覚のことを意味する。そして、スイングは腕を振ってバット軌道をつくるのではなく、「肩甲骨の浮きを左右入れ替えるだけ」という意識を以て行うと記述している。右の肩甲骨が浮いている状態から左の肩甲骨が浮く状態に移行させると、自然に、バットを握る両手のグリップは胸の前で（右から左へ）Uの字を描き、バットの軌道も綺麗なUの字を描く。腕を振る意識でスイングを始動するとややもすると肩から腕まわりに力みが入るが、肩甲骨の浮きを入れ替える意識をもつと脱力したスイングが可能になることに、長年の模索から気づいたのだ。

箇条書き④の説明をする。これに関連することとして、野球界には「調子の良い打者は球が止まって見える」ということばがある。もちろん比喩ではあるが、打者が投球動作および球に間合いをとる行為の本質を突いたことばであると、いまの私は解釈している。詳細や背景理論は拙著『「間合い」とは何か　二人称的身体論』の第１章［諏訪 20a］に譲り、ここでは簡略にエッセンスを述べる。打者はまず投手の投球動作との間合いをとりながらバックスイングを始動する。そして球が投手の指先を離れた後は、今度は球との間合いをとる必要がある。間合いにも二つのフェーズがあるということである。直球か変化球か。どのコースに来るか。球速はどの程度か。球の性質を瞬時に見極めてスイングの軌道を決めるのである。それをやらねばならない瞬間が、バックスイングの後、スイング始動の初期にある。下半身は既に投手側に体重移動を始めていて、左足が着地する直前である。その瞬間にピッチャーとホームベース間のどこかで球の性質を見極めてスイング軌道を決められると、ある確信をもって左足の踏み込みやスイング始動を行うことができる。

私の記述にある「空中に球を置く」というフレーズは、球の性質を見極める瞬間を自身でつくることを意味する。「球が止まって見える」という受動態の意識ではなく、「球を空中に止めて見る[14)]」という能動態の意識である。調子がよいときは身体は自動的に（意識せずとも）この行為をなして球との間合いをとることができ、適正なタイミングで適正な位置にバットを繰り出すことができる。しかし、意識づけなく身体に任せてバッティングをしていると、いつのまにか身体はこの瞬間を設けることを止めてしまう（何らかの理由でできなくなってしまう）時がやってくる。そしてスランプに陥る。スポーツにはよくあることだ。

箇条書き④の記述、および日記の最下部の記述は、球の性質を瞬時に見極める瞬間をスイング始動の直前に能動的に設ける方策がうまく見つからないジレンマを表現している。

14)「止まって見える」に対照的な表現をするために「止めて見る」と書いたが、より正確に表現するならば、「見る」ではなく「感じる」のほうがベターである。球の性質は、「目で見る」というよりも、むしろ「身体全体で総合的に感じる」べきものであると私は考えている。

からだメタ認知日記のことばの種類を概観

からだメタ認知メソッドによって書き残す内容のリスト(1～6番の箇条書き)を再度みてほしい。私のこの日のからだメタ認知日記で登場したことば群をそのリストに照らし、どのことばがどのリストに該当するのかを整理したのが表2.1である。6種類の内容がすべて存在する。

まず分類2(身体部位と動作)の欄をみてほしい。「」で表記したのは、図2.1のからだメタ認知日記のなかに現れた生のフレーズや文言である。身体スキルに関するメタ認知なので、当然、身体部位の単語は多々登場する。もし分類2に属するフレーズが少ないとしたら、自身の身体運動に関する分析がまだ甘いか、もしくは、あるスキルレベルへの熟達が一段落し、もはや各部位に詳細に意識を当てなくても実践がうまくいっているということであろう。第3章(ボウリングの熟達研究)で詳しく述べることになるが、学びの模索中は2番に該当する文言が多数現れることが好ましい。この頃の私は、スタンスの足の幅と両足への荷重のしかた、グリップの位置、肩甲骨を左右入れ替えてスイングすること、球のリリース直後に球の性質を見極めることに意識を払っていたことが、分類2に属する言葉群に概観できる。

分類3(体性感覚)に該当する記述も多い。体感をことばに紐づけて継続的に体感への意識を保つことが「からだメタ認知メソッド」の目的なので、からだメタ認知日記の特徴のひとつはこの分類にある。本人にしか感知できない個人固有性を強くはらむフレーズや文言が並ぶはずである。図2.1のからだメタ認知日記では、「肩甲骨が腹部から離脱して独立に浮いているような理想的な体感はまだ得られていない」とある。この記述から読み取れることは、かつて「肩甲骨が腹部から離脱して独立に浮いているような理想的な体感」を得たことが(回数は少ないが)あること、この日はそれとは異なる体感を得ていたことである。この日の体感についての具体的な記述はないが、自身の体感に意識を向け、その微妙な差異に敏感に気づこうとするマインドがみてとれる。

分類1は、外界のモノ、その属性、モノ相互の関係性、モノと自身の身体との関係性についての記述である。後々の章に登場することになるが、風景に相対しているとき、建築空間に佇んでいるときのからだメタ認知日記では、この分類に属する表現は多種多様に出現するものである。野球のバッティングに関する例で

表 2.1　からだメタ認知の各分類に該当する記述
（「」は実際の記述のピックアップ、そうでないものは記述が意味する内容を示す）

番号	ことばの内容	該当する記述および内容（2019 年 4 月中旬のある日の記述）
1	モノ・属性・関係性	グリップと左脇の位置関係、首とグリップの位置関係、グリップと左足の荷重度合いの関係、スタンスの両足の幅（「少し広め」）、「振り遅れ」（球と動作の時間関係）、「スイングの安定」（安定したスイング軌道）、肩甲骨と腹部の位置関係、「打球があがらない」、「球の下にヘッドが入り」（バットヘッドと球の位置関係）、「綺麗に U 字」（スイング軌道の形）、「詰まる」（バットでの反発の様子）
2	身体部位・動き	「グリップを左脇に近いところに置く」、「首を投手側に入れる」、「左足に荷重」（して立つ）、「内転筋に左右均等に乗る」、「肩甲骨を使っての」、「球を上から叩き」、「肩甲骨の浮きを左右入れ替える」、「上半身は突っ込まず」、「だらだらと球の軌道を目で追って」
3	体性感覚	「ゆったりする」、「左脇に粘り気」、「下半身を沈めて立つ感覚」、「丹田を押し下げる」、「股が地面に押しつけられる」、「肩甲骨が腹部から離脱して独立に浮いている」、「球をきっちり受けている」、「空中に球を置く」
4	違和感・疑問	バックスイングのきっかけを心配して「そわそわ」する、「なかなか再現性がない」、「見据えるのがよいのか？」
5	解釈・意味	スタンスが広いとバックスイングのきっかけが掴みにくくなりそう、肩甲骨の浮きを意識してバックスイングを始動すると一瞬できっかけを掴める、下半身をぐっと沈めてスイングすると少々振り遅れてもスイング軌道が安定するので心配無用、上から叩きにいくようなスイング軌道なのでゴロばかりになる
6	問題意識（意図・目標）	4 つの箇条書きの内容、「左足に十分荷重」して立つべし

は、自身の身体部位相互の位置関係、バットと身体部位の位置関係、投手の身体動作と自身のスイング動作の時間的関係、投げられた球と身体の位置関係や時間的関係などの表現があり得る。

分類４の違和感や疑問はそれほど頻繁に登場することはないが、とても重要な認知である。なんとなく、脈絡や根拠なく、ふと感じる、ことばになりにくい類のものごとなので見過ごしがちである。まだ明晰に語るほどの分析的思考が及んでいない類のことなので、とかくことばで表現することへの躊躇がある。からだメタ認知メソッドを継続していれば、少しずつ明晰に語れるようになってくるであろう、未だ萌芽的な体感である。身体知の学びはふと覚えた違和感や問いから始まるというのが、身体知研究を長年経験してきた私の基本思想である。「体感への持続的留意のためにことばの助けを借りること」という考え方もこの思想に根差している。分類４に属するものごとはまだ明晰に分析できないものごとであるからこそ、簡単でもよいのでことばで表現したいものである。

分類５（解釈・意味）に登場する内容は、分類１から４に登場した様々な気づきに対して、本人が与えている（あるいは新しく見出した）解釈や意味である。別の言い方をすると、分類１から４に該当するフレーズや文言を裏打ちする本人なりの想い・背景理論・仮説・知識である。したがって、からだメタ認知日記には単一のフレーズや文言として目に見える形で出現することはない。複数のフレーズや文言の登場の裏にそういう想い・背景理論・仮説・知識がある。からだメタ認知日記の分析においては本人でなければ分析できない類の思考内容である。

分類６は本人が抱いている意図・目標である。この日の日記のように、箇条書きで整理されて登場することもあるし、分類５のようにそういう意図や目標が行間に垣間見られることもあろう。

からだメタ認知の模索の結実：素晴らしい投手から快打

2019年5月12日の試合のことは、私は一生忘れないと思う。新しいバッティング方法の模索が実を結び（図2.1の日記は結実に至る最終フェーズのものであった）、打者としてひとつ階段を上ることができたという実感を得た試合である。試合後に書いたからだメタ認知日記の一部を図2.2に示す。

それは我がチームが所属するリーグの試合だった。相手は平均年齢が約25歳のチームで、見るからに素晴らしい選手をたくさん擁していた。贅沢なことに我がチームの打者が一巡するごとに投手を交代し、出場した投手が皆、速球派の素晴らしい投手だった。かたや我がチームは平均年齢が約45歳で、私が最高齢である。2019年春のシーズンは打撃が好調であったこともあり、その日私は3番打者を任されることになった。

2019年5月12日（試合）

相手は、20代ばかりの生きの良い、見るからに強いチーム。打者一巡ごとに投手を変えてきて、3名それぞれが全員、肩が強く球の速い投手。この日は3打数1安打1四球。

（中略）

三打席目：左投手。静かなフォームから腕がしなやかに振られて、ビュンと伸びてくる。久しぶりに投手らしい投手に出会う。これに比べると一番手、二番手の投手は肩は強いが、根っからの投手ではなさそう。

初球、アウトコース低めに外れてボール。そこでもうタイミングは合い、空中にも球を置けている。腕周りだけ動かすだけでいつの間にかバックスイング態勢ができるという自由自在な身体の使い方が板についてきた。地面に左右対称に身体を埋め込む作業があってこそ、このバックスイングが成り立つ。

二球目：素晴らしい速球が唸りを上げて真ん中低めに決まる。かなり低めで伸びている。うなっていると言ってもよい。打つ球ではないと見切り、見逃す。

三球目、アウトコースベルト付近に速球が来る。先ほどほどうねりは上げていない。これも軽く球を空中に置くクッとした感触だけが残り、気がついたらスイングをして、少しバットの先だったがライナーでセンター前に運んだ。一瞬にしてバックスイングが完成して肩甲骨に涼しい空気が漂い、あとは球を空中に置いて、そのコースにバット軌道を持っていくだけ。そんな打ち方ができている。

図2.2　華々しい活躍をした試合のからだメタ認知日記

一打席目は3ボール2ストライクから真ん中高めの速球を空振りしての三振だった。しかし、4球目までにその速球投手の球を「空中にくっと止めて」球の性質を見極めるこつを体得したという実感をもてた打席だった。二打席目も、2番手投手の速球を2球目までに「空中で止めて感じる」ことができた。3球目のアウトコース高めの速球を、少し遅れ気味であったがうまく右手を被せて押し込み、ライト線に強いライナー性の打球を放った。ライト選手の好プレーに阻まれアウトにはなったが、内容のある打席だった。

三打席目は左投げの速球派投手に交代した。図2.2の記述にあるように、静かなフォームから腕がしなやかに振られ、伸びのある速球が低めに決まる投手である。2球目が最も素晴らしい球だった。私は低めのボール球だと判断したのだが、ぐんと浮き上がるようにストライクコースに伸びてきた。１球目から「空中で止めて」球の性質を察知できていた[15)]ので、打つ球ではないと見逃すことができた。

そして３球目が到来する。２球目ほどの凄みはない速球だと即座に見切ったのだろう、空中に球を止める感覚だけが記憶に残り、気がついたらスイングを始動していて、センター前にライナー性のヒットを放った。バックスイングからスイング始動にかけて「肩甲骨に涼しい空気が漂う」体感が残るという記述があるということは、2019 年４月中旬の記述項目のひとつである「肩甲骨が腹部から離脱して浮いている感覚」を以て、その浮きを右から左へ入れ替えるだけでスイングを行うことができたのだと推察できる。この打席の内容はチームメイトからも絶賛された。

私のチームは２点とったが試合は大負けした。試合後に相手チームに聞いたところでは、３番手投手は年齢が 20 代前半で、全国的に有名な野球名門校のレギュラー選手だったとのこと。数年来のバッティング方法の模索が 2019 年５月に実を結び、野球キャリア的に私よりも一段も二段もレベルの高い投手から快打できたことは、からだメタ認知メソッドの有効性を物語るひとつの証左であろう。

何よりも嬉しいのは、打者として確かな自信を得たことである。走塁や外野守備では身体能力を遺憾なく発揮できているものの、打撃については身体能力を全然使い切れていないという長年の不満足感が払拭できた瞬間でもあった。この打席だけのまぐれや偶然ではないという手応えも感じた。長期間にわたり、からだメタ認知メソッドによって体性感覚や身体動作を意識的に模索するという「身体を考える生活」を実践し、体性感覚への留意と身体動作が噛み合った結果としての快打であった。だからこそ、決してまぐれではなく、自身の身体能力を打撃において発揮できるようになりつつある実感を得たのだ。野球選手としての私にとって快哉なるできごととなった。

このできごとから推察できるように、からだメタ認知メソッドによってことばの助けを借りながら身体知を学ぶという実践は、本人が有する身体能力を(「100％フルに」とは言わないが)高い割合で活用するパフォーマンスを可能にするものである。身体能力は個人によって厳然たる差がある。オリンピックに出場するアスリートやプロスポーツで活躍する一流選手の身体能力は、一般の私たち

---

15) ボール球だと判断したのは、見極めきれなかったということでもある。投手の球のほうが素晴らしすぎたのだ。しかし、打者としての最低限の見極めはできていたということもできる。

に比べて遥かに高いだろう。しかし、最も大切なことは、自身が有する身体能力をできるだけ高い割合で発揮することではないか。それこそが、学ぶべきスキルではないか。プロフェッショナルのアスリートでさえも、もしかすると本人が有する身体能力の一部しか使えていないことは多々あるだろう。プロフェッショナルの世界において一軍選手と二軍選手を分けるのは、有する身体能力の絶対値ではなくて､むしろ高い割合で身体能力を発揮するスキルの有無なのかもしれない。

からだメタ認知メソッドの適用範囲

以下、からだメタ認知と一人称研究についての重要なことがらについて、幾つか簡単に頭出しをしておく｡からだメタ認知日記の本章の実例紹介は､野球のバッティングスキルに関するものであった。身体運動スキルの学びは一人称研究の典型的なドメインであることに間違いはない。しかし、からだメタ認知メソッドが適用可能なのは身体運動スキルの学びだけではない。カフェや庭園などの空間体験、お酒の味わいの体験、音楽体験など、五感を十全に働かせることで得られる身体経験はすべてからだメタ認知メソッドの適用範囲内であり、それを基礎データにした一人称研究は実践可能である。後続の章で、多岐にわたるからだメタ認知日記や一人称研究の事例を紹介することになる。

ことばで表現するための手法あれこれ

身体部位の動きと連動・知覚・体感といった身体システムで生じているものごとは、他者からは観察することはできない。アクセスできるのは本人だけであるが、本人ですら完全に言語的な意識で捉えることは難しい。その難しさは認めたうえで、からだメタ認知メソッドでは「ことばで表現せよ」と推奨する。どのような心持ちで､研究対象の自身の身体や(身体が相互作用する)外界にむきあえば､ことばでの表現がしやすくなるのか？　何か良い工夫やヒューリスティクス（経験則)はあるのか？

多岐にわたるドメインで一人称研究の実践を積み重ねてきた私たちの試みは、曖昧模糊とした体感をことばで表現するための工夫やヒューリスティクスを開発するという歴史でもあった。第５章にて詳しく論じる。

からだメタ認知と構成的研究手法

からだメタ認知の意義は一人称研究の基礎データを日々残すことだけではない。第6章で詳しく論じることになるが、ここで簡単に触れておく。一人称研究の実践において私や学生の心身に実際に生じたことは、からだメタ認知の行為(曖昧模糊とした知覚や体感をことばで表現するという行為)が新たな気づきをもたらし、それを基に新たな問題意識や仮説を芽生えさせ、それがやがて新たな実践（身体動作や意図的行為）をもたらし、その繰り返しの中から身体知の学びを促すということである。つまり、ことばで表現をすることが手段となって、感じ方や考え方を変容させ、身体知の学びを促進するのだ。「ことばの力を借りる」とはそういう意味である。

それは、従来の科学とは少々異なる方法論で研究を推し進めることを意味する。認知のありさまを探究するために、まず心身で生じているものごとを観察し、次に観察されたデータを分析・考察して結論を得るという段階的な研究手法を採るわけではない。観察は主観的なものにならざるを得ないため、観察行為自体が認知を変容させるからである。新たな感じ方や考え方が芽生えるとはそういうことを意味する。すなわち、日々認知のありさまを観察して、ありさまを変容させながら、変容するなかに知の姿を問うことになる。このような方法論を構成的研究手法と称する。詳しくは第11章（まとめの章)をご参照いただきたい。

第3章

一人称研究の初期スタイル

ボウリングスキルの学びの研究

第2章では、知覚や体感という曖昧模糊としたものごとを記録するからだメタ認知日記がどのようなものなのかを、野球の実例で紹介した。本章では、からだメタ認知日記を基礎データとした一人称研究をひとつ紹介する。身体スキルを学ぶというドメインで、2005年に諏訪研究室で行われたボウリングの熟達についての研究［伊東 06］［諏訪，伊東 06］である。主に用いた分析手法はプロトコル分析である。からだメタ認知日記のデータを幾つかの項目に分類し、各分類に属することばの数の変遷を分析・考察するという研究であった。ことばという元来定性的なメディアからなるデータを数量に変換する。定量的分析をすることによって失われるものごとも多々あるが、身体知の学びのフェーズが次第に変遷するにつけて認知がどのように変容するかが手にとるようにわかる。私の研究室で一人称研究を始めた当初は、このスタイルの研究がほとんどであった。

身体スキルとは、一般に、スポーツ、楽器演奏、技芸、曲芸など、ただ普通に生活しているだけでは習得できない、特別の訓練の末に体得する身体技のことを指す。訓練といっても、漫然とした反復練習だけでは身にならない。第2章で紹介した野球のスキルにまつわることばの実例は、身体スキルの体得の難しさ、そしてたゆまぬ探究心の必要性を感じさせるものであった。

本章で紹介する事例は、ボウリングのスキルの体得を目指して一年弱にわたってからだメタ認知を継続した学生の卒業研究である（自身がボウリングのスキルを学ぶプロセスを観察・分析するという一人称研究である）。以後、この学生のことを「ボウリングの学生」、もしくは「彼」と書く。彼は2005年3月から12月までの約9ヶ月のあいだに204日ボウリング場に通い、999ゲームをこなした。

平均すると週に5日強ボウリング場に通い、行った日には約5ゲームをこなすというペースだった。ボウリングをやった日には必ず，そしてやらなかった日も時々、気づいたこと考えたことをノートにことばを書き残した。「ボウリング日記」である。ことばを残した日は全部で210日、からだメタ認知のことばの分量は大学ノート7冊に及んだ。この膨大の量の気づき、体感、思考をことばで表現したデータが彼の一人称研究の基礎データになった。

パフォーマンスの推移

9ヶ月間の上達を見るために彼のスコアの変遷を観察してみよう。図3.1はボウリングをやった各日の平均スコア[1)]の変遷である。横軸はことばを書き残した日（最初から数えて何日目か）を示し、その日がボウリング場に行った日である場合はプロットしている。

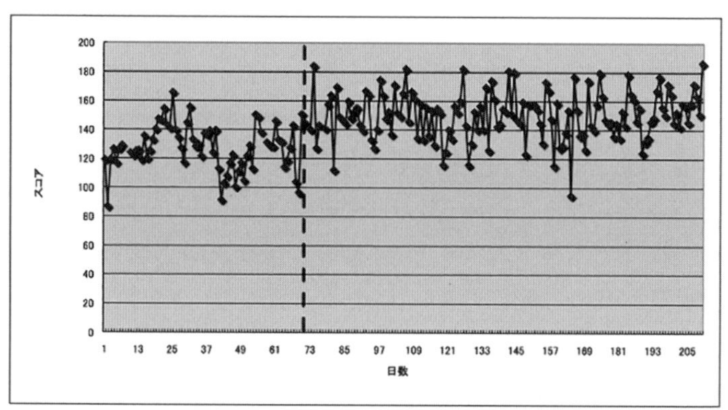

図3.1　一日あたりの平均スコアの変遷

最初の2週間は120点あたりで推移し、20日目付近で一旦160点を超える程度にまで急上昇するが、再び40日目にかけて100点を下回るまで下降したりする。好不調の波が大きい。まだスキル体得には程遠いという印象を抱かせる。
70日目付近で再び160点近くまで急上昇し、それ以降は150～160点を中心に比較的安定したスコアが続く。180点を超えるような高得点もときに飛び出る。

1）ボウリング場に行くと必ず複数ゲームをやったので、このグラフでは、日によってゲーム数は異なるが、日による調子の良し悪しを勘案し、日ごとの平均スコアで変遷をみている。横軸にはことばを書き残した日をとっているため､210日分の範囲となっている（ボウリングをやった日は204日なので、横軸210日のうちプロット個数は204）。

この推移からすると、70日目付近（図の点線）でひとつの壁を乗り越え、新しいスキルが体得されたといってよいだろう。

身体部位への意識の詳細度分析

彼のからだメタ認知のことばは、身体部位をどう動かしたり駆使したりしているか、ボール・レーン・ピンなどについて何を感じたか（環境についての知覚）[2)]、環境と身体にはどのような関係があるかなど多岐にわたっている。

本章では身体部位を表すことばに焦点を当て、その分析結果を示す。身体部位の単語は、本人がその日その部位に留意していたことを示唆するものである。「身体全体」や「上半身（または下半身）」というように身体を大雑把に（あるいは包括的に）とらえている場合もあれば、「指」や「指先の腹の部分」のように詳細な身体部位に意識を当てている場合もある。そこで、彼は身体部位の単語を意識の詳細度の観点で以下のように分類する分析を行った。

- 詳細度１：身体全体
- 詳細度２：上半身，下半身
- 詳細度３：腕，脚，腰
- 詳細度４：手のひら，手首，肘，肩，太もも，膝
- 詳細度５：手の指，脚の指
- 詳細度６：それ以上の詳細部位の記述

の６分類である。大学ノート７冊分のすべての記述のなかから各々の分類に属する単語を抽出し[3)]、各分類に属することばの数を日毎に集計した。この事例のようにことばの分類を設定し、文章から各分類に該当することばをコーディングする分析法を、心理学や認知科学では「プロトコル分析」と称する。

彼はまず、６分類のことばの数の推移をグラフ化した。しかし、複雑すぎて傾向が見えづらいため、最終的には詳細度１～３を「大雑把な意識」、詳細度４～

2) ボール・レーン・ピンは、ボウリングを行う本人にとっては、身体のまわりに存在する環境である。それらについて感じた内容とは、専門用語でいえば「環境についての知覚」である。
3) 各分類に属する言葉を抽出することを、専門用語では「コーディング」という。

6を「詳細な意識」と定義し、各日における大雑把および詳細な意識の個数を集計することになった。そして、着目したのは、身体部位を大雑把に捉える意識と詳細な身体部位に当てた意識の割合である。9ヶ月間のその割合の変遷を以下のように分析した。一日単位の変動は激しすぎて傾向の把握が難しい。そこで、大雑把な意識と詳細な意識の個数を5日幅で移動平均をとり、206日分[4)]の両者の割合を算出した。その推移を図3.2に示す（灰色が大雑把な意識、黒が詳細な意識）。

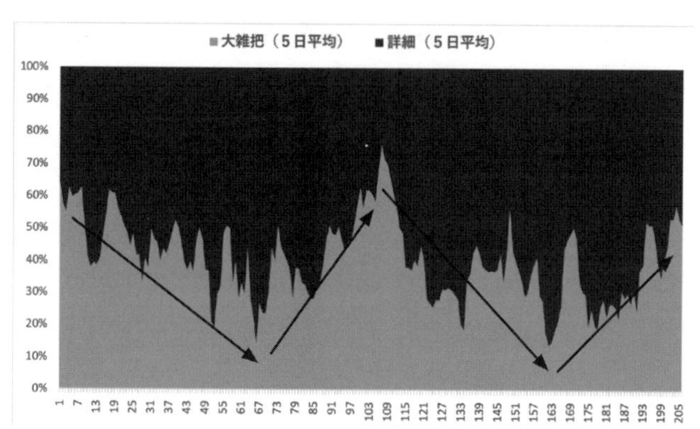

図3.2 詳細な身体部位への意識と、身体を大雑把にとらえる意識の割合の変遷

この研究を始めてから約70日目付近にかけて、詳細な部位への意識の割合が次第に増加している（図中の一番左の右下がりの矢印）。その傾向は70日目付近を境に逆転し、110日目付近まで身体を大雑把にとらえる意識が急激に増加している（左から二番目の右上がりの矢印）。それ以降は、詳細な身体部位への意識が増加するフェーズ（約165日目付近までの右から二番目の右下がりの矢印）と、大雑把にとらえる意識が増加するフェーズ（一番右の、右上がりの矢印）が繰り返されていることが見てとれる。

意識の変遷とパフォーマンスの向上の関係

意識の詳細／大雑把の度合いとスコアを比較すると、その関係は興味深い。最

4）ことばを書き残した日数は210日で、5日の移動平均を算出したので、横軸のデータ数は206となる。

初は次第に詳細な部位への意識が増加していたのに、70 日目付近で身体を大雑把にとらえる意識が増加するフェーズへの移行と時期を同じくして、スコアの急上昇（図 3.1 に示した通り）が起こっていたということになる。

そこで、詳細部位への意識の割合が

- 瞬間的に最高値を示した第 66 日目までを第 1 期
- (110 日付近で)最低値を記録した第 107 日目までを第 2 期
- 再び最高値を記録した第 162 日目までを第 3 期
- それ以降を第 4 期

とし、各期におけるスコアの統計値を算出したところ、表 3.1 のようになった。

表 3.1　各期のボウリングスコアの統計値

期	1	2	3	4
ゲーム数	447	161	213	178
平均スコア（点）	126.9	151.3	145.7	153.1
スコアの標準偏差（点）	25.4	25.6	25.8	25.0

各期の標準偏差の値はほぼ変わらないが、平均スコアは第 1 期だけが著しく低い。彼が研究を開始してから約 70 日目あたりで一気に上達したことは確からしい。それを統計的に確認するために、各期のスコアの有意差検定を行った結果、以下のことが判明した。

- 第 1 期に比べて、第 2 〜 4 期は、平均値が有意に高かった。つまり、彼がからだメタ認知メソッドによって一人称研究を始めてから 70 日目あたりで、スキルを体得したことが検証されたことになる
- 他に有意な差があるのは、第 2 期と第 3 期、第 3 期と第 4 期であった。表 3.1 では、第 3 期の平均値が第 2 期、第 4 期よりも若干低いことが観察できていたが、その差は誤差範囲ではなく統計的な有意差であったことになる

約 9 ヶ月の学びの軌跡をまとめると、以下のようになる。第 1 期を経て、約 70 日目付近で急激に上達に達する（以後、第 2 期）。その後 110 日から 160 日の期間（第 3 期）に軽いスランプに陥り、その後は再びスコアが上がる。スコア

が悪い時期が第１期と第３期、スコアの良い時期が第２期と第４期というように、悪い時期と良い時期が交互に出現するというパタンが観察できたことになる。

興味深いのはそれが図 3.2 の意識の詳細／大雑把分析と相関することである。身体の詳細部位への意識が増加した第１期と第３期にはスコアが悪く、身体を大雑把にとらえる意識が増加した第２期と第４期にはスコアが良い。

第１期になぜ詳細な意識が増えるか：多様な変数への着眼

まず、第１期は詳細な身体部位に意識を当てる比率が増え、まだ上達には至らないという現象をどう解釈すればよいのか。「詳細な身体部位に意識を当てることはスキルの上達にマイナスである」、逆に「大雑把に身体をとらえることができるようになるとスキルが獲得される」。そう解釈する読者の方は多いのではないか。実際に、**自動化（automaticity）**という概念が古くから心理学にある。自身の身体がすべきこと（たとえば、身体部位の駆使の仕方や動かす順番）を意識しているうちは上達はせず、それを意識することなく（自動的に）実行できるようになったときに上達することを示唆する概念である。

私の解釈は以下のとおりである。自動化の概念は正しいと思うが、それは身体がやるべきことを意識すると上達を阻害するという因果関係を示唆するものではないと。さらに、因果関係という観点で論じるならば、詳細な身体部位を示すことばが多いということは、実は原因ではなく、それも結果であると解釈している。以下、段階を追って解釈を述べることにする。

からだメタ認知メソッドに従うと、体感や違和感に意識を注ぎ、それをことばで表現し、その留意の継続を習慣づけることになる。そうすると、なぜ今の身体の処しかた（運動）からそのような体感や違和感が生まれるのだろうかという疑問が生まれ、様々な身体部位に着眼の目を向けるようになるのではないか。つまり、わからないものをわかろうとする（問いを立てる）認知である。ひとつの身体部位が気になりはじめると、関係するであろう他の部位も気になる。それは、私たちが身体部位相互の結びつき（フィジオロジー）や物理法則の知識を有しているからである。からだメタ認知の習慣は、このように多様なる身体部位への着眼を促すと考えられる。

第２章の表 2.1 で列挙した、私自身の野球のバッティングにまつわることばを振り返ろう。バットをもつ両手のグリップは身体の中心線、それよりも右側、もしくは左脇に寄った場所のどこに位置すべきか。グリップ位置への着眼は、首の位置、左足への荷重、両脚の内転筋という他の身体部位への着眼をもたらし、私はそれらの身体部位の関係性や連動性に気づくようになったのだった。グリップ位置、首の位置、左足への荷重の仕方、両脚の内転筋は、生態的心理学のことばで言うと「変数」である。生態的心理学の祖のギブソンは、世界に新たな変数を見出すことが学びであるという考え方を説いている［Gibson 55］。

ボウリングの学生も、第1期には多様な着眼をどんどん増やしていったのではないか。着眼は自身の身体部位だけではない。第2章の表2.1の冒頭にあるように、からだメタ認知メソッドが推奨することばの分類の一つは、自身の身体運動に関与するかもしれない外界のものへの着眼である。彼は、この時期には、次第に自身の身体や環境[5)]に新たな変数を見いだしはじめたと考えられる。

私の経験からもそうであるが、からだメタ認知の習慣は多様なことばを生み出すものである。第2章の表2.1の体性感覚を振り返ってみよう。「ゆったりする」、「粘り気」、「離脱」、「浮いている」といったことばが並んでいる。もしこれらのことばを口にした（あるいは思いついた）とき、あなたなら他に何を思うだろうか。それぞれのことばの反意語を意識するかもしれないし、各々の言葉が登場するであろう情景を構成するものやその性質・状態を指すことばも連想するかもしれない。例えば、「浮いている」から「がっちり」や「固定」といった反意語を意識したり、何かが浮いている情景を如実に表す「ふわふわ」や、そこから連想できる概念「自由」に思いを馳せたりする。つまり、ことばへの着眼は別のことばへの連想や留意を生み出すのである。これが気になるとあれも気になるというわけである。私はこの現象を「ことばがことばを生む」認知と称し、身体知の学びにおいて重要視している。この現象が生じるのは、私たちがことば概念を関連づける連想知識を持っているからであろう。

これまで論じてきたように、からだメタ認知の習慣は、身体や環境の様々な変数に着眼させ、体性感覚をはじめとするさまざまなものごとについて考えた結果として、意識することばや概念の数を増やすことを促す。すると、当然のように、身体や環境を構成するものの細部や、その構成や動きに関連する概念やことばへ

---

5) ボウリングにおける環境とは、例えば、ボール、レーンの状態、その日の自分の体調、最近の生活のリズムなど、その日の自分の身体のパフォーマンスに影響を与える諸々の要因のことを指す。

の意識の数が増え、多様になる。ボウリングの学生が第1期に詳細な身体部位への意識が増えたのは、そういう現象の顕在化であると私は解釈している。

第1期に生じているであろう重要なこと：身体環境モデルの構築

様々な概念やことばや身体部位に意識が向くと、ひとは、そのあいだの関係を考え始めるものである。関係づけてわかりたいという認知であろう。わかる（理解する）とは、元来、すでに心の中で関係づけて理解しているものごとと、新しく着眼したものごとのあいだの関係を新たにつくりあげることである。この考え方は脳科学の知見の観点からしてももっともらしい。脳はシナプスを介して億単位の脳細胞が関係づくという仕組みで構成されている。ひとつひとつの概念は複数の脳細胞の結びつきの総体として成り立ち、多数の概念が相互に関係づくことでそのひとなりの意味の世界が構成されている。関係づけることが理解することの本質である。

第1期に意識が向いたすべてのことばや概念や身体部位がすべて、相互に関係づいてひとつの総体として何かの構造が心の中に生まれるわけではない。身体スキルの学びを達成するために、ある着眼は別の着眼と相容れないことも多々ある。第1期には、他者（たとえば、コーチ、教師、アスリート仲間、友人・同僚）からのアドバイスによって、本人だけでは着眼しないようなことば・概念・身体部位に目を向けさせられることもあるだろう。そのすべてが必ずしも本人にとって有益なわけではない。ひとつのアドバイスで浮上してきた変数への着眼が、それまで自身で築き上げてきた複数変数の関係を根本から覆すことも起こり得る。

関係づけるということは選別するということでもある。様々なことばや概念や身体部位のうち、これは着眼の必要性あり、あれは着眼する必要はない（しないほうがよい）と、あれやこれや取捨選択する。そして選択したものごと相互の全体関係を築き上げる。より具体的にいうと、身体の各部位が互いにどのように連動して、様々な変数からなる環境のなかで振る舞うべきかについての身体環境モデルを構築することであると私は仮説立てている。

概念の関係づけとスキル体得が相関することは、その後のケーススタディ（ダーツのスキルを学ぶという一人称研究［高尾 07］［諏訪，高尾 07］）でも検証されている。ここでは簡単に結論だけ述べる。その研究では、からだメタ認知日記の文章ひとつひとつが､幾つの重要概念の関係性から成り立っているかという数を分析した。からだメタ認知を始めた当初は、単に１～２個の重要概念の関係性を記述した文章が大半を占めていた。その後、次第に、多数の重要概念を関係づけるような文章も現れはじめる。そして、１～２個の重要概念からなる単純な文章の割合が下がり、多数個の重要概念からなる複雑な文章[6)]の割合が急激に増してくる時期には、必ずダーツのスコアが上がるという現象が確認できたのだ。

以上を総合すると、ボウリングの学生の学びの第１期に起こっていることは、ことばがことばを生んだ結果として、様々なことば・概念・身体部位の関係性を(ああでもないこうでもないと)模索し、自分なりの身体環境モデルを構築するという現象ではないかと考えられる。だからこそ、からだメタ認知日記には、詳細な身体部位への着眼の割合が高まるという現象が現れるのである。

第２期の解釈：大雑把に身体をとらえることばの増加に転じるのはなぜか

身体環境モデルをつくっただけではスキルは上達しない。その段階では、身体の各部位をそう連動させて環境のなかで動かすのがよいと、頭でわかっただけだからである。身体でそれをうまく実行するスキルの獲得を達成せねばならない。

野球のバッティングを例に説明しよう。身体環境モデルは自身の試行錯誤から導き出したものである。しかし、バッターボックスでそのモデルを構成するすべての変数とその関係に意識を当てて身体を制御しようなどと目論んでも、よいバッティングができるわけがない。すべてに意識を注いでいるあいだに、ボールは身体の前を通り過ぎてしまう。つまり、身体スキルの体得において次に重要なことは、身体環境モデルを基にした上で、それを**リアルタイムに実行**できるような主導原理を獲得することである。

その主導原理が、諏訪の場合は肩甲骨の浮く感覚を左右入れ替えることだった(第２章を参照)。主導原理は、それまでに自身が（頭で理解した）身体環境モデルのすべてを含意するものである。本番で（野球の打者にとってはバッターボックスに立ったとき）それさえ意識していれば、身体環境モデルのすべての着眼に対応した体感が連動した状態が達成され、身体環境モデルを身体で実践したこと

6)　ときには８～９個の重要概念を関係づけたような文章も出現した。

になる、という類のものである。その種の主導原理のことを、私は、身体環境モデルをすべて包括的に含意するという意味で「包括的シンボル」[諏訪 16a]と呼んでいる。

より精密に論じよう。身体環境モデルをまず構築してから包括的シンボルを体得するのではない。第1期では、身体環境モデルの構築とそれに対応した包括的シンボルの体得の両方を同時に模索する。身体環境モデルを構築できたと思っても、それを本番でリアルタイムに実行できるような包括的シンボルがみつからないということも多々ある。その場合は、身体環境モデルが未完成であるかもしれないし、包括的シンボルの模索が足らないだけかもしれない。

このような模索は学び手にとって実に辛い。自身の模索は良い方向に進んでいるのか否か。本書では詳しくは論じないが、万人にとって成り立つような正解の身体環境モデルがあるわけではない。ひとの身体や心はそれぞれ個人固有性がある。股関節が柔らかいひととそうでないひとでは、身体環境モデルやその構成変数も、身体環境モデルのリアルタイム実行のための包括的シンボルも異なるであろう。かといって、物理法則のなかで身体を動かすわけなので、各個人の身体環境モデルは万人に普遍的に成立する関係性をも内包しているはずである。個人固有性と普遍性をともに内包するが、その境界線を明確に把握しにくい点が、身体知の学びの難しさである。詳しい議論は[諏訪 16a]をご覧いただきたい。

しかしながら、その困難を乗り越えて身体環境モデルの構築と包括的シンボルの体得を収束させられるときがやってくるのはなぜか。私は以下のような仮説を抱いている。からだメタ認知の習慣をつけて、自身の体感の微妙な差異を感知することに慣れてくると、素直で楽な身体の使い方をしているか否か、「生を営む」者として現在の体感が自然なものであるか否かが察知できるようになってくるのではないかと。その種の生命感覚を道標にしながら、身体環境モデルの構築と包括的シンボルの体得を目指すのだと私は考えている。

そして、包括的なシンボルを体得した暁には、身体環境モデルを構成する多様なる着眼点に意識を向けてはいるものの、表に現れることばとしては比較的大雑把なものが多くなるということであろう。多くを語らずともすべてを含意した上で、包括的にとらえる意識で身体を制御する状態に至る。

パフォーマンスの向上とともに大雑把に身体全体を捉えることばの割合が高まるのは、この状態に至るともはや詳細な身体部位に意識を当てることばを駆使する必要がなくなるからであろう。心理学における自動化概念を単純な因果関係としてとらえるのは誤りではないかという私の仮説の意味はここにある。身体環境モデルを構築せんともがいているときは、身体環境モデルの構成要素を探すフェーズなので、ことばであれやこれやと語る必要がある。しかし、包括的なシンボルを体得した暁にはもはやことばで語る必要がなくなる。包括的なシンボルへの意識だけで（多くを語らずに）身体を制御する時期が一定期間続く。それが第 2 期である。

第 3 期の解釈：再び詳細なことばが出現するのはなぜか

図 3.2 に示したように、再び詳細な部位を表すことばの比率が高まり、ボウリングのスコアの平均値が若干低く[7]なったのはなぜか。私は以下のように解釈している。ある特定のスキルを体得しパフォーマンスが向上すると、学び手は異次元の世界に立つことになる。すると、高みに上ったが故に着眼できるものごとが増える。例えば、野球のバッティングフォーム（自身あるいは他者）のビデオを見ることを考えてみよう。ビデオには多種多様な身体部位の動きが映っているにもかかわらず、あるスキルレベル以上の人でないと気づけない変数が厳然として存在するものである。

また、環境はいつまでも不変ではない。既に獲得した身体環境モデルの実行で達成していたスキルも、環境が変わると成立しなくなることはある。出逢ったことのない球速のピッチャーに出会うと、それまでの身体環境モデルの意識だけでは対処できない。ボウリングレーンの油の敷き方が変わるとカーブボールが思うように曲がってくれなくなる。

スキルが上がったが故に新たな変数をみつけるということは、それまでの身体環境モデルでは想定していないレベルを予感することでもある。その変数を取り込んで新たな模索をすることが果たして良い方向なのかどうか、本人にとっては考えどころである。その方向が「生を営む者」として自然な体感をもたらすものであるならば、新たな模索を始めようと決心することになる。

あるいは、コーチや指導者がついていてくれる場合には、スキルレベルが上が

7）表 3.1 に示した通り、有意差が検証されている。

るまではある特定の変数への留意というアドバイスが敢えて封印されていた可能性もある。そして、いま本人にとって真新しい変数をコーチや指導者から伝え聞いたとすると、本人は新たな模索を始める。ボウリングの学生は頻繁にボウリング場に通っていたため、ときにボウリング場付きのプロのコーチが善意でアドバイスをくれることもあったという。

このようにして、それまでの身体環境モデルでは想定外の新たな変数を重要視するようになると、それをとりこんで新たな身体環境モデルを構築する模索が再び始まる。再構築のプロセスは単なるマイナーチェンジでは済まない場合が多い。新たな変数がさらに高みを目指すために本質的なものであると予感する場合には、それまでの身体環境モデルを壊して、いちから全体を再構築することが必要である。再び第1期と同種のフェーズに突入である。ことばの助けを借りてからだメタ認知を活性化する模索にはいり、詳細な身体部位に言及することばの割合が高くなる。

以上、ボウリングの研究にみられた現象をまとめると、ひとは身体環境モデルの構築，破壊，再構築を繰り返すことによって身体スキルを体得し、少しずつ学びの階段を上ることになる。模索的な探究フェーズでは詳細な部位を示すことばが増え、新たな包括的シンボルが誕生すると大雑把なことばだけで身体をとらえるようになるというサイクルを繰り返す。

身体知の学びにまつわる仮説：ボウリング熟達研究から

第1章にて

- 一人称研究は個人固有性を強くはらむケーススタディなので、そこで得られた研究結果がそのまま普遍的な知見になるとは限らないこと
- 一人称研究の意義は、一人称視点でしか得られない体感や思考のデータに依拠することを通じて、知の姿についての先見的な仮説をもたらすことにあるということ

を論じた。ボウリングの身体スキルの一人称研究から得られた仮説を最後にまとめておく。

一人称視点のデータを記録するメソッドとしての「からだメタ認知」の習慣はどのような認知を促すのか、その結果、身体知の学びはどのような様態を示すのかの二つについて、興味深い仮説が得られたと考えている。まずからだメタ認知の習慣は、

(1) 体感や知覚を生み出す源としての、身体部位および外界に存在するモノ（知覚対象)への意識を促す
(2) ことばがことばを生むという連鎖を促し、多種多様なものごとへの着眼を誘発する
(3) 着眼するようになった複数のことば、概念、身体部位、外界のモノの存在・性質・関係などを、互いに関係づけて理解しようとする試行錯誤を促す
(4) その試行錯誤は、身体環境モデルの構築とそのリアルタイム実践のための包括的シンボルの醸成につながる。その結果、あるレベルの身体知を獲得する

からだメタ認知は、単に一人称視点から身体や外界のものごとがどう見えるかについてのデータを記録するメソッドであるだけではなく、それを皮切りに身体知の学びを促す構成的なメソッドであると言えるだろう。

身体知の学びが、その後どのような展開を遂げるかについての仮説も面白い。

(5) しばらくのあいだは、詳細なことばや新しい着眼点は活発に出現することはなく、ハイパフォーマンスの時期が持続する
(6) 環境や身体はとかく変容するため、やがてハイパフォーマンスを継続できなくなる時期が来る
(7) あるレベルの身体知を獲得したがゆえに着眼できるものごとが現れる。さらに高いレベルの学びを目指す場合は、新しい変数（着眼点）への意識を皮切りにして、再びからだメタ認知メソッドによる模索が始まる
(8) 身体知の学びは、身体環境モデルの構築、破壊と再構築を繰り返すサイクリックな様態をなす
(9) それは、ことばを積極的に駆使する模索フェーズ（身体環境モデルの構築期）と、ことばの助けをあまり必要としないフェーズ（身体実行期）のサイクルである

第4章

からだメタ認知の基盤理論：外的表象化

外的表象化とは

認知科学には、考えていること／感じていることを心の中に留めないで外に表すという概念がある。それを「外的表象化」という。「心の内側での表象」に相対することばである。ひとは考えながらメモしたり、絵や図を描いたりする。メモ・図・絵は外的表象の典型である。

ひとがメモを書いたり絵や図を描いたりするのは、備忘録として思考を記録するためだけではない。書くこと、描くことが考えることを促す効果があるのだ。ひとはそれをわかっているから書いたり描いたりする。外的表象の効用は今も昔も認知科学の重要なイシューである（たとえば、[Larkin, Simon 87]［諏訪 99］［トヴェルスキー 20]）。

ことばの表現も絵や図と同様に外的表象である。頭のなかで概念を思い浮かべていることを喋ったり文章に書いたりすると、思考やものの感じ方が変わる原動力になる。からだメタ認知メソッドが身体知の学びを促す手段になる理由は、まさにこの点にある。知覚や体感のような曖昧模糊としたものごとをことばとして外的表象化すると、思考や知覚の仕方が変わり、身体行為に変化を促し、だからこそ身体知の学びが促進される。外的表象化という概念はからだメタ認知の基盤理論のひとつである。

スケッチ：考えるためのツール

外的表象の典型例に、デザイナーが「考えるためのツール」として駆使するラフなデザインスケッチがある。本章ではそれについての既往研究[1]を紹介し、その基盤理論を概説する。

建築家やデザイナーといった職種のプロフェッショナルは、自身がこれからデザイン・設計するお題を目の前にして、アイディアを捻出するためにラフに手早くスケッチする習慣を有するひとが多い。お題とは、専門用語でいうならば、クライアント（建築家の場合は施主）からもらう「デザイン仕様」である。デザイン仕様とは、「これこれこういう目的や機能を満たすものを、この予算の範囲内で創り出してほしい」という大まかなデザインゴール（要求）である。建築家・デザイナーはそのゴールを満たすようなデザインコンセプトを捻出し、コンセプトを体現する形や性質を模索し、つくりかたを模索し、世の中につくりだす。

デザインコンセプトやそれを体現する形や性質を、そしてそのつくりかたを模索するために、彼らはしばしばスケッチをする。絵や図だけではなく、重要なコンセプトや概念を表現することばをメモしたりもする。おぼろげなるアイディアを図・絵・ことばとして紙の上に表現すると、自分の書いた／描いた痕跡を見て、目新しい性質やなんらかの重要変数に着眼できたり、それまで気づかなかった問題点や新しいイシューに気づけたりする。すると新しいアイディアが浮かぶ。それをまた紙の上に表現する。

まだ明確ではなくおぼろげなアイディアであっても、その段階でとりあえず外的表象化することにスケッチ行為の本質がある。別の言い方をすると、頭の中だけで考えるのではなく、外的表象化を通して自身の認知と自身が生み出した外的表象を相互作用させながら、次第にアイディアを固め、新しいコンセプトとそれを体現するものごとをつくりだす。

デザイン教師でもあり理論家でもあったドナルド・ショーンは、認知と外的表象の相互作用をリフレクティブ・カンバセーション（reflective conversation）と呼んだ［Schön 83］。外的表象と会話するかのようにむきあい、その会話を通して思考を進展させ、新しいものごとをつくりだすのだ。

デザイン理論ではスケッチとはそういう媒体であると論じられてきたわけだが、私はそれを実証するための認知実験を行った。建築家はなんのためにスケッチを行うのか。自身のスケッチのなかに何を見出し、アイディアの捻出につなげ

1）諏訪は1990年代から2000年初頭にかけて、デザイン認知（design cognition）と称する研究分野でこの研究に従事した。

ているのか。これらを問うための研究である。

建築家のスケッチ

私が建築家を実験参加者として行ったデザインスケッチ実験［Suwa, Tversky 97］を紹介する。「光と水と空気の美術館」という仮想的なお題を与えて、その基本コンセプトをデザインしてもらうという実験である。実験には、約10名の建築家にひとりずつ参加してもらった。敷地はサンフランシスコ郊外の丘陵地[2]にあることを伝え、その大きさと形、方角と傾斜の度合い、周りの道と敷地の関係を大まかに表現した図（図4.1）を渡し、手描きでスケッチ[3]を行いながら約45分で課題を終えることを求めた。敷地はハート形を逆さまにしたような形である。下が真南で、真南方向に緩やかに傾斜（下る）している。公道は敷地の西側から南側に回り込むように走っている。

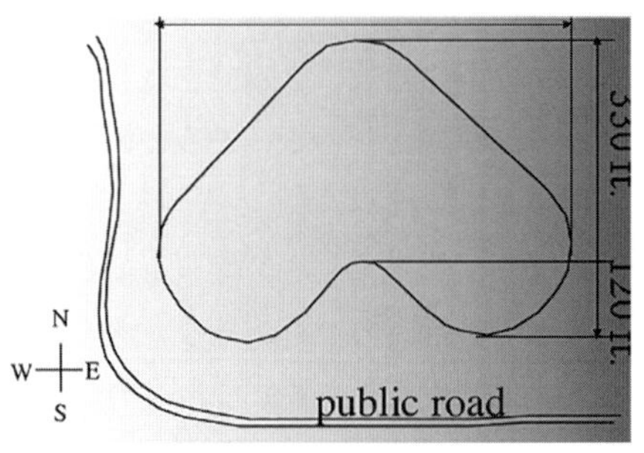

図4.1 デザイン課題の敷地情報

実験の概要は以下のとおりである。デザインをしているあいだ、建築家は黙々とスケッチを描く。そのスケッチの様子を天井からビデオ撮影した。約45分経ってコンセプトがまとまると、スケッチビデオを再生して自身のスケッチ行動を視聴しながら、スケッチの線や文字の一つ一つを指差して、その背後にあった意図や気づきを語ってもらった。語りは思考内容を報告するやりかたのひとつ、retrospective report という手法［Ericsson 86］である。

背後にある意図や気づきは、45分のあいだの数々のスケッチ履歴に依存する

2）スケッチ実験は私がスタンフォード大学に訪問中に行った。現地の建築家に実験参加を依頼した。
3）何種類かの濃さの鉛筆と、何枚でも自由につかってよいトレーシングペーパーを渡した。

場合もあるし、建築家として有する過去の経験や知識に裏打ちされたこともあるので、基本的に語ることは多い。したがって、本人の語りはしばしばビデオの速さには追いつかない。その状況になったときは実験者の私がビデオを一時停止し、建築家が追いついてきたらまた再生するという補助を行った。

こうして得たビデオには、その建築家のデザインにまつわる多種多様な思考、たとえば違和感、疑問、知覚や気づき、知識や記憶からの想起、問題発見、検討、解決策考案、発想、意図や目標の誕生などが豊富に含まれている。私はことばの内容を分析する「プロトコル分析」を行った［Suwa et. al 98］。その分析をもとに、各々の建築家が基本コンセプトを生むに至った軌跡を追い、アイディアの源泉を同定・解釈し、スケッチ行為がアイディアの捻出にどう寄与したのかを論じた。

実験には10人弱の建築家が参加してくれたが、ここでは一名の建築家のスケッチについて詳しく論じることにする。彼は13枚のスケッチを描いた。45分のスケッチ行動のすべてについて語り終えるまでに約75分を要した。75分のビデオの分析に基づき、彼の発したことばを引用しながら重要な論点を抜粋して解説する。

図4.2に彼の1枚目のスケッチを示す。敷地の図を下敷きにしてトレーシングペーパーにスケッチを描いているので、まず逆ハート形の敷地線や公道の曲線をラフになぞることから始めている。そして、敷地のほぼ中央少し左側に、「美術館の建物を意図する」大きな円状の線[4)]を濃く描いている（図の線群A)。建物の北側から東側には、敷地境界線内の広い領域を「ここは駐車場」と言って流れるような線（図の線群B)で書き入れている。

サンフランシスコ郊外という車文化の立地なので「広大な駐車場が必要である」と意識し、広大な面積を駐車場として設定したのである。西側から建物の北側(図の左上）にかけて進入路を描き入れている。配置を綿密に決定して描き入れたわけではなく、「とりあえず」その位置に直感的に描き入れている。駐車場の中央付近から建物の南側に斜めに伸び、約90度曲がって建物の内部に刺さるように描かれた折れ線矢印がある。駐車場で車を降りてからの動線を表している（図には小径Cと付記)。建築家は「太陽の当たる道を建物の南側まで歩いてきて、すっと中に入る」と意図していた。

---

4) 「○○という意図」や「××という線」という記述は、ビデオに含まれているこの建築家の語りを根拠にしている。

その後、彼はスケッチの2枚目と3枚目を小径の検討に費やしている（図は省略する）。たとえば、「まだ美術館に入る前、駐車場から歩く道で既に楽しさを味わってほしい」と意図し、彼は小径に沿うように曲線を描いている。綺麗なせせらぎ（水路）である。他にも「花壇を設けたりする」などとも語っている。

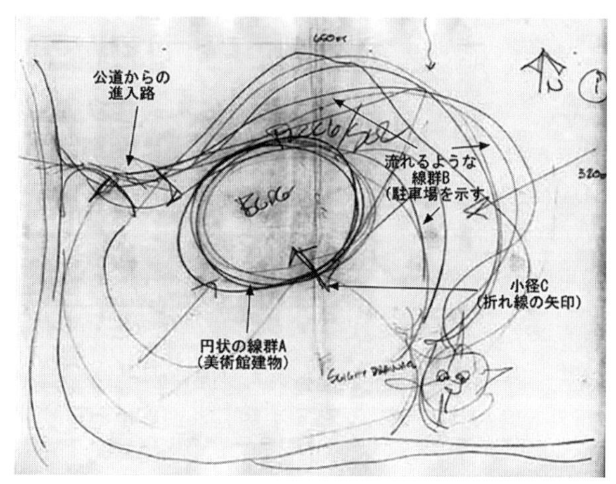

図 4.2　1枚目のスケッチ

小径は1枚目のスケッチでは駐車場から美術館入り口までだったが、3枚目のスケッチではエントリーロビーを超えてその遥か先まで延長されている。線が延びた先には雲形のマークを描き入れ、"Sculpt." という文字を付した。彫刻の庭である。「駐車場から歩いてくるときに、それに沿って水路や花壇という仕掛けがあるだけではなく、歩いている方向の奥に大きな彫刻を配した庭があれば、歩くときの求心力が生まれる。そして道すがらの楽しさが倍増するはずだ」と彼は意図したのだ。ちなみに水路を示す曲線も彫刻の庭まで延びている。この彫刻の庭の存在が4枚目のスケッチで転機をもたらすことになる。

意図していなかった知覚的情報の発見

図4.3が4枚目のスケッチである。小径についての検討、彫刻の庭のアイディアの概略を描きこんでいる。点線領域[5)]が図4.2で描いた流れるような線群Bが

5)　点線は、本書での説明用に私が描き入れたものである。

示す広大な駐車場、ポイントD（矢印が示す小さな点）が駐車場の全エリアから人が集まってくる位置、ポイントDから左下に伸びる直線Cが図4.2でも示した小径、その延長線上に阿弥陀のマークで記された点線領域E[5]が彫刻の庭である。幾つかの丸い印がそこに配する大きな彫刻群である。

図4.2では円で描かれていた美術館の建物は少々楕円になり、長方形のような形も楕円の上に重ねるように描きはじめている。「建物の位置だけを定めている段階で、形はこれからだんだん決めていく」ということを自身で確認しているようだ。

ここからがポイントである。4枚目のスケッチの中に彼はそれまで全く留意していなかった知覚的特徴が存在していることに気づくのだ。彼の発見とは、「彫刻の庭が敷地の西側を通る公道に非常に近い位置にある」ことである（図4.3に「近い」と私が書いた箇所）。それがどうした？！　と訝しむかもしれないが、これこそがデザイナーがラフなスケッチを積み重ねる理由に深く関係することなのである。

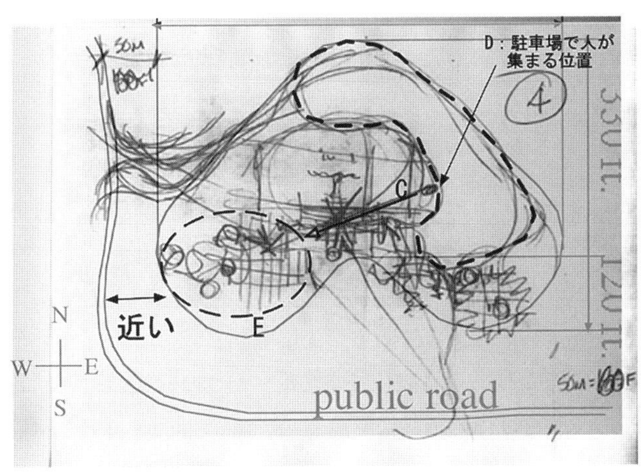

図4.3　4枚目のスケッチ

結論だけ簡潔に論じる。スケッチには自分が描き入れてきた多種多様な要素が混在しており、デザイナーは各々の要素を描き入れたときの意図も憶えている。しかし、その意図に縛られて自身のスケッチを眺めていると、新しいアイディアはなかなか生まれてこない。スケッチは備忘録ではないと論じたことを思い出してほしい。各々の要素を描き入れたときの意図を一旦脇に置き、その呪縛から解放されて真新しい目で自身のスケッチにむきあうことが、アイディアを捻出することにつながる。スケッチをアイディア捻出のためのツールとしてうまく活用するにはそういうマインドが重要なのである。

小径とその延長線上に位置する彫刻の庭は、駐車場から建物の正面口（南側の入り口）までの動線上を歩いているときに醸し出されるウキウキ感を想定して描かれた。つまり、この建築家は彫刻の庭を、駐車場、小径、建物の正面口と一直線に並ぶように（その位置関係を意図して）描いたのである。したがって、そのとき西側の公道との近接性という意図は全くなかったと本人も語っている。スケッチ上で偶然近い位置にあったに過ぎないし、彫刻の庭を描き入れたとき建築家はその関係に気づいていなかった。多種多様なものを異なる時間帯（彼の場合は45分のなかの異なる時刻）に描き入れるので、このようなことがしばしば生じる。

彫刻の庭を駐車場、小径、建物の正面口との位置関係の観点でその後もずっと捉えてしまうと、それは固定観念に他ならない。その位置関係の呪縛に囚われずに、彫刻の庭を西側の公道との位置関係で捉えなおしたことが、彼がプロフェッショナルである証である。彫刻の庭と公道の近接性は、それぞれを描き入れたときには全く意図していなかった属性や関係の好例である。それまでの意図や意味の呪縛に囚われずに、意図していなかった知覚的性質をスケッチに見いだすことができて初めて、スケッチという媒体が効力を発揮する。アイディアを捻出するためのツールとして機能するのだ。

人は外界のモノがもつ全ての特徴や関係性に一度に注意を払うことはできない。認知容量の限界があるからである。先にも論じたように、知覚は受動的ではなく脳が能動的につくりあげる表象である［ダマシオ 10］。網膜には映っているものごとのほんの一部だけに**選択的に留意**（selective attention）し、意味・解釈を与える。

手描きのスケッチは紙の上に表象する行為である。意図しようがしまいが一定の大きさ、形、線の太さ、微妙なズレ／乱れといった属性が紙の上に残る［Goel 95］。さらに、紙の上に多数の要素が次から次へと書き加えられていくので、要素が一つ加わるごとに相互の位置関係が増えていく。属性や関係性は潜在的に五万と存在するが、その多くにスケッチの描き手は気づかないものである。手描きスケッチとはそういうメディアである。そして、後になってから、それらの属性や関係性に**ふと着眼**できたならば、「意図していなかった知覚的情報への気づき」という現象になる。私はこの現象を「意図していなかった知覚的情報の発見(unexpected discovery)」[Suwa et.al 00]と呼んでいる。

unexpected discovery の事例は多岐にわたる。すでに言及した事例からもうひとつ指摘しよう。1枚目のスケッチでは建物の形を丸く描いていた。建物の位置を大まかに素早く描き入れるために、自然に流れる線、すなわち円のような形で描いたのだ。しかし、決して建物の形を円にしようと意図していたわけではない。描いた時には「形」という属性は意図していない。自身が描き入れた線が「丸い形」であることを初めて知覚するのは、後になってからである。そのときになって初めて「建物の形は円でよいのかな？」と考えはじめる。4枚目のスケッチでは円が微妙に楕円形に変わり、同時に長方形も描き入れている。まだ真剣に検討しはじめたわけではないが[6)]、4枚目になって初めて形や大きさについて留意がもたげてきたのだろう。意図していなかった属性（形や大きさ)の発見である。

新たな意味・解釈の創造：デザイン行為の肝

彫刻の庭と公道の近接性という（意図していなかった知覚的性質への）着眼を例として挙げたのは、その着眼と同時[7)]に、「公道を行く人々から彫刻の庭が見え、楽しさが伝わる可能性がある」という意味・解釈をこの建築家が生み出したからである。この解釈は彼のデザインを大きく左右することになる。彼はすぐ「公道を偶然通りがかった通行人を惹きつけ、誘い込むような吸引力の強い美術館にしたい」というデザインコンセプトを打ち立てたのである。これが彼の基本コンセ

6) 最終的には、北側からの反射間接光（専門用語では north light という）をうまく取り入れるために、この建築家は北側を一枚ファサードとしてではなく、互いに90度の角度を成す短いファサードを幾重にも連ねるステップ状の形としてデザインした。

7) 認知科学の思想から、また脳科学の知見からも、着眼と解釈に時間的順番はないものである。知覚という行為は、選択的な着眼と意味・解釈の付与の両方を内包する。脳は、五感から取り込んだ信号をボトムアップに処理するだけでない。自身が有している知識や過去の記憶の表象に整合するように、ボトムアップ信号の一部だけを生かし、その多くを捨てる。つまり、トップダウン処理とボトムアップ処理の併用から内的表象をつくりだす。「見える／見えない」という関係（viewing relation)は、ランドスケープデザインや建築デザインにおいては、記憶に刷り込まれたイシューである。プロの建築家としてその思考には慣れているからこそ、この近接性に着眼できたとも言える。しかし、自身が頻繁に参照する知識や過去の経験に偏ってトップダウンの処理ばかりをしていると、固定観念に縛られることになる。現前の信号入力に応じてあまり活用したことのない知識を想起し、それに基づくトップダウン処理を行い、あまり選択的に留意することのない信号を生かすというような知覚行為こそが、創造行為にとっては重要なのだろう。

プトになった。このコンセプトが生まれたのは、unexpected discovery として近接性に着眼したことと、それに付した可視性（viewing relation）という解釈のおかげである。

デザインでは最初にクライアントからデザイン仕様が与えられるわけだが、デザインの主導原理ともいうべき基本コンセプトは（所与のデザイン仕様を満足する範囲で）デザイナー自らが考案するものである［Lawson 90］。デザインの初期フェーズでは、とりあえず思いついた要素を描きこみながら、所与のデザイン仕様が何を意味するのか、どんな潜在性や問題点があるのかをあれやこれやと探る。スケッチ上に描き込まれる要素が多種多様になってくると、当初は意図しなかった性質や関係性に気づきはじめる。曖昧な思考でもとりあえず描いては意図せぬ性質や関係性を発見することが、ショーンの言うところの「自身のスケッチと会話するかのように相互作用」［Schön 83］することである。その発見がときには基本コンセプトの誕生に寄与する。スケッチを活用することの極意はここにある。この事例は、創造行為においてスケッチという外的表象がいかに重要であるかを雄弁に物語るものといえよう。

外的表象化理論：からだメタ認知の基盤

第 3 章のボウリングの研究を振り返ってみよう。からだメタ認知メソッドに従い、体感や知覚といった曖昧模糊としたものごとをことばで表現すると、体感の基盤である身体動作や身体部位、知覚の礎である外界に存在するモノたちの属性や関係に対する着眼が増え、それらを表現することばや概念が増えるということを論じた。ことばや概念が増えると、ひとは自然にそれらを関係づけるものであるとも説いた。

外的表象化の概念は、着眼するものごとが増えると互いに関係づけようとする認知が生まれる理由をうまく説明している。ことばも一種の外的表象である。ことばを喋れば、ただ心の中で考えている場合に比べて、より強く記憶に残る。文字としてノートやコンピュータ上に書きだせば、着眼したものごとを表現する多種多様なことばが「**見える形で**」ノートやコンピュータ画面に並ぶ。まさにスケッチと同じ状態である。多種多様なことば群がノートあるいはコンピュータ画面上に並ぶことによって、個々のことばを書き留めたときには意図・連想していなかったことば間の関連性が見え、新たな意味に気づいたりするのだ。新たな関連性を見出せば、そこから想起できることばや概念も多々出現する。それも外的表象として書き留めれば、このプロセスは連鎖的につながる。

ことばはことばを生み、関連性への想起が多発し、それは新たなことばや概念への想起を促す。ことばも外的表象であるがゆえに、関係づけてわかろうとする認知が生じるのである。

からだメタ認知ということば化が何をもたらすのかは想像に難くない。体感や知覚といった曖昧模糊としたものごとがことば化の対象なので、初めのうちは表現できることばは少ない。しかし、やがてことばの数が増えてくると、相互を関連づけたり新たに連想したりする頻度が増え、しだいにことばがことばを生む。この現象は（身体知を学んでいる場合は）身体環境モデルの構築に向かって驀進（ばくしん）する。

模索しているものごとに関連することばや概念を徐々に見出し、相互の関係性に気づき、環境の中で身体を制御する方法を含意する身体環境モデルを構築することは、**一種の創造**である。身体の処し方とそのときの意識の持ち方をつくりだすという、心身のありかたの創造である。スケッチが建築デザインを駆動する源であるのと同様に、ことばを喋ったり書き留めたりする外的表象化行為は身体知の学びを駆動する源になる。外的表象化理論はからだメタ認知の基盤理論と言ってよいだろう。

三人称視点の介在

身体知の学びの進展を促すのはことばだけではない。身体知を学ぶことは、すなわち、環境に整合する心身のありかたを模索することなので、自身の身体や環境にしっかりむきあうことが必須である。むきあうための助けとなるのはことばという外的表象だけではなく、スケッチもそうである。

たとえば、身体部位の動き・フォーム・姿勢をスケッチしたり、環境中のなにかに着眼してスケッチしたり、環境に相対するときの体感を抽象的な絵でスケッチしたりすると、自身の身体や体感にむきあい、環境にむきあうことになる。まず、写真やビデオを観察しながら自身の身体や環境中のものの動きや形や角度や位置関係をスケッチすることは、三人称的（客観的）視点で身体や環境中のものに相対することになる。一人称研究は一人称視点だけに依拠する研究ではないと第1章に論じたように、むきあう対象の客観的観察も併用することが一人称研究には肝要である。

ボウリングの熟達研究で述べたように、学びはひとりで進めるわけではない。学びに協力してくれる指導者やコーチの存在があることが多く、その場合は、学び手自身の身体が他者からどうみえるかという客観的視点でアドバイスをもらうことになる。そのアドバイスを学び手本人がからだメタ認知日記に記述したり、意識に刻んだり念頭に置いたりしてその後の学びを進めることになる。

このように、一人称研究に三人称的視点のデータやことばが介在することは大いにある。それをうまく活用しながら一人称視点からみた環境や自身の身体への着眼を修正することが肝要であろう。

スケッチは対象に触れることを促す

スケッチは、描いている対象—それが身体であれ、環境であれ—にあたかも触れるようにむきあう身体行為ではないかと私は考えている。見えているものをくまなく写しとる写真とは異なり、スケッチは対象の一部、着眼に至ったものだけを取捨選択して描く。さらに言うならば、描いた形や属性から新たな着眼が促される。総じて言うと、スケッチの対象のものごとへの相対しかたに、スケッチを描いている主体の個が色濃く反映される[8)]ことになるのだ。

第8章で紹介する一人称研究事例では、気になる風景を撮影し、その写真を下敷きにしてトレーシングペーパーでなぞったり、写真を横に置いてスケッチ(模写）したりする試みについて報告する。そして、その試みはからだメタ認知の活性化に寄与すると論じる。色濃い個を以て、その風景にあたかも触れるように相対するから、それをしなければ見過ごしたであろう何かに着眼することになる。異なることばで言うならば、風景を身体で直に感じ、自分ごととする。それによって新たな体感が生まれ、関連する概念や過去の経験が呼び起こされ、自分なりの意味解釈も生まれ、からだメタ認知日記には多種多様なことばが並ぶことになる。スケッチをするとことばが増えるのである。

8)　先に論じたように、写真の存在はまず三人称視点からの見えを提供してくれるが、その見えを基にスケッチを行うことは一人称視点からの見えを促すことになる。

「触れる」ということばが意味することを論じる。それは対象にむきあうのみならず、対象の性質やあり様に寄り添うことである。第8章の一人称研究で紹介するように、風景を構成する様々なモノのスケッチを基にして写真日記の手法[9)]で解釈記述・経験（妄想）記述を行うと、次第にそのモノを擬人化してそれが喋りそうなことばを記述したり、そのモノに感情移入・共感することばを記述したりするようになる。昨今保育や看護や研究分野で注目されつつある二人称的アプローチ（[Reddy 08]［佐伯 17]［西村 18]）に通底する認知が、スケッチという行為に伴って生じてくるのである。

スケッチという行為は知覚のしかたを変容させ、そこから醸成される「意味の世界」を変容させるといっても過言ではない。

ことばで表現することも触れる行為

自身の身体や環境や体感にむきあってことばを書き留めることも、触れる行為である。ノートあるいはコンピュータ画面上にことばが残るので、ことばで表現したものごとへの留意が持続する。スケッチの場合は、スケッチ要素が蓄積してくると個々の要素をそれぞれ見るというよりは全体性を俯瞰して味わう傾向が濃くなってくる。一方、ことばは基本的にものごとを分節化する[10)]［井筒 91]機能をもつため、表現したものごと各々の存在感が持続しやすい。したがって、ことば同士の関係性や全体性を俯瞰することよりもむしろ、ことばで表現した側面を強く意識しながら対象にむきあい触れることになるのではないか。

であるとすると、ことばが諸刃の剣になって、表現した側面のみへの固定観念に陥らないように、書き留めたことばを何度も振り返り俯瞰するという行為が必要になろう。

そのためには、第8章の一人称研究のようにことばにしたものごとをスケッチで表してみることが鍵かもしれない。ことばとスケッチは外的表象の異なる手段である。スケッチをするとことばが増え、ことばが増えるとスケッチがしたくなるという共促進の関係を維持しつつ、互いに異なる特質を生かしながら両者を併用して身体や環境にむきあうのがよい。

---

9)　写真日記の手法は第5章で詳説する。
10) 第6章で詳しく論じる。

からだメタ認知の目的は、一人称視点、二人称視点、三人称視点からの観察を併用しながら、自身の身体や環境と濃密に多角的な対話を繰り返すことによって、環境における身体の処し方および意識の持ちかたを問うことである。ことばやスケッチという外的表象はそのプロセスを助ける。

第5章

からだメタ認知の実践：ことばを促す手法とマインド

からだが接する物理的存在への留意

からだメタ認知メソッドは、体感や知覚ということばになりにくい（暗黙性の強い）ものごとをことばで表現するという難しさをはらむ。矛盾とも受け取られかねない難しさを乗り越えてなんとかことばの表現を捻出するために、特別の工夫やヒューリスティクスはないものだろうか。学生と一緒に多種多様なドメインで一人称研究を遂行し研究の方法を探究してきた経験から、幾つかの工夫やヒューリスティクスが浮かび上がってきた。本章はそれらを紹介する。まず基盤となる考え方から論じる。

> **[基盤となる考え方]**：からだメタ認知を十全に行うためには、身体が物理的に接しているものごとに意識を向けてことばで表現し、ことば群を、その総体として身体が感じている体感と結びつけることが必要である。

これがからだメタ認知を支える考え方であることを理解するために、第2章で述べた「からだメタ認知メソッドで表現対象とするものごと」のリスト、および具体事例を示した表2.1を振り返ってほしい。注目すべきは第一項目と第二項目である。第一項目は「身体が相対する外界のモノや、その属性と関係性」である。あなたがカフェで居心地がいいなあと感じながらお茶を飲んでいることを想定してみよう。

- その空間にはどんなモノが存在しているか
- それらはどんな属性（形、大きさ、色など）を有しているか

- それらは相互に、そしてあなたの身体とどのような関係をもっているか。たとえば
  - ▷ それらはどんな配置にあるか
  - ▷ それぞれ、あなたからどの方向にどれくらいの距離があるか
  - ▷ 属性同士を比較するとどんな関係か

などが第一項目として記述することである。また、第二項目は「あなたの身体の部位への着眼と、それぞれの動きと連動」である。外界のモノや身体部位は物理的な存在、つまり、第一、第二項目はあなた自身が物理的に接しているものである。からだメタ認知メソッドは、それらに積極的に意識を向けてことばで表現する対象にせよと推奨する。

暗黙知の理論［Polanyi 66］の専門用語でいうならば、第一、第二項目は暗黙知構造の近接項に相当する。マイケル・ポランニーは暗黙知は遠隔項と近接項の構造を有すると論じている。例えば、真っ暗な場所で杖で前方の地面を探りながら歩くことを想定しよう。あなたの身体が実際に受けている信号は、杖を握る手のひらに伝わってくる振動や圧覚の情報である。その信号を基に、あなたは地面の凹凸、起伏や傾き、滑らかさなどを推定し、安全に歩くことができる。この場合、身体が直に接している前者の情報が近接項、後者の推定（判断）情報が遠隔項である。暗黙知は、後者の情報の推定や判断が目的であるがゆえに意識はついそちらに取られてしまい、直接身体が受けている近接項への留意がなくなるという構造をなすとポランニーは説いている。

からだメタ認知メソッドが相対しているのはまさに自身の暗黙知である。第一、第二項目の記述を重要視する理由は、ややもすると遠隔項に意識がとられてしまうのを堪え、身体が直に接している物理的なものの存在に改めて意識を向けるという意図があるからである。

第二項目（身体部位）が「身体が直に接している物理的な存在」であるというのは奇異に映るかもしれない。しかし奇異ではない。身体はあなたが内側から感覚できる存在であると同時に、あなた自身が客観的に外から観察できる対象でもある。手首をこう使って肘の動きをこう連動させようと意図するとき、あなたは内側からその体感を得るとともに、外側から動きを観察し、手首と肘という身体行為に「直に相対している」のだ。

からだメタ認知を促す実践手法その 1:「写真日記」

身体が直に接している物理的な存在を見逃さず、それらに留意してことばで表現してみることを促す手法として「写真日記」という手法がある。それは、第 1 章で言及した藤井晴行氏がかつての共同研究者と一緒に開発した建築分野での言語化手法[1)]である。写真日記手法では、空間の写真を撮り、それを基に事実記述、解釈記述、経験記述という三種類の記述を行う。

事実記述とは、眼前に広がる空間に存在する物理的なモノ（あなたの身体部位も含む）、その動きや振る舞い、その属性、モノ同士の関係など、実際に客観的に確認できるものごとの記述である。

あなたが動物園を訪れ、歩いているときに考えたこと・感じたことを写真日記の手法で記述すると想定しよう。たとえば、図 5.1 のような写真日記（これは動物園体験のほんの一部）を書くかもしれない。事実記述の欄を見てほしい。この動物園は敷地のランドスケープを活かして設計されているのだろうか、野山の散歩道に沿って動物の檻が配置されているようである。必然的に動線にアップダウンが多い。「坂道の頂上から左方向に視界が通る (a)」という記述は、眼前に登り坂があり、頂上にやってくると急に左方向の視界が広がるという、その付近のランドスケープと視界に関するものである。「頂上から少し左側に下ったところに熊の檻がある (b)」とある。熊の檻と頂上と下り坂の位置関係を表現した事実記述である。

別の場所の記述として、「灌木の上にキリンの首が見える (c)」とある。目の前には灌木があり視界は遮られている。しかし、ふとみると灌木の上から（向こう側にキリンのエリアがあるのだろう）キリンの首が見えているのではないか。そういう事実（灌木とキリンの高低関係や奥行き関係）を記述したものである。

写真に写り込んでいるすべての事実を記述しようと意気込む必要はない。あなたがふと目に留めた、客観的に観察できる物理的なものごとを少しずつ記載するのである。解釈記述や経験記述の説明と合わせて後述するが、個々の記述をそれぞれ一気に書き上げる必要はない。私の経験によれば、各々の記述を「少しずつ」増やしていくのがリッチな写真日記を書くためのこつである。

---

1) ［諏訪 , 藤井 15］、および［篠崎 , 藤井他 15］にも詳しい解説がある。

事実記述
坂道の頂上から左方向に視界が通る(a)
頂上から少し左側に下ったところに熊の檻がある(b)
灌木の上にキリンの首が見える(c)
解釈記述
急坂を登り切ると急に左側に視界が開けるので開放的な気分になる(d)
そんな気分のなか、ひょんなことで熊の間抜けな寝顔に遭遇してくすっと笑えた(e)
低い灌木の向こうにキリンの首だけ覗いているのが、なんとものどかである(f)
経験記述
この動物園、朗らかな気分に浸れて楽しい(g)
いつの間にか身体が浮遊して開放的に宙を舞うみたい (h)

図5.1　写真日記の一例（動物園での体験）

次に、解釈記述とは、個々の事実に接してあなたに生じた気分や、受けた印象・感想を書くものである。「急坂を登り切ると急に左側に視界が開けるので開放的な気分になる (d)」は、事実記述 (a) に起因したあなたの気分の高揚を表現したものである。その頂上から坂道を下りたところに熊の檻があるので(事実記述 (b))、開放的な気分を有したまま熊の檻にさしかかり、熊の間抜けな寝顔に遭遇して笑ってしまったというのが、「そんな気分のなか、ひょんなことで熊の間抜けな寝顔に遭遇してくすっと笑えた (e)」である。キリンの頸を灌木の向こうにみてのどかな気分になったことを表現したのが、「低い灌木の向こうにキリンの首だけ覗いているのが、なんとものどかである (f)」である。

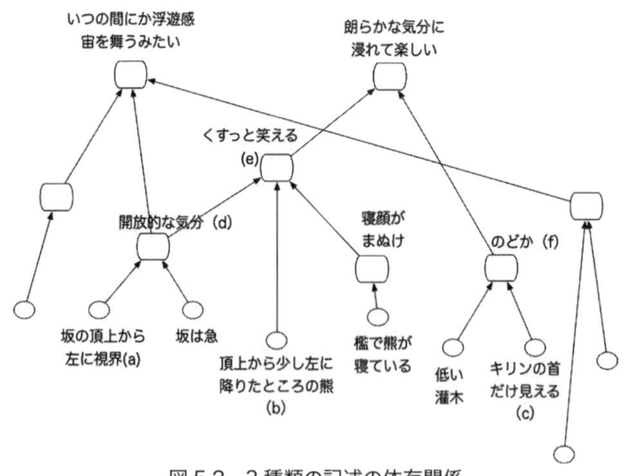

図5.2　3種類の記述の依存関係

このように解釈記述は事実記述に基づいた気分、印象、感想、解釈などを記すものなので、事実記述と解釈記述のあいだには依存関係があるのが普通である。図5.2に、これまでの説明で登場した記述のあいだの依存関係の例を示す。事実記述(a)と解釈記述(d)のあいだの線、事実記述(b)と解釈記述(e)のあいだの線、事実記述(c)と解釈記述(f)のあいだの線はそれぞれの依存関係を示す。

図5.1と図5.2を突き合わせてみると、事実記述はややもすると見落としてしまいがちであることが実感できるはずである。たとえば、解釈記述(d)の「急坂を登り切ると急に左側に視界が開けるので開放的な気分になる」に着目しよう。解釈部分は「開放的な気分になる」であり、その礎としての事実記述は「急坂を登り切ると急に左側に視界が開ける」であろう。解釈部分だけを記述すると文章として意味が通らないので、解釈記述にはこのように事実記述に該当する部分も書き込むことになる。

さて、問題なのは以下の点である。事実記述(a)としては「坂道の頂上から左方向に視界が通る」と書いていたことに注目してほしい。一方、解釈記述(d)の事実記述該当部分は「急坂を登り切ると急に左側に視界が開ける」である。両者は微妙に異なる[2)]。そう、前者は単に「坂道」であったのに対し、後者は「急坂」である。坂道の属性が「急」であるという重要な事実が、前者からは抜け落ちているのだ。この解釈記述を書くときには、視界の急激な変化が開放感をもたらすという意味合いを表現するという意図から、坂が急であることを明確に記述しているが、事実記述をリストアップするときには、本来書くべき「急坂」の意を書き漏らしたのだろう。

この種の書き漏れ—書き漏れは、私の経験上、特に事実記述で発生するようだ—はとかく起こるものであり、仕方がない。解釈記述を書いたからこそ書き漏れがみつかるのだ。見つけたときには、あとから事実記述に書き足せばよい。つまり、三種類の記述は一つずつ順番に、それぞれを完璧に漏らさず書こうとしてもうまく機能しない。むしろ、3つの記述を各々少しずつ書くことを通じて他の記述の書き漏れがみつかるので、見つけたら書き足せばよいというマインドを持つと、

2) 「視界が通る」と「視界が開ける」の差異や、「左方向」と「左側」の差異を問題視しているわけではない。意味が同じであれば、言い回しや文言の差異は何も問題ではない。そんな些細なことを問題視していようものなら、窮屈極まりなくて日常的にからだメタ認知の習慣をつけることが難しくなる。

写真日記は気楽に記述できるようになる[3)]。

これまでの解説には、実は他にも書き漏れがある。すでに気づいている方もいると想像するが、(e) の解釈記述からするならば、「檻で、ある熊が寝ている」という記述が本来事実記述としてあるべきである。図 5.2 にはその事実記述に該当するノードを描き、その事実記述から「寝顔が間抜け」という解釈記述への依存関係リンクも描いてある。同様に、解釈記述 (f) と事実記述 (c) を突き合わせると、事実記述 (c) には「灌木が低い」ことが書き漏れていることもわかる（図 5.2 にはその事実記述に相当するノードを描き足している）。

最後に経験記述について説明する。経験記述とは総じてその空間でどんな体験をしているのかを書くものである。図 5.1 に示すように、自身が「この動物園、朗らかな気分に浸れて楽しい (g)」という体験をしていると感じるのであれば、その体験を支えている礎として、どのような解釈記述と事実記述があるだろうかと想いを馳せてみよう。すると、キリンの首が覗いていてのどかである（解釈記述 (f)）ことや、熊の寝顔が笑える（解釈記述 (e)）ことの合わせ技として、朗らかな気分や楽しさが生まれていると思えるであろう。

ひとつ経験記述を書くたびに、解釈記述とのあいだの依存関係を考えてみることは、私の経験上とても重要である。依存関係を考えることによって、書き漏らしている解釈の存在に、さらに手繰って事実記述の書き漏れに気づくかもしれない。また、解釈記述をひとつ書くたびに、それはどういう体験の基になっているだろうかと、解釈記述側から上向きの依存関係を思えば、そうしなければ気づけなかったであろう経験記述を新たに思いつくかもしれない。三種類の記述を書き分けようという意図をもつからこそ、それぞれの記述が互いに他の記述を促す効果が生まれる。

解釈記述や経験記述は、事実記述とは異なり、記述するひとの心で生じる主観的なものごとである。それだけに解釈記述と経験記述の明確な線引きは難しい。しかし、からだメタ認知を豊かに促す実践手法として写真日記を用いる場合は、私の経験上、明確な線引きをする意識は不要である。からだメタ認知メソッドで重要なことは、先に論じたように、自身の身体が相対している物理的な存在やものごとを無意識に見逃さないこと、つまり事実記述の書き漏らしを少なくするこ

3) 図 5.2 では、「坂の頂上から左に視界 (a)」の右横に「坂は急」というノードを描き足している。図 5.2 のような三種類の記述の依存関係図を書いてみると、書き漏れを発見しやすい。

とであるからである。三種類の記述をしようと目論むことが、結果的にそれぞれの記述を豊穣にし、それは結果としてからだメタ認知を豊かに活性化する。

「詩人になる」ことの勧め

私は学生によく「経験記述を書くときは詩人になろう」とアドバイスする。別の言い方をするならば、「身体が受けた総体的な体験」の一種として、妄想的なできごとを経験記述として書くのがよいと私は考えている[4)]。図5.1の経験記述(h)「いつの間にか身体が浮遊して開放的に宙を舞うみたい」という記述はそれに該当するかもしれない。現実的には身体が浮くわけはないので、ある種、妄想的なできごとである。妄想と称すると語弊があるかもしれないが、詩、俳句、短歌をはじめとすることば芸術は、この種の自由な意味解釈、空想、妄想を源にして行う表現行為であろう。その心持ちをもって経験記述を書こうとすれば豊穣な記述になる。豊穣なる経験記述は、連鎖的に事実記述、解釈記述を豊穣にする。それはさらに経験記述を豊穣にする。

写真日記に慣れないうちは、経験記述としてありきたりのことしか書けない(筆が進まない)という感想を抱くものである。そういう時は「詩人になって」みよう。私の経験上その心持ちは意外に効く。なによりも写真日記を書くのが楽しくなる。それはからだメタ認知を活性化する。

以上、総じて言うならば、写真日記とは、解釈記述や経験記述という主観的なものごとを、常に客観的に把握できる物理的なモノの存在やその性質や振る舞い(事実記述)に紐づけながら、空間体験を自身の心身で振り返る記述行為である。それは体験自体を(再)認識し、豊穣化する効果がある。

生活の中でこの種の記述を習慣づけることができれば、感性を磨くことにもつながると私は考えている。妄想や空想を書こうとアドバイスすると、妄想や空想の記述だけに終始してしまうひとがたまにいる。それはからだメタ認知の思想にも写真日記の意図にも反する。単に空想の世界に羽ばたけばよいのではない。あ

4) 私は経験記述のことを別名「妄想記述」とも呼んでいる。

くまでも現実世界に紐づけた形で空想を広げること[5)]が肝要である。

からだメタ認知と写真日記

第2章でリストアップした「からだメタ認知によって書くべき項目」と写真日記の三種類の記述の関係に触れておく。まず、からだメタ認知の第一、第二項目(表2.1)は写真日記の事実記述に相当する。第三項目の「体感」は、個々の事実(身体が接するものの性質や振る舞い）だけに依拠するものではなく、総体として心身にもたらす影響なので、経験記述に相当すると言ってよいだろう。

第四項目の違和感や疑問は、解釈記述、経験記述、どちらにも相当する場合があるだろう。単に個々の知覚（外界に存在するモノの性質や関係性などの知覚）に対する違和感や問いの場合は解釈記述、諸々の知覚や体感の総体に対して感じる違和感や問いであれば経験記述であろう。第五項目も同様である。

第六項目（問題意識や意図・目標）は、第一項目から第五項目のすべてを感じたことの結果として生まれる思考であることを鑑みると、経験記述に相当すると考える。

写真日記手法の特筆すべきことは、三種類の異なる性質を有する記述を互いに紐付けながら、どれを最初に記述すべきかといった定まった方法があるというよりも、むしろ、記述できるものごと（思いついたものごと)からとりあえず始め、連鎖的に各々の記述量を増やしていくことである。からだメタ認知日記も同様のマインドのもちかたで記述するのがよい。身体システムや外界で生じているものごと（第一、第二項目)と心システムで生じているものごと（第三から第六項目)を行き来しながら書き進めれば、豊かな日記になる。

写真日記の簡便な記述法

写真日記の手法に私は慣れ親しんできたが、その経験のなかで気づいたことが

5) ［諏訪，藤井 15］には、「モノへの眼差しがからだと記号をつなぐ」(p.91) と論じている。ひとが駆使する記号や概念は生きる営み（自身の物理的な身体、およびそれが属する物理的環境）から生まれたものであるにもかかわらず、その接地関係を切断して記号や概念を使ってしまう傾向が世に散見されることへの警鐘を鳴らす説である。写真日記の「現実世界に紐づけた形で空想を」という思想もまさにこの説と相通じるものである。

ある。図5.1のように事実記述、解釈記述、経験記述を、各々欄を設けて書き分けるのは結構煩雑である。動物園の仮想事例の解釈記述(d)「急坂を登り切ると急に左側に視界が開けるので開放的な気分になる」を振り返ってほしい。

この記述は、「急坂を登り切ると急に左側に視界が開ける」という事実記述該当部分と、それに対する解釈としての「開放的な気分になる」から成っている。解釈記述といえどもそれを文章として意味を成立させるためには、事実記述該当部分も併せて書く必要がある。経験記述も同様である。その記述を成り立たせる礎としての他の種類の記述（経験記述の場合は、解釈記述および事実記述）を書くことになる。より具体的に言うと、その文章内で、「〜なので」という理由あるいは因果関係の形で、もしくは「〜は」という解釈の対象となるモノ・性質・関係性の列挙という形で記述する。

このことが原因で、私は、写真日記の分量が増えれば増えるほど欄を分けて三種類の記述を書き入れることを面倒に感じるようになった。「急坂を登り切ると急に左側に視界が開ける」は事実記述の欄にも書いているので、同じ文章をコピー＆ペーストして解釈記述にも貼り、解釈の文章に応じて若干修正を施すことになる。一人称研究の基礎データとしてのからだメタ認知日記は、その研究が生活に根差していればいるほど、記述頻度は高い。写真日記手法が面倒であると、生活でそれを書くことが長続きはしないので、より簡便な記述法が望まれる。

そこで私はより簡便な方法を考案した。三種類の記述欄を設けるのではなく、混在させて普通に文章を書くのである。ただし、記述しながら事実記述に該当する箇所に下線を、経験記述にはマーカーで色付けをすることにした。外界中の、あるいは自身の身体の性質や振る舞いという類の、客観的に把握できるものごとを漏らさずに記述するという写真日記の基本的な考え方を常に遵守するためである。

図5.3は、からだメタ認知関連の共同研究を行ってきた会社のロビーの居心地を私が記述したものの一部抜粋である。ロビーで私が陣取っている位置がクリティカルで、もし少しでもずれた位置にいたならこのような経験は味わえなかったという趣旨のことが書かれている。私が陣取った場所から（遠近法に狂いがある拙い絵だが）ささっと描いたフリーハンドのスケッチも掲載する。

事実記述には下線を、（本書では）経験記述はグレーのハイライトで示している。残りは解釈記述である。スケッチに描かれている左側の壁が平面ではなく、スケッチの左端付近でぐっと曲率が増していることに着目してほしい。そのカーブの曲率が加速度的に増していることは事実記述、エネルギーの高まりを感じているというのは解釈記述である。スケッチに曲率の加速度的増加を少し大袈裟に描き、遠近法もずれているのは、エネルギーの高まりをまざまざと感じているからであろう。

このときの居心地を簡単にまとめると以下のようになる。壁がもたらすエネルギーは右側の空間に充溢している（それは解釈記述）が、私はカーブの曲率の延長線上に陣取っている（それは事実記述）ので、右側の空間の渦中にあるわけでもなく、それを遠くから覗き見る客観的な立ち位置にいるわけでもない。ギリギリ感を総体的に体験（これは経験記述）できるような微妙な位置に意図的に陣取ったのだろうという想いを表現したからだメタ認知日記である。

写真日記を書きながら下線や色付け（本書ではグレーのハイライト）を行うという工夫は、解釈記述や経験記述の礎としての事実記述が明確に記述できている

ある会社のロビーでの居心地（2017年10月5日）
壁のカーブの曲率が急に加速する。そのカーブの延長線上に私の身体がある。カーブの曲率の加速が凄くて、ここが一つの空間の終端を形成する。そしてこの終端で、エネルギーの盛り上がりを感じる。この曲率で盛りあがったエネルギーは右側の空間に保存され、生き生きとした充実感溢れる空間になる。だから、ここより右側が一つの空間だと感じられる。
カーブの曲率は私の体に向かってくるので、特に、そのエネルギーの高まりを感じるのかもしれない。それを予感して、ここに陣取ることを決めた。
私はどこに属しているのだろうか？　この濃密な空間の中か、外か？　ちょうどその境界線に位置している。内部のようでもあり、外部から覗き見ているだけのような気もしないではない。境界線上にいるからこそいいのだ。ライブ感や充満感を肌で感じながら、完全に巻き込まれて渦中の人にならないから、楽しめるのかもしれない。あの濃密な空気に取り込まれたら、楽しんでいる自分を意識することはできない。かといって、一歩でも後ろに下がると、もうこの空間の濃密感からは縁遠くなって、映画を覗き見ているだけになる。

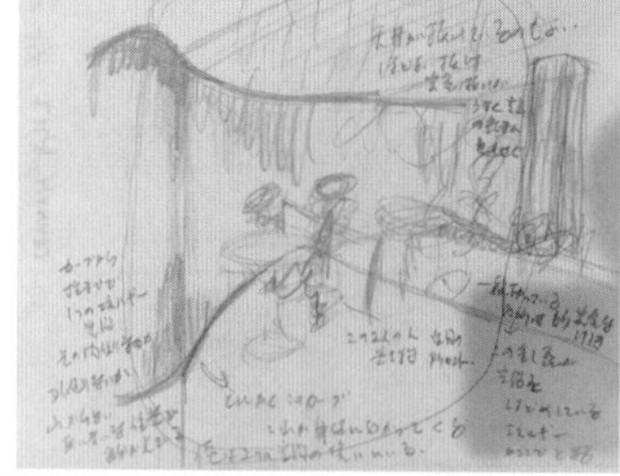

図5.3　ロビーの居心地を記述したからだメタ認知日記

かどうかを常にチェックする意識をもつためである。書き漏らしがあると判断すれば新たに事実記述を書き足す。通常、事実記述は分量が多くなるものである。もし下線部の割合が少ないことに気づいたならば、書き漏らしがあるに違いないという目で記述を再検討するのがよい。

下線を引いたり色付けたりするという行為が記述内容の自覚を促すのだ。単にそれだけのことだが、このような工夫を施さない場合に比べ、圧倒的に文章量が増えることも私の経験上わかっている。色付け（経験記述）が少なければ、経験記述は一種の妄想記述でもあるわけなので、ありきたりの解釈しかできていないことの証である。記述内容の種類を自覚するだけで写真日記の分量が増え、質も向上する。そして何よりもこの工夫はさほど鬱陶しくないのが素晴らしい。

からだメタ認知マインドその1：論理的に伝えるのではなく、自身に語りかけること

「ことばで表現することの最大の目的は他者に伝えることである」と、私たちは子どもの頃から教育されてきた。伝えるためには、論理的に、なるべく明快に説明することを心がけようと。一人で生きていくことができない社会において、それがことばの第一義的意義であることは確かである。

しかしながら、からだメタ認知日記を書く時はこの意識を一旦保留にするのがよい。「伝える」、「説明する」、「論理的」という文言はからだメタ認知の活性化を阻害するからである。写真日記の経験記述では空想や妄想の羽を羽ばたかせるのである。

ある会社のロビーの居心地についてのからだメタ認知日記を振り返ってみよう。ロビーの壁がぐぐっと曲率を増しながらカーブしている延長線上に陣取っているので、そのエネルギーが充満する内側のライブ感を感じつつ、内部に取り込まれ渦中の人にならない立ち位置をキープするという、ギリギリ感を私は愉しんでいた。

この空想・妄想は、私の心中では明示的な事実記述に紐づき、リアリティをもって感じていたことは確かなのだが、その紐付き方は他者が聞いて論理的に納得できる類のことではない。論理的に説明して他者に伝えようという意図を以て体感や知覚をことばで表現していたら、書くこと自体が億劫になる。からだメタ認知の目的からすればそれは本末転倒である。

体感や知覚は暗黙知そのものである。その暗黙性の高い難物がどんな顔をしてどんな格好をしているのかを、その一端でもよいから垣間見ることが目的である。したがって、少しでも何かの側面が見えたり、着目するのが良さそうな変数の糸口をつかめたりしたら、それらを独り言のようにことばにしてみることが肝要である。独り言は論理的である必要はない[6)]。他者に伝えるのではなく、ことばを手段として自身の体感や知覚の姿かたちを確かめるために、自身に語りかけるのである。それがからだメタ認知のマインドの良いあり方である。

からだメタ認知マインドその2：正しさを求めるべからず、矛盾の混沌は大いに結構

ことばは意識に残る。書き留めた場合は特に、明確に後々まで残る。しかし、自身が書き留めたことばに次の瞬間から縛られないことが肝要である。独り言として自身に語りかける行為は、その刹那においてこそ存在意義を有する。その刹那になんらかの変数を見出したからこそ、ひとつのことばを自身に投げかけたわけである。さっき放ったことばといま放ったことばが互いに相容れないこともしばしばである。それぞれが表す変数が互いに整合するものであるとは限らない。探究の過程は一筋縄ではないのだから。

ボウリングの研究で論述した身体環境モデルの構築を振り返ってみよう。互いに相容れない多種多様な着眼点の洪水に溺れながら、なんとか取捨選択の荒業を敢行し泳ぎ切った末に、ひとつの身体環境モデルができあがる。「論理的に正しく伝えよう」という意識は、多種多様の相容れなさで溢れた紆余曲折を避け、安易に正解をみつけようとするモードに心身を誘(いざな)ってしまう。それでは探究は浅薄なものに終わるのがオチである。

自身が放つことばとそれが表す着眼点の数々は、互いに相容れなくて大いに結構。むしろ、その混沌に敢えて身を浸し、じっくりと味わいながら愉しんで泳ぐマインドをもってこそ、奥深く腰を据えた探究が可能になる。

---

6)　多種多様な側面が徐々に見え、その関係性にも気づきはじめると、少なくとも本人にとっては論理的に思える一連の言説が生まれることもたびたびある。

からだメタ認知マインドその３：よく使いがちなことばを封印し、「どのように○○？なぜ△△？」と掘り下げる

曖昧模糊とした体感や知覚に相対していると、つい便利に使ってしまうマンネリ化したことば群が登場しがちである。いつの頃からか日本では、好印象のものごとであればどんなことも「カワイイ」と表現してしまう風潮が出現した。「カワイイ」はマンネリ化したことばの好例であろう。昨今の「やばい」も同様である。

本書で詳しく紹介するスペースはないが、私は日本酒の味わいについての一人称研究も日々実践している。日本酒の味わいについてのからだメタ認知日記から単語をひとつ挙げると、「残る」がマンネリ化したことばの典型である。私は、酸味や渋みが舌の脇や喉の奥や鼻腔に「残る」と記述しがちなのだ。なんだか安易だなという後ろめたさは感じつつも、「残る」と書けば一定の体感を素早く書き留められる便利さがある。

しかし、自身のアルアル単語をずっと使い続けているようでは、味わいの探究は進まない。からだメタ認知の目指すところは微妙な差異に気づくことである。「残る」という体感も、昨日のお酒と今日のお酒では残り方が異なって然るべきではないか。本当にそうであるなら、微妙な差異を異なる言葉で表現し分けたい。そこで、自身が安易に使ってしまう単語を敢えて封印し、別のことばで表現しようとする意識を常に持つのがよい。

私の場合、「残る」を封印して別のことばを求めていたときにふと舞い降りてきたことばに「帯電する」や「居座る」があった。その２つが登場したからだメタ認知日記が図5.4、図5.5である。図5.4は加賀鳶純米大吟醸のにごり酒生という銘柄を味わっていた2017年１月の日記である。お酒を飲み込むと同時に、舌先、そして中央へと重厚な味の襞（ひだ）が染み込み、鼻腔に強烈なパンチが浴びせかけられる。その後、刺激は揮発して鼻先をくすぐる程度になるが、妙に「帯電した名残」が鼻腔に残る。最後に「残る」という単語を用いてはいるが、その残り方を形容する他の言葉として「帯電した名残」ということばが登場した点が注目に値する。その刺激的な味わいは、びりびりした感触を以て残っていることがわかる。「どのように残るのか」を表現したことばである。

図5.5をみてみよう。同じ酒蔵の極寒純米無濾過生という銘柄の味わいについ

て2017年1月に記述した日記である。甘い感触が強い圧迫感[7)]を以て舌の表面に絡んでくるという味わいである。その甘さは喉の奥から還流して鼻腔にも染み渡る。その様子を比喩的に「裏口から主張の強い奴がすり抜けてきて、そこに居座る」と表現している。「居座る」という私なりのことばのニュアンスからすると、その甘さの残り方は「大胆」であり、「有無を言わさぬ強さや圧力」があることを表現できているように思う。

加賀鳶 純米大吟醸 にごり酒・生（2017年1月26日）

一瞬柔らかく密やかにすっと空気が入り、味が舌の表面を軽やかに奥に進む。舌先にまず、味の重厚な襞が染み込み始める。ここからが本格的なお味だよと言わんばかりに。一瞬唾液の分泌が増し、くるりと回転するようにまろやかさが顕在化する。そして同時に大きく跳ね上がり、鼻腔へと急激なパンチを浴びせる。躍動感あり、そこに若々しさが溢れる。鼻腔に跳ねあがった刺激は、内容が揮発して鼻先を渋くくすぐるが、それも次第に収まり、妙に帯電した名残だけがその場に残る。

図5.4　日本酒の味わいのからだメタ認知日記：「帯電」ということば

加賀鳶極寒純米無濾過生（2017年1月12日）

口当たりは、爽やかに、するりと何も問題を起こさず、関門をくぐり抜ける。関門を抜けた途端、いきなり、舌の表面を奥深く精査するように、ダダ甘い感触が染み渡る。次第に奥へ奥へと。一瞬だけど、喉の奥から軟口蓋に還流する茶色い空気が、鼻腔に甘い空気をもたらす。裏口から主張の強い奴がすり抜けてきて居座るみたいに。舌先と喉の奥にダダ甘い粉を擦り付けて、擦り込む輩がいる。

図5.5　日本酒の味わいのからだメタ認知日記：「居座る」ということば

ある音楽大学の教員の方々と議論しているときに、声楽の学生が頻繁に使いがちなことばが多数存在するとお聞きした。「すっきり声を出す」、「柔らかい声」、「気持ちよかった」、「楽に声がでる」などがその典型らしい。声楽の専門家は常々、いかに発声するか、そのために身体全体をどう制御するかを模索し、実践し、教員の場合は学生に伝え、考えさせている。学生がこの種のことばで表現しているうちは、発声するときの体感の微妙な差異に気づいていない証であると認識し、その先を考えさせるような指導法を試みるのがよいと私は考えている。

7)「ダダ甘い」は関西の方言である。私は粉末感やざらざら感を伴う強い甘さを表現するときに用いることが多い。

「その先」とは、「どのように?」「なぜ?」と掘り下げて考えさせるという意味である。「すっきり」にもいろいろあり得る。「すっきりした声とはどのような声なのか?」を問いなさいと指導するのである。すっきり声が出て満足している場合をそうでなかった場合と比べて、「なぜすっきり声を出せたのか。何が異なっていたのか?」と問うことも肝要であろう。同様に「柔らかい声とはどのような声?」、「どう気持ちよいのか?」、「楽に、とはどのような体感?」と問うのだ。指導者はその種の問いを学び手に促すのがよい。

私なりに「帯電」や「居座る」ということばを編み出し、味わいの「残り方」の微妙な差異を表現できたのは、「残る」だけでは満足せずにどのように残るかを考え続けたからである。からだメタ認知メソッドにより身体知の学びを目論むときには、「どのように○○?」「なぜ△△?」と自問自答してことばを豊かにすることが肝要であろう。

ことば化を促す実践手法その2:「創作オノマトペ」

微妙な差異を表現するために、私は「創作オノマトペ」という手法を開拓して、日々自身のからだメタ認知で用い、授業でも学生に伝えている。オノマトペとは擬音語・擬態語の総称である。通常は「ことこと」、「じゃりじゃり」というように音素を反復させて表現することが多い。

「創作オノマトペ」とは、「ことこと」、「じゃりじゃり」のように一般的に多くの人が感覚を共有できるものではなく、個人が体感に合わせて音素を自由に組み合わせて並べるものである。たとえば、私はある日ある銘柄の日本酒の味わいを「ぴやちゅぶい〜」という創作オノマトペで表現した(図5.6を参照のこと)。たわけたことを! と一笑に付してはいけない。大真面目である。

「ぴやちゅぶい〜」と表現した後は、それがいくつの音素から成り立っているのかを主観で宣言する。図5.6の音素の列は斜め線で区切ってある。この日本酒の味わいは「ぴ」、「や」、「ちゅ」、「ぶ」、「い〜」という5つの音素から成り立っていると、その日の私の身体は体感したのだ。5つの音素それぞれに私はある意味を込めて、味わいをこう表現したのである。

「創作オノマトペ」手法の根底にあるのは、ひとは音素にある種の意味を込めるものであるという野口三千三氏の考え方である。著書『原初生命体としての人間』

[野口 03]のなかで、野口氏は以下のように述べている。

“いろいろな音をひとつひとつ取りだして、何回でもくり返し発声してみる。そのとき、まるごと全体の自分のからだの中身の微妙な変化が、その音をどのように感じとるか‥(中略)片っ端からメモする。それを改めて新しく検討して、自分の実感の方向を直感する。このような遊びを「原初音韻論遊び」と名づける。

いくつかの例をあげてみよう。

「か」— 開放的。明るい。歯切れがいい。すみきっている。均質。湿度・粘度は低い。温度は適温(時に低く時に高いこともある)。明度・純度は高い。空間的位置はやや高い。時間的には短いが、忙しくはない。

‥（中略）

「こ」— 形は球で小さく、よくまとまっている。中心が明瞭。界面はなめらかで明瞭。求心的だが閉鎖的ではない。可愛らしく品がいい。少し硬いが不快ではなく、存在感はきわめて明瞭。時間的には短く歯切れがいい。粘度は低く、純度は最も高い。” (pp.241-242)

東一クロビン（2018年9月24日）

ぴ/や/ちゅ/ぶ/い～
ぴ：きらきらと冷たく鮮明に光りながら口に入ってくる
や：すぐさま揮発して気体となり、甘みを孕む空気を作り出す
ちゅ：舌の裏側に向かって渦を作り出し、甘いとろみ感が出現する。ここまでの様々な変化も快活で楽しい
ぶ：舌の裏側の領域で、急に曖昧な暗雲が立ち込める。ところどころ何か蠢くものがある。今までの快活さをすべて打ち消して急激な爆発でも起こりそう
い～：何か起こりそうという風雲急を告げる感はあっさりとなくなるも、じわじわと渋みが口の奥の方で出現してくるのが複雑で面白い。

図 5.6 日本酒の味わいを表現した創作オノマトペ

創作オノマトペ手法とは、体感を複数の音素で表現したのち、それぞれの音素にどんな意味を込めているのかを記述してみるというものである[8)]。この日の私

8) 味わいの体感だけではなく、第7章の一人称研究のテーマである居心地の体感でも私はこの手法を用いている。

は各音素に図5.6に示す意味を記述した。私の音素の切れ目とそれが並ぶ順番は、日本酒を口に入れ、飲み込み、後味を味わうという時間軸に沿って味わいが口腔・鼻腔内を動く様を表現していることが多い。文字で書くという制約上、各音素にはれっきとした順番が生じるが、各音素が表す味わい（意味）は同時に生じていることもしばしばある。私の場合、最初の音素は口に入れた瞬間の味わいを表し、最後の音素は後味を表すことが多いので、少なくともその二つには明確な時間順が存在する。

味わいをしみじみ感じているときに、創作オノマトペが頭に浮かんでくる場合もあるし、迷う場合もある。各音素の意味を書きながら音素自体を修正することもしばしばある。音素の順番を修正することもある。つまり、創作オノマトペは味わいという暗黙性の強い体感・知覚をことばで表現するための触媒なのである。オノマトペの音素を宣言し順番を決めること、そして体感を記述することが、互いに他を促す関係で進展する。そうやって、本来ことばで表現しにくい味わいという暗黙知をことばにする。

音素を用いることの最大のメリットは、体感の微妙な差異に気づくというからだメタ認知の基本思想に合致していることである。食べ物／飲み物の味わいのある側面に「さ」という音素を当て、それに込める意味を記述したとする。そのとき、なぜ「し」や「ざ」ではなくて「さ」なのかを自問自答してみよう。自身が選んだ音素に五十音列で近い（あるいは関連の深い）音素にはなぜしなかったのか、なぜそれらの音素では現在の体感を表せないのかを自問自答することは、からだメタ認知の記述を繰り出すことに効くのである。

その問いの答えはすぐ浮かぶはずである。「「し」や「ざ」じゃなくて、やはり「さ」だよ」と。この瞬間がまさにことばで表現する絶好機なのだ。「ざ」という濁音ではこの味わいの爽やかさを表現できないのだと。「し」の場合は口の奥行き方向に細長く味わいが侵入する感覚だけれど、この味わいはさっと広がるから「さ」なのだと。自問自答して浮上する想いをからだメタ認知のことばとして記述すればよい。野口氏が論じるように、ひとは異なる音素には異なる意味を割り当てるからこそ、創作オノマトペを駆使すれば体感の微妙な差異をことばで表現し分けることができるのである。創作オノマトペはことばを促す有効な手段になり得る。

音素に意味を込めてことばを理解するという身体知

私の経験上、なぜその音素かを説明することば群には、その音素を含む単語が含まれていることが非常に多い。「この味わいは爽やかだから「し」ではなくで「さ」なのだ」とか、「さっと広がるから「さ」なのだ」とか、ひとはそんなことを述べるものである。

「さ」という音素にはもともと幾つかの意味（側面）が込められているから、ひとは、「さ」を内包する単語（たとえば「爽やか」や「さっと」）を「さ」の意味（側面）群の一部を有するものとして理解するのかもしれない。あるいは、ひとは、同じ音素「さ」を共有する単語群の各々の意味の合わせ技として、「さ」の意味を理解しているのかもしれない。ひとが音素に込める意味と、その音素を内包する単語に込める意味は、にわとりと卵の関係で判然としないが、それは実に面白い。

図 5.6 の創作オノマトペを見てみよう。最初の音素はなぜ「ぱ」や「ひ」ではなくて「ぴ」なのかと自問自答してみるとこうなる。このお酒の口当たりには光を感じるが、私にとって「ぱ」は光を連想させる音素ではない。「ぴかぴか」は光を表すことが多いように、「ぴ」の方が光を連想させる。だから「ぱ」よりは「ぴ」なのだと。

「ひ」という音素は光という単語に含まれているが、なぜ「ひ」でではなくて「ぴ」なのか。口当たりのときに放たれる光の光りかたが鮮明で速度があるという側面を表したいので、「ぴ」であると述べるだろう。「ひ」の場合は、もっと密やかな光りかたになるのではないかと私は感じる。そのような自問自答の末に、このお酒の口当たりを「ぴ」と記述し、それに込める意味として「きらきらと冷たく鮮明に光りながら口に入ってくる」と書いたのだろう。

「きらきらと」と書いているのであれば、「き」ではダメなのかと問う方もいるかもしれない。私の答えは NG である。私にとって「き」が醸し出す体感は、「きっぱり」とした潔さ、強さ、そして輪郭の明確さである。この日に私が感じていた口当たりは、輪郭の明確さがなかった。光りかたに立ち上がりの速度は感じるが、必ずしも強さや潔さは感じなかった。

このように、創作オノマトペ手法は、自身の体感の微妙な差異に目を向け、ことばで表現するための触媒として効く。かつて「違いがわかる男のゴールドブレンド」[9] というネスカフェのキャッチコピーが一世を風靡したことがある。微妙な味の差異が分かり自分らしい珈琲時間を楽しむという生活像を描いたCMである。からだメタ認知を習慣化する生活を送れば、まさにそういう感性が育まれる。体感や知覚をことばで表現することは最初は難しいが、慣れてくれば億劫でもないし、何よりも愉しいものである。

9) その後「上質を知る人の～」「違いを楽しむ人の～」に変化している。

第6章

からだメタ認知の哲学―身体とことばを統合して生き抜く

ことばシステムの分節機能

からだメタ認知は、体感や知覚ということばになりにくいものごとをことばで表現することを通じて、体感や知覚、そして意識するものごと（ことば）を変容させる認知メソッドであることは、既に説いてきた通りである。この文章は一見、自己矛盾のように見えてしまうが、実は矛盾ではない。関連する諸研究の知見を引用しながら論じようと思う。

体感や知覚というものごとは実際に身体で生じていることなのに、そもそもことばで語りにくいのはなぜなのか。そのあたりから論をスタートする。簡単にいうならば、身体システムとことばシステムは異なる機能を有し異なる振る舞いをするからというのが、体感や知覚が語りにくい理由である。「身体システム」とは、本書では、身体中に張り巡らされた感覚受容器からの入力信号が脳で統合的に処理された結果として、知覚や体感に該当する脳内表象を生じさせる機能を有する神経機序を指す。

ことばやそれに伴う意識がどう成り立っているのか。それは未だ科学のメスが入らない最大の謎であるが、ことばも何らかの脳内表象（膨大な脳細胞にわたる分散的表象[1)]）の上に成り立っていることに間違いはない。その意味では、ことばシステムは身体システムと同じ脳細胞ネットワークに依拠している。しかしその機能がまるで異なる。

「心身」という日本語は機能が全く異なることばシステム（心）と身体システム（身）が両者統合して全体的な働きを醸し出すことを表す語である。統合して働く

1） ニューラルネットワークシステムの研究分野では古くから distributed representation という専門用語で論じられてきた。

が、もともと全く異質なもの同士であるという点を本書においては重要視する。

哲学者の井筒氏は現象学者サルトルの一節を引用（「」内がサルトルの言説である）しながら、ことばの機能は事物の分節化にあると論じている。著書『意識と本質』[井筒 91]から引用してみる。

> “「ついさっき私は公園にいた」とサルトルは語り出す。「マロニエの根はちょうどベンチの下のところで深く大地につき刺さっていた。それが根というものだということは、もはやわたしの意識には全然なかった。あらゆる語は消え失せていた。そしてそれと同時に、事物の意義も、その使い方も、またそれらの事物の表面に人間が引いた弱い符牒の線も。背を丸め気味に、頭を垂れ、たった独りで私は、全く生のままのその黒々とした節くれ立った、恐ろしい塊に面と向かって坐っていた。」
>
> 絶対無分節の「存在」と、それの表面に、コトバの意味を手がかりにして、か細い分節線を縦横に引いて事物、つまり存在者、を作り出して行く人間意識の働きとの関係をこれほど見事に形象化した文章を私は他に知らない。”（p.11）

ことばで表現することなしに身体システムで眼前の事物に相対するとき、「ちょうどベンチの下のところで深く大地につき刺さっていた」や「全く生のままのその黒々とした節くれ立った、恐ろしい塊」と表現される（ことば以前の）その存在自体にサルトルはむきあっていた。しかし、「根」、「深く突き刺さっていた」、「黒々とした」、「節くれ立った」、「恐ろしい」、「塊」ということばでその存在を表現したとき、サルトルは、そのことば群では表現できない「他の何か」とは区別してその存在を意識している。つまり、ことばは事物を分節化する機能をもつということである。ひとつひとつのことばは、ことば以前には「絶対無分節」であった存在に「か細い分節線」を引くことを意味し、そういった線の集まりをもってその存在が有する特性をあぶりだす（井筒氏のことばによれば「存在者を作り出していく」）ことがことばシステムの機能であると、井筒氏は論じている。

フッサールの現象学も異口同音に論じる。現象学では「現出」と「現出者」という二つの概念を区別する［谷 02］。現出とは身体が事物を**現前にして感覚していること**（たとえば、網膜に写っている映像そのもの）を指す概念である。夕焼けに染まる富士山の頂の雪の色は、赤色あるいは黄色の「波長の光」で我々の網膜に映る。その像が「現出」である。一方、現出者とはその現出がその本人にとって**意味するものごと**である。富士山の頂の雪が「白い」と映ったならば、それが現出者である。さらに言えば、「雪」や「富士山」も現出者である。心理学の言葉で表現すると、現出に相当するのが身体の感覚器から入力される「感覚信号」、現出者に相当するのが「知覚」であろう。

現象学ではひとの知能は現出を突破して現出者に向かう意識の働きを有すると論じ（たとえば [McIntyre, Smith 89]）、その働きのことを志向性（intentionality）と呼ぶ。「突破して」の意味は「意識せずに」である。志向性とことばの分節機能は関係があると私は解釈している。志向する先は、ことば群の各々か細い分節線の集まりで以て焦点化した、事物の特性の集合である。

ゲシュタルト

身体システムが「絶対無分節」の存在そのものにむきあうとはどういうことだろうか。その存在が有する個々の特性に着目するのではなく、「全体として」存在を味わうということだろうか。英語で表現するならば holistic view である。もう少し掘り下げてみよう。

20 世期初頭に生まれたゲシュタルト心理学が問うた学説は、「絶対無分節」の存在そのものにむきあうことに大いに関係すると私は解釈している。心理学のこの一派はひとの知覚の性質について幾つかの原則を掲げた [コフカ 98]。本章ではグルーピングの認識にまつわる代表的な原則を 2 つ例に挙げる。

- Law of similarity：属性が似ているものをグループだと認識する
- Law of proximity：近くにあるものはグループだと認識する

図 6.1(a) には三角が 3 つと丸が 3 つ描かれている。三角 3 つを囲む点線と丸 3 つを囲む点線も描かれているが、私たちの眼前には点線は存在せず 6 つの形だけを見ているとしよう。しかしながら、私たちは普通、丸い形 3 つで一つのグループ、三角の形 3 つで一つのグループという認識（点線のようなグループ認識）を脳内で勝手につくりあげてしまう。属性（この事例では「形」）が似ているものを

グループとみなすという知覚の性質が Laws of similarity である。

同様に、近くにあるものをグループとみなすのが、Laws of proximity である。図 6.1(b) に示す一直線に並んだ４つの丸のあいだの距離をみてみると、左２つの間の距離、右２つの間の距離が、中央２つの間の距離よりも若干小さい。この微妙の距離の差異が図の点線のようなグルーピング認識を生み出す。

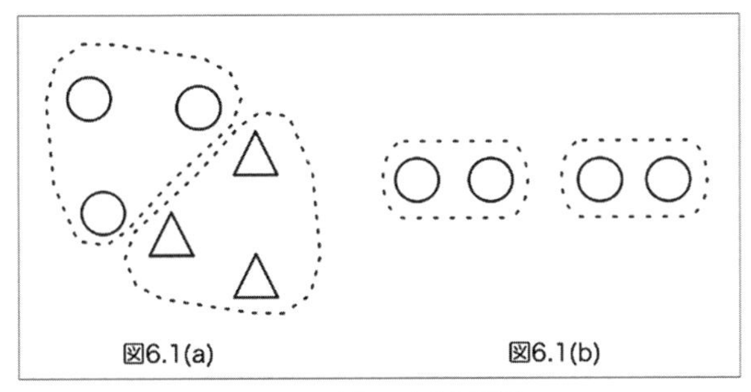

図 6.1　ゲシュタルト原則

グルーピングという知覚は、個々の詳細な性質の集まりを俯瞰して総体としての構造をみようとする大局的視点（holistic view）の一種である。ゲシュタルトとは、総体としての構造のことを指すことばである。私たちの脳は、現出としては存在しない２つの点線が示唆する全体構造（ゲシュタルト）を勝手につくりあげ、大局的にものごとを把握しようとする。

音楽の分野でゲシュタルトの最たるものはメロディであろう。物理的に存在する現出は、時間軸方向に連続して出現する個々の音（ひとつの音は pitch、velocity、tone、articulation、volume など多種類の属性を有する）である。いま一つの音が鳴っているとき、それ以前の音は既に鳴っていない。しかし私たちの脳は直前に鳴った幾つかの音の列といま鳴っている音を保持し、この直後に鳴る音を予測し、それぞれの音の属性からなる全体性を捉え、時間軸に沿った流れやパタンや塊（グループ）を感じる。それがメロディである。グルーピング認識における点線が示す構造と同様に、メロディなるものは物理的には存在しない(現象学のことばでいえば、「現出しない」)。それは私たちの脳が作り出すゲシュタルトである。

ゲシュタルトという大局的な構造の認識自体は、現前の存在に「構造」を見出している（あるいは身体で感じている)時点で、もはや「絶対無分節」のものとして相対してはいない。しかし、ことばシステムほど特定の性質に焦点化して（他の性質には意識を当てずに）存在を捉えているわけではない。ゲシュタルトは、特定の性質への焦点化と絶対無分節のあいだの中間的な認識ではないかと私は考えている。

ものごとへの心身のむきあいかた3種類

現象学が論じるように、ひとの意識はすぐ現出を突破してそれらの特性に向かうので、各々のことばが表現する前の存在そのものがどのような現出を醸し出していたかは、つい意識の蚊帳の外になる。ことばシステムがそういう機能（特質といってよいかもしれない）をもっているから、当然そうなる。

しかしながら、忘れるべきでないのは、ことばシステムが（つまり心が）その機能を以て現前のものごとにむきあっているときも、それと同時並行で身体システムは（つまり身は）全く異なる方法でものごとにむきあっているということである。身のむきあいかたは2つある。ひとつは、現前の「絶対無分節」の存在の現出に身体を対峙させることであろう。もうひとつは、ことばシステムによって焦点化した個々の特性には明確な意識は向けないものの、それらが織りなす全体構造（ゲシュタルト）を大局的に感じ取ろうとするむきあい方である。後で詳しく論じるように、からだメタ認知メソッドで重要な「体感や知覚への持続的留意」は、身体システムの二つのむきあい方を共に必要とすると私は考えている。

このように心身は3種類のやりかたを併用してものごとにむきあうのではないか。それが最近私が抱いている仮説である。その3つを整理して列挙しておく。

- 絶対無分節の存在として対峙する（身体システムの第一のむきあい方）
- 多種多様な側面に着眼し、焦点化する（ことばシステムのむきあい方）
- 個々の側面が織りなす全体性（ゲシュタルト）を感受する（身体システムの第二のむきあい方）

からだメタ認知のプロセス：体感や知覚への留意

からだメタ認知は、ものごとに心身がむきあう３つの方法が相補的な役割を果たしながら身体とことばを変容させるメソッドである。以下に詳細に論じる。まず、からだメタ認知の言説を要素分解してみよう。

- 体感や知覚という曖昧模糊なる存在に留意しながら、
- それをことばで表現し、体感や知覚とことばを紐づけておくことを通して、体感や知覚への留意を持続させ、
- それらの微妙なる差異に気づき、体感・知覚・ことばの取捨選択を進め、
- ひいては、体感や知覚、そしてことばの両方を変容させる。つまり、外界の見方とそれに対する心身のむきあい方を変える。

下線部分が特に重要である。ひとつずつ解説する。

体感や知覚は、身体の特定部位や特定感覚器官だけで生じることではない。数多くの身体部位が関与し、マルチモーダルな感覚入力を礎にして、身体全体で成立するものであることを鑑みると、体感や知覚の存在に気づくことは身体システムのなせる業である。絶対無分節の存在としてものごとに対峙するという身体システムの第一のむきあい方が、いまだことばになり得ていない何らかの存在や違和感にふと気づかせてくれる。ことばを用いるから体感や知覚の存在に気づくのではない。身が気づくのである。

私は学びの研究者として、常々、違和感がすべての始まりであると主張してきた。拙著［諏訪，藤井 15］では、ひとが学びの過程で、違和感、疑問、問題点の発見、仮説、意図、目標など多種多様な思考を巡らせると論じている。これらの思考の種類は、どれくらい明確にことばで表現できるかの順に並んでいる。違和感が最もことばになりにくく、その意味で身体の生の感じ方に近く、より原初的である。

身体システムがものごとに絶対無分節の存在として対峙するからこそ、（それまでにことばシステムが為してきたことに左右されず）、新しい違和感に気づくことができる。そして、違和感を通じて（良かれ悪かれ）これまで経験したことのない体感や知覚の存在に身がふと留意するのだ。

からだメタ認知のプロセス：ことばで表現する試みと試行錯誤

身が真新しい体感や知覚の存在に気づくと、ことばシステムが働き始める。どんな体感や知覚であるのか、どのような側面や性質を有しているのかを分析しようと、ぽつぽつとことばで表現をしはじめる。ことばは、最初は少量であっても、次第に増え、連鎖的に誕生するものである。外的表象化理論についての解説（第4章）のなかで「ことばはことばを生む」と論じた現象である。しかし、すべてを分析し尽くすことはできない。ある程度の量のことば群が出現すると、当該の体感や知覚が有する側面や性質が少し顕わになる

体感や知覚の側面や性質をことばで表現することは、体感や知覚をことばと紐づけること[2)]でもある。体感や知覚はとかく流れ去りやすい。外界の環境は目まぐるしく変化するし、身体も（体調を含めて）変容しやすい。したがって、ことばという捕捉しやすいメディアと紐づけておくと、初めて経験した体感や知覚への留意を持続的に保有することが可能になる。

ことばの分節化機能により多種多様な側面や性質が顕在化してくると、状況は一気に複雑になる。外的表象化理論で解説したように、互いに関係づけられる側面や性質もあれば、互いに矛盾すると思えることもある。関係があるのかないのか、まるで判別できないこともある。果たしてどの側面や性質が自身にとって正解なのか。ある側面や性質は是が非でも留意を継続すべきもので、別の側面や性質は捨ててもよいものなのか。五里霧中の心境になる。ボウリングの研究事例を思い出してほしい。ことばの詳細度が増しあれこれ試行錯誤が続くがなかなかパフォーマンスは好転しないという第1期（第4章を参照）が、まさにこのフェーズに該当する。

からだメタ認知のプロセス：多様なるゲシュタルト感受

この苦境を打開してくれるのが、「個々の側面が織りなす全体性（ゲシュタルト）を感受する」という身体システムの第二のむきあい方である。より正確に言うと、ことばが焦点化した各々の側面に紐づけられた（身体システム内の）各々の体感

2)　身体システムとことばシステムという異なるシステムのあいだに、マッピングの関係線を多数出現させるという図を想像するとよい。

や知覚が織りなす全体性(ゲシュタルト)を身が感受するのである[3)]。心(ことば)が焦点化した側面や性質が多種類蓄積してくると、身はそれらに対応する体感の全体性（ゲシュタルト）を感受してみようとするのだ。ことばで個々の側面や性質を精細に捉えるのはよいのだが、そのままではその多種多様さに翻弄され溺れそうになる。しかし、それらに対応する体感の全体性を身が捉えようとすることで、ことばシステムの働きも活かしながら、今度は身体システムが「私の出番だ」とばかりに一役を担う。心身がそれぞれの領域で協調して働くことにより、効用が生まれる。

例を挙げる。拙著［諏訪 16a］で紹介した私自身のエピソード（年齢を重ねてようやく、インコースの球を上手く捌く身体知を学んだこと)に言及する。インコースを打つスキルを模索している時、スイングの開始時に右肘を体幹の近くにぐっと入れることと、左足でしっかりと踏み込むことが重要であると考えていた。つまり、私の心身は二つのことば群で表現した二つの体感への留意を保持していた。ちなみに、インコースを打つことに関与しそうな留意事項は、この二つだけではなく他にもたくさんあった。

そのとき私の認知に起こったできごとは、この二つの体感の全体性の感受だった。それまでは両者の関係をほとんど考えていなかったのだが、ある日のバッティング練習で、右肘を体幹の近くにぐっと入れる体感と左足でしっかりと踏み込む体感が酷似していることにふと気づいたのだ。異なる身体部位がなす動きについてことば表現を通じて強く意識し、それらのことばに紐づけられた異なる体感同士に、私の身体システムが無理なく全体性（ゲシュタルト）を感じたという雄弁な事例ではないだろうか。

異なる側面や性質（この事例の場合、身体部位の動き）に紐づけられた複数の体感や知覚のうち、任意の組み合わせに対して必ずしも全体性を感じられるわけではない。互いに相容れなくて、全体性を感じようとするとぎこちなく感じる組み合わせも多々あるだろう。上記の２つ（右肘を入れる体感と左足を踏み込む体感）以外にも多くの留意事項が存在した中で、私の身体システムは、とにもかくにもこの二つの全体性（ゲシュタルト）を感受した。この二つのどちらかと他の留意事項の全体性の感受も試みたがうまくいかなかったのか、試みもしなかっ

3）各々のことばの全体性ではないことに注意。あくまでも身体システム内でなされることである。

たのかは判然としないのだが。

ゲシュタルトを感受するという身体システムの働きは、ことばシステムが見出した異なる側面や性質が同一であるか、差異はあるが似ているのか、それとも全く異なるか、異なる場合に互いに相容れるか否か、統合できるか否かを判断するためのものなのだろう。

ことばシステムだけでその判断を十全に行うことはできない。もちろん、異なることばが表現する側面や性質が互いに関係づくかどうかは、理論的に、あるいは身体のフィジオロジーの観点から推論することはできる。しかし、生きていく上で必須なのは、新たな状況におかれたときに新たな身体知を得ることである。これまでに解明された理論や知識がなくても、ゲシュタルトの感受を身体システムが行うことはできる。なぜならば、身体は自身にとって何が自然であるのかを本能的に「悟っている」からである。ひとの身体はそのようにできている。

ゲシュタルト感受のプロセスを繰り返し行うことによって、私たちの身体は、ことばシステムが獲得した多種多様な側面や性質がもたらす体感や知覚の微妙な差異を感得し、足したり、引いたり、統合したりしながら、ものごと（外界環境からの知覚と、身体の振る舞いとそれがもたらす体感）の相容れる組み合わせを見出し、その全体性（ゲシュタルト）を手に入れる。

このフェーズに至ったとき、ひとは、ボウリングの研究で論じたような「包括的シンボル」を獲得するのではないか。私の直近の[4]バッティングの包括的シンボルは「肩甲骨を左右入れ替えることを主導原理として、スイングの始動からフォロースルーまでのすべてを行う」である。これは、ことばシステム内に私が出現させたシンボルである。このとき身体システム内には、このシンボルに紐づけられたゲシュタルトが存在していたのだろう。図2.1のからだメタ認知日記に登場する「肩甲骨が腹部から離脱して独立に浮いているような」や、図2.2に登場する「肩甲骨に涼しい空気が漂い」は、私の身体が感受しているゲシュタルトを表現することばである。

ことばシステムが新しい側面や性質を焦点化するたびに、身体システムは、それを含めて新旧の側面や性質に対応する体感のゲシュタルトを感受してみようとする。その繰り返しによって、ひとは身体環境モデルを模索しながら、それを身

4）第2章で紹介したように2019年春にそのシンボルを得た。

体に実践させる包括的シンボルの体得も目指す。

からだメタ認知：ゲシュタルトを念頭に抱きつつ、身体で対峙し新しい違和感の発掘へ

新しい包括的シンボルとそれに対応するゲシュタルトを手に入れると、ボウリングの研究で論じたように、ことばが大雑把なフェーズに入る。ことばシステムの活動は控えめになり、身体システムが優位になる。身体システムは、そのゲシュタルトを主導原理として身体を処すとともに、第一のむきあい方である「絶対無分節」の存在としてものごとに対峙する。

新しいゲシュタルトの体得は、「絶対無分節」の意識で対峙するしかたにも大きな影響を及ぼすはずである。当該ゲシュタルトを体得する前とは異なる新しい対峙の仕方が、無意識のうちに編み出されているはずである。だからこそ、そのレベルの身体知を体得したが故に気づくことができる体感や知覚、そしてときには、これまで経験したことのない違和感に遭遇するのである。そこからまた身体知を模索する旅が始まる。違和感の感得がすべての始まりである。

心身のものごとへの３つのむきあい方をどれかに偏ることなく併用すれば、それぞれの力を最大限に発揮しながら、他の足らないところを補い、身体知の学びのサイクルは軽やかに回る。身体システムが優位なフェーズもあれば、ことばシステムが優位なフェーズもあり、また両者が同時並行で活性化するフェーズもある。

身体あるいはことばに偏ると何が起こるか

ものごとへのむきあい方が３つのうちのどれかに偏ると、身体知の学びはうまく進展しない。たとえば、ことばシステムだけを過度に駆使すると、ことばで表現できたことだけが正解であるというマインドに陥るであろう。それは明らかな固定観念であり、いまだ顕在化していない側面や性質への気づきの機会が奪われる。身体システムの第一のむきあい方の欠如である。さらに、ことばで表現した側面や性質を頭で理解しているだけに終わる。たとえ身体環境モデルの理解に至ったとしても、ゲシュタルトの感受へと進展しないため、そのモデルを身体で実践するには至らない。

一方、身体システムだけに頼ると、ものごとが内包する側面や性質への意識の志向や焦点化が少なくなる。自身が一体何をやっているのか、どこに向かっているのかの意識をほとんどもたずに、ただただ身体全体の感覚のみで歩むことになる。ひとは、違和感、疑問、問題点の発見、仮説、意図、目標など多種多様な思考を巡らせながら—俗に言う「ものごとをしっかり考えながら」とはこれらの思考を意味する—学ぶものであると先に説いた。身体システムだけでは、その思考のメリットを活用できない。パフォーマンスが向上したり急に悪化したりしても、なぜそうなったのか、何が問題なのか、どう対策すればよいのか、一切指針が立たない。

さらに、身体システムの第二のむきあい方である「ゲシュタルトの感受」の機能も使えなくなる。この機能は、あらかじめことばシステムの働きによって複数の側面や性質が浮上していることと、そのことばたちが紐づいている複数の体感への留意があることが前提で働く。身体システムだけに頼ると、相容れない複数の体感が共存しているとき、どれとどれは互いに似ているか、差異があるか、統合できるかといった緻密な模索が生じないであろう。畢竟(ひっきょう)、ただ無闇に身体だけでものごとにむきあうことになる[5)]。環境の変化や身体の変化に流されやすく、流されていることにさえ気づけないだろう。

身体とことばの統合：分析と俯瞰の往還

身体は、ものごとを絶対無分節の存在としてまるごと、あるいは個々の要素の総体としての全体性を捉えようとする。一方ことばは、ものごとが内包する詳細な側面や性質を暴こうとする。互いに相容れない別種のシステムであるが、からだメタ認知は両者の機能を併用・統合するメソッドであると私は考えている。

「木を見て森を見ない」ということわざは、詳細な（あるいは近視眼的な）分析に偏ると全体的な俯瞰が疎かになることへの警鐘である。ことばシステムはものごとの側面や性質を焦点化し分析的にみつめるのに対し、身体システムは二種類のむきあい方を駆使して、焦点化にいたるお膳立てをしたり、焦点化したことの全体性を俯瞰的にみつめる。ことばシステムの働きが「木を見る」ことに相当し、

5)　一野球ファンとして、私は故野村克也氏の持論［野村 09］に大いなる共感を抱いてきた。ID 野球（考えてプレーをせよという教え）の意味はここにあると考えている。

身体システムの働きが「森を見る」ことに相当する。つまり、からだメタ認知メソッドは心身をうまく併用し、分析と俯瞰の往還をもたらすこと、そうやって「木も森もともに見る」ことを目論むものである。

その分析と俯瞰の往還プロセスを、最後に箇条書きでまとめておく。

- 絶対無分節の存在としてものごとに対峙する（身体システムの機能その 1）
- 違和感を媒介して、真新しい体感や知覚の存在にふと気づく
- 留意することになった体感や知覚をなんとかことばで表現しようと試みる（ことばシステムの機能）
- ことばシステムが顕在化した側面や性質と元々の体感や知覚のマッピングを保持することにより、体感や知覚への留意を保持する
- 顕在化された側面や性質にマッピングされた複数の体感や知覚の全体性（ゲシュタルト）を感受する
- 体感や知覚の類似、差異、矛盾、統合可能性を身体で感受する（身体システムの機能その 2）
- 体感や知覚、およびことばの取捨選択を経て、相容れるゲシュタルトを以てものごとに相対する（身体システム、ことばシステムを共に駆使）
- 絶対無分節の存在としてものごとに対峙するしかたが、ゲシュタルトに影響を受ける（上に戻る）

第 2 部

第 7 章

実践研究事例その 1：カフェの居心地を探る

居心地探究は一人称研究の出番

本章では居心地に関する一人称研究を紹介する。居心地というワードからすぐ連想が及ぶのは自宅の部屋やリビングルームかもしれない。テレビ、テーブル、ソファや椅子、その他家具の配置や向きをある意図を持って整える。「ある意図」の典型としては、まず機能面や動線の効率性への配慮がある。それに加え、あまり意識に上らないが重要なこととして「居心地」があるはずだ。毎日過ごす場所だけに私たちは、心身にとって居心地が良いようにものの配置や向きを決めている。居心地は暗黙性の高い認知なので意識や記憶には残らないのだが。

居心地を感じる場所は自宅だけではない。街を歩いているとき、電車のなか、あるいは公共の建築空間で、私たちは居心地を感じる。ふと佇むほんのひとときから、ある機能をもった空間で目的を持って過ごすときまで、生きる上で常に私たちの心身は居心地を感じ取り、より快適に過ごせるように調整・制御している。

どんな空間に対して、どんなものに影響されて、居心地が良い／悪いと感じるのか。ひとそれぞれの感性や人生背景に依存し、個人固有性の強い身体感覚である。客観性や普遍性を重んじる「科学的研究」は個人的色彩の強いものごとは研究対象にならないとみなすからだろうか、「居心地」が認知科学や心理学で研究対象になった事例を私はあまり知らない。しかし、これほど常にそして多岐にわたるシチュエーションで心身が感じている「居心地」という認知は十分探究の価値があるはずである。居心地を探究すれば、よりよく生きるための根源的な知の姿が表れてくるはずである。一人称研究の出番である。

居心地の研究の概要

カフェに入ってゆっくりとお茶を愉しむとき、誰しも居心地の良い席に座りたいと考える。私は昔からカフェが好きだった。勉強や読書の目的だけではなく、馴染みの雰囲気に浸りたい、あるいは目新しい雰囲気に浸りたくてカフェ巡りをしてきた。居心地を研究対象にしはじめてからは、カフェは生活の場でもあり研究の場にもなった。本書の第３部で論じることになるが、一人称研究の醍醐味は生活に潜む身体知の姿を探究することにあり、さらに言えば、探究することが(研究対象である)身体知を変容させる(それは生活の中で学ぶということである)という構成的性質を帯びることにある。カフェ空間は私にとってそういう場になった。

2017年から始まった広告制作会社との共同研究をきっかけにして、およそ週一回の頻度でカフェを巡り、(主に写真日記の手法を駆使した)からだメタ認知メソッドにより、個々のカフェの居心地について記述を蓄積してきた。この一人称研究は、からだメタ認知日記の記述を基に私の心身がカフェ空間の何に着眼し、何を感じとり、感じ取ったことを基にどんな解釈や妄想をして、居心地を愉しんでいるのかを分析したものである。その結果、カフェ空間での愉しみ方に幾つかのパタンがあるという、私自身の知の姿が見えてきた。あくまでも「私の愉しみ方」であって、普遍的な知の姿であると豪語するつもりはない。研究を始める前はカフェの何を愉しんでいるのかを尋ねられてもあまりことばで表現できなかったが、今の私は自身の居心地の正体をより明確に表現できている。

カフェは公共空間なので常に思い通りの席に座れるとは限らない。馴染みのカフェについて「あの席に座ったときにこういう風景[1)]が右眼前に広がるのが心地よいのだ」と知っていても、その席は既に埋まっていることもある。他の客の位置や密度によっては、右眼前に広がる風景はその日は心地よくないこともある。そこで、私はカフェに着くやいなや、先客が座る位置に応じてどこに陣取るとどんな風景になるのかを瞬時にシミュレーションし、最も居心地が良さそうな席に

1) 「風景」とは、カフェの外に広がる街の様子や自然だけを意味する言葉ではない。カフェの席の配置、席と席の間のスペース、置いてある調度品や観葉植物、客の埋まり具合のすべてが醸し出す「空間の見え方」のことをここでは「風景」と呼ぶ。

座ることにしている[2)]。実際に席についてみると、シミュレーションがほぼ正しかったと思うこともあれば、想定外の要因を発見することもある。新しく見つけた要因が居心地に悪影響を与えることもあるし、想定外の良さをもたらすこともある。カフェに滞在している間にも客は入れ替わるので、それに応じて途中で居心地が大きく変容することも大いにあり得る。

居心地の認知とは、学問的にはどのようなものごととして捉えればよいだろうか。ひとが佇む空間には、身体を取り囲むように多種多様なものが存在する。カフェの場合、席の配置、席と席の間のスペースの広さ、テーブル・椅子や調度品の形や色や大きさ、観葉植物の位置と大きさ、他の客の座る位置と局所局所の密度、話し声の大きさや話す内容、客の視線（通路を歩く客も含む）と自身の視線の交わり、従業員スペースと席の位置関係や距離、従業員の視点と自身の視線の交わり、従業員スペースでの調理音や話し声、窓の外にある様々なものやひとの動きなど、枚挙にいとまがない。必ずしも、身体を取り囲むもの・ひとの存在、その性質、それら相互の位置関係のすべてに着眼できるわけではない。着眼するに至った一部のものごとに、ひとは自分なりの解釈を与え、意味･価値を付与し、自覚する。自覚はできないものごとも、身体が無意識に感じることを通して、その総体から圧迫感を感じたり逆に爽快感や面白みを感じたりすることもある。居心地の認知とは、着眼・知覚・意味解釈の総体からなる価値判断である。

状況依存性と居心地

居心地を研究対象にすることが面白いと考える理由のひとつは、身を取り囲む環境が少し変わるだけで、あるいは自身の身体のあり方（たとえば座る向き）を少し制御したり変えたりするだけで居心地が劇的に変わることである。第1章で言及した「状況依存性」という認知科学概念（[Clancey 97] に詳しい）を思い出してほしい。居心地はまさに状況依存的なのである。身の周りの多種多様なものの存在、性質、相互の位置関係がほんの少し変わるだけで、それまで成り立っていた「総体」が一挙に崩れ、私たちの着眼・知覚・意味解釈も変わり、居心地が

2)　社会性の観点から、時間的余裕がほとんどないなかでのシミュレーションなので、必ずしも成功するとは限らない。居心地をからだメタ認知メソッドにより記述し、自覚する生活習慣をつけるという研究の継続によって、成功の確率が向上してきた感覚はある（残念ながらデータは取っていないが）。

変容する。

状況依存性の典型例として、私がカフェで過ごしているときの「意識の置き所」について説明する。これは、本章の一人称研究から導かれた「カフェの愉しみ方」の主要パタン[3]のひとつである。カフェに佇むとき、仕事をするでも本を読むでもなく、ぼおっと眼前に広がる空間を眺めていることがある。そんなときにふと気づくと、従業員スペースと客席の境界のカウンターの上に並べられた食器や食材（珈琲豆やパンなど）になにげなく視線を留めていたりする。そうかと思えば、天井からぶら下がるライトの列をみやったり、窓から見える表通りの人や車の動きに目を留めていたりする。眼前に広がる空間のなかに複数の「意識の置き所」を見出すと時間が経つのも忘れ、落ち着いて佇み続けることができる。ものやひとを注視しその特徴を分析しているのではない。それらの存在にただ意識を留めているだけである。私は「意識の置き所」が複数あると落ち着くようだ[4]。

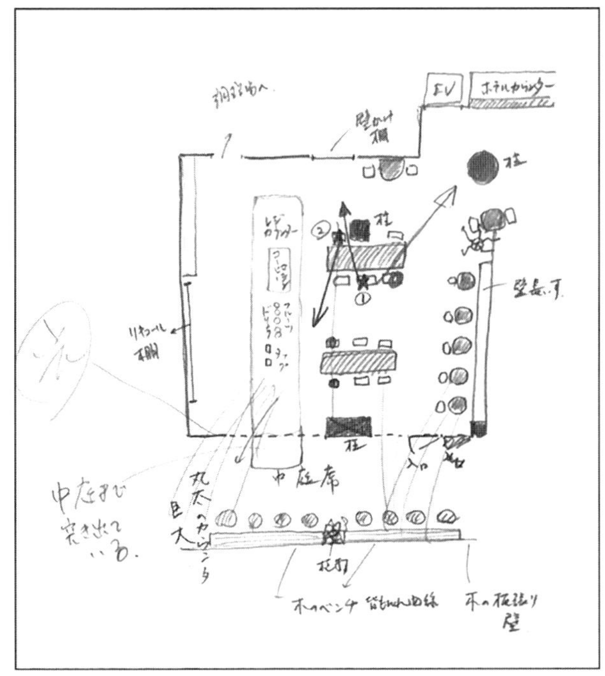

図 7.1　カフェの平面図（手描きスケッチ）

3）主要パタンを詳しく紹介することがこの章の目的である。
4）本章の後半にこの研究の成果として「意識の置き所」という概念も登場する。

大学のキャンパスがある市の主要駅から徒歩数分のカフェで記録したからだメタ認知記述から、「意識の置き所」にまつわる状況依存性の事例を紹介する。巨大な丸太を横倒しにして上面を平らに切り取る加工を施したものをカウンターとして活用した自然派のカフェである。その丸太カウンターはなんと床から天井まであるガラス窓を貫き、細長い中庭席まで突き出ている。図7.1は、店内に存在するものや居合わせた客の位置を手早く描いた平面図スケッチである。丸太が突き出る様子も描かれている。私は②の位置に陣取り、右斜め前に中庭まで突き出た丸太カウンターをみやっていた。私のテーブルより窓際にもう一つテーブル[5)]があり、私からみて右端2つの席に女性が向き合って陣取っていた（図では2名の座席位置を黒く塗りつぶしてある）。

午後の太陽が丸太カウンターの中ほどまで差し込んでいる。丸太に陽が当たることで、重量感溢れるはずの丸太に軽ささえ感じられる。丸太が中庭に突き出ていること、陽が丸太の奥行き方向に沿って忍び込んでいることから、中にいても外とつながっている感がする。その感覚を記述した日記部分を抜粋して図7.2に掲載する。

中略以降をご覧いただきたい。陽の光がもたらす軽さと外界とのつながり感を愉しんでいたのに、あろうことか店員が軒下に設置された布製のキャノピーを出してしまった。陽が差し込まなくなり急に居心地が変わった。すると、図7.2の最後のパラグラフにあるように、窓際の2名の女性の存在が急に私の居心地に障り出した。

光が入り込んでいるときは逆光で顔が見えないため、先方の視線を感じることなく、その2名の方たちは私にとって「存在を感じる空間の重石」だった。「空間の重石」とは「意識の置き所」を意味する。この空間のなかに私は、カウンター上に並ぶコーヒーマシン、生ビールのタップ、丸太、中庭席のテーブル（それも丸太製）など複数の「意識の置き所」を既に見出していた。2名の方もそのひとつに仕立てていたのだ。

差し込む光がなくなったことの影響は、「意識の置き所」をひとつ失うに留まらなかった。光は丸太カウンターに沿って外界を連れこんでくれる媒体であり、私の意識を外界に連れ出すきっかけでもあり、居合わせる客を「意識の置き所」に

5）中心に位置するこの2つのテーブルは、バーでよく見かけるテーブルトップが高いものであり、高椅子に座るデザインである。いずれも6人がけである。

2017年12月29日
（日記の中盤から抜粋）
中庭の前の高い塀と観葉植物の上から差し込む（そちらが南側）光が、丸太カウンターの上に奥行き方向に忍び寄っている（真ん中くらいまで）。僕の目には光は入らないが、光が空間の一部に入り込み支配していることが実に楽しい。丸太に光が当たることで、本当は重量感がある丸太が軽さを生み、また自然の中に放置されている感覚を醸し出す。ガラス窓を貫いているので視線を中庭に誘導する役割も果たすし、外からの光を導き入れる存在でもある。この貫通がカフェの全てを支配しているのだ。豊かな自然の中に、コンクリートの構造でこじんまりした容れ物をつくり、近くの森から全てを切り出して造られたカフェであるかのようだ。

（中略）

壁際の席が眩しいからだろうか、いま店員が、中庭席の上に設置された手動式キャンバス布のキャノピー屋根を出し、せっかくの午後の太陽光が差し込まなくなった。圧倒的に雰囲気が変わる。閉鎖的になる。店内が全体的に木の濃い色に沈む。光が当たっていたときは丸太を始めとする全ての木が白く見えていて、快活で爽やかな雰囲気が空間を満たしていた。それが一切なくなって別世界に変身。

窓際の高テーブルに座る2人組の女性の存在が急に気になりだした。今までは光が来る方向に彼女たちが座っていたため、逆光で顔が見えず視線を感じなかった。単にそこに存在を感じる空間の重石だったのに、急に時に僕に注意を払ってくる人間が出現した。

図 7.2　からだメタ認知日記（一部抜粋）

仕立て、気を遣わずに済む状況をつくりだす要因でもあった。光というワンピースが欠けただけで私の視線と他客の視線が交わる状況が生まれ、さらに空間の軽さや外界とのつながりも失せたのである。たかがワンピースであるが、私の居心地の屋台骨であったようだ。骨を失い、それに依拠していた関係性が一挙に崩れた。ものごとが多くの要因の関係性で成立しているとき、どこかが欠けると影響は全体に及び全体が崩れることはままある。このとき光を失い、その現象が生じた。

「意識の置き所」をもって視線と意識を眼前の空間の様々なスポットに彷徨わせることが、私の愉しみ方のパタンのひとつであった。そういう認知がいかに多種多様なものごとの微妙なバランスと関係性の上に成り立っているかが如実にわかる事例である。光というほんの些細なワンピースがなくなるまでは居心地が急変するなどとは想像していなかった。しかし、それがなくなった途端、世界の感じ方と私の居かたが劇的に変容したことを私の認知は捉えた。

- 小さな要因の欠如や出現で、総体としての認知は想定外の変容に晒されるということ
- それが生じると認知は確実にその変容を察知するということ

この2つが「状況依存性」という概念の肝である。身の回りの環境や状況は常に揺れ動くものである。一寸先は闇。ほんの些細なことが変わるだけで想定外の現象が生じる。ひとの認知はそれを確実に捉える。外界の環境や状況はほぼ無限の変数から成り立っているが、それらすべてをひとの認知が意識することは不可能であることに状況依存性の源がある。しかし、偶発的あるいは外的な要因（今回の場合は、従業員が屋根を出すという不可抗力的なできごと）によって、それまで意識が及ばなかったことが留意対象になり世界との関わりが変わるのである。

状況依存性がある限りひとの認知はモデル化できない。しかしながら、人生を生きるありとあらゆるシチュエーションで身体が認知する「居心地」が状況依存的な現象の宝庫であるとするならば、認知科学にとって居心地は状況依存的な知の姿を探究するための格好の題材ではないか。

研究ステップその1：基礎データの収集

前置きが長くなったが、居心地の一人称研究の内容を紹介する。

身の回りに存在するモノやその性質、そして相互の関係性のなかから何かに着眼し、知覚し、意味や解釈を与え、何かに思いを馳せることの総体が居心地という認知を生むのであるならば、その認知の一端を知る基礎データの取得にはからだメタ認知メソッドが最適である。そしてことばの表出を促す手法として「写真日記」が適している。「事実記述」は身の回りに存在するモノ、その性質、相互の関係性への着眼を自覚することに、「解釈記述」は知覚したことにどんな解釈を与え、どんな意味を付与したかを振り返りながら記述することに、そして「経験（妄想）記述」は、そこから思いを馳せたことがらを記述することに、各々うってつけである。

本研究の実践期間は2017年10月から2018年2月までの5ヶ月である。イ

ンターネットで調べて気になったり、他者から聞いて興味を惹かれたりしたカフェに赴き、小一時間お茶を飲みながらゆったりと佇み、空間の写真撮影[6]をしたり、空間の平面図や座席位置からのパース図を手描きでスケッチしたりしたのち、写真日記の手法で居心地にまつわるものごとをできるだけたくさん記述した。パース図あるいはラフな平面図のスケッチに際しては、必ずしも建築家が描くような正確なスケッチを意図したわけではない。不正確でも描くてもよいからささっとスケッチを描くことが、事実記述を中心とする日記記述へのアンテナ力を高めると目論んでのことである。第4章で論じた外的表象化の効果である。

この5ヶ月で精力的にのべ23のカフェ[7]を訪れ、居心地を写真日記手法で記述した。あるひとつのカフェに再訪したのは、最初に訪れたときに感じた問題意識に基づいて、空いた時間帯に自由に席を選んで居心地を試したかったからである。4日後に再訪した。

5ヶ月期間の当初は、事実／解釈／経験の3種類の記述欄を分けて書く方法で執筆していたが、(第5章の説明で述べたように) 途中から3種類の記述を混在させて記録し、自身が書いている内容は3つのどれに該当するのかを自覚するために、事実記述には下線を、経験記述は色付けして書くという新しい手法に移行した。図7.2に示した記述は後者の手法によるものである[8]。

研究目的：空間での「居かた」(視点や価値観) の抽出

この研究の目的は、私がカフェで過ごすときの「愉しみ方」、あるいは (愉しむとまで明示的ではなくても)「居かた」のパタンを抽出することである。「居かた」は暗黙的な認知であり、カフェ空間に存在する様々な設えやその日の状況に着眼し、知覚し、解釈したり意味をつけたりして、ふと身体がそうしてしまっているという認知のパタンである。

「居かた」にも様々な種類が想定できる。先に図7.1、7.2で説明した具体事例の中にも、私の「居かた」の片鱗は随所に見られる。どんなものごとに留意するのか。ものごととは、視覚的、聴覚的、嗅覚的、触覚的など多岐にわたる。留意

6)　写真撮影は許可を得てからおこなった。
7)　意図的に再訪したカフェがひとつあったため、軒数は22軒である。
8)　経験記述の色付けはここでは省略している。

したことのうち私の心身は何を好み、何を嫌がるのか。留意したことから、生きている者としてどういうものごとに想いを馳せるのか。そのすべてが私の「居かた」を構成しているはずだ。「居かた」とは、より一般的にいうと、私の身体がカフェ空間で臨機応変に繰り出す「多様な視点」や「価値観」ということもできる。

「居かた」はいったい幾つくらいあるのか。私自身、研究をしなくてもパッと思い浮かび言語化できるパタンは数種類ある。しかし、より興味深いのは、暗黙的な居かたの一端を研究により顕在化させることである。私は最初からこの一人称研究が行き着く末を想像し、一生活者として興味津々だった。

どのように分析すれば空間に佇むときの「視点」や「価値観」が抽出できるかについて、前例となる研究はほとんど見当たらない。私が本質的であろうと思える手法を開拓しながら研究を進めた。研究である以上、システマティックな方法を選ぶことは言うまでもない。以下、私が開拓した手法と分析結果を解説する。

研究ステップその2：生タグの抽出

暗黙的なものごとの分析において心がけることは、ボトムアップな手法である。得られるであろう結果を想定しながら分析を行うと、暗黙知の一端を掘り起こせない。そこで私は、まず、基礎データのからだメタ認知日記の文章から、私がカフェで留意していること、気になっていること、解釈や意味を与えた内容、想いを馳せている内容とそのきっかけなど、「居かた」に関係するかもしれないと思える(私の) 視点、着眼した側面、価値観を表す箇所に、要約的な短文を付記することを分析の第一ステップとした。私は要約的短文を (多様な視点や価値観を示す)「生タグ」と称し、最終的にはうまく機能することになったこの手法を、**「生タグ抽出法」**と名付けることにした[9)]。

「生」という単語を使った意図は以下のとおりである。こうしてボトムアップに収集した要約的短文をKJ法［川喜田70］を駆使してボトムアップにまとめあげ、その過程で私の「居かた」(カフェ空間での視点や価値観) を示すタグを得ようという目論見がある。最終成果としてタグの基礎になるという意味で「生」である。図7.3は2017年10月29日に訪れたカフェでのメタ認知日記を基にして、生

9) 関連する調査手法にGTAがあるが、それとの本質的差異については第3部を参照していただきたい。

タグ（斜体太字の箇条書き）を抽出したものである。

図7.3の冒頭はほぼ事実記述（下線部分）であり、後半は主に解釈記述である。生タグは事実記述だけからも、事実・解釈・経験記述の合体からも抜き出す。たとえば、「従業員とカフェスペースを分ける大きなカウンター」は事実記述から抜き出した生タグである。カフェ空間でそういう空間的事実に、私が重要なものごととして着眼していることを示している。一方、「ランプの光の一つ一つがいくつもの小空間を作り出し、メリハリがある」や、「自由に意識を彷徨わせることができる空間が多様に存在する」は、解釈記述／経験記述[10]から要約した生タグである。この種の生タグには、文章の構成上、当然事実記述部分も入り込むことが多い。「ランプの光ひとつひとつが」は、複数個のランプが天井にあることを示す事実記述である。

今日も雨。ここのところ休日は雨ばかり。休日は午前から空いている、可愛らしい小さい本屋とその奥にカフェスペース。従業員とカフェスペースを分ける大きなカウンター。

- **従業員とカフェスペースを分ける大きなカウンター**
- **本屋とカフェスペース**

（中略）

客席は壁際の長椅子とその前の5席。カウンターも一応座るための高イスあり。一番本屋スペースに近い席を陣取る。右側に大きな柱があり、右手側が壁。パソコンに向かうためにテーブルに寄って姿勢を良くすると、本屋スペースが右目の端に映る。本屋スペースには客はほとんどいない。席に座った座高で、ちょうどカウンターテーブルよりも若干高い位置なので、カウンターのテーブルトップ面がかろうじて見える。

本屋スペースとカフェスペースの境界に近いところに陣取る

（中略）

カウンターの向こうの従業員スペースの大きな窓からの光が、客席には逆光になり、従業員の顔はあまり明確には見えない。従業員は作業のため、大抵下を向いている。

- **カウンターの向こうの窓からの逆光で、従業員の顔が見えず、プライバシーが守られる**

（中略）

それほど明るくない店内で6つの暖色系ランプがアクセントになる。全面が明るい光にさらされて一つのでっかい空間になることを拒んだ、デザイン空間である。ランプの光の一つ一つが空間にメリハリのあるエリアを作り出す。

（中略）

- **ランプの光の一つ一つがいくつもの小空間を作り出し、メリハリがある**

左隣の女性客もすぐいなくなった。再び左手空間に自由さが増し、カウンターから窓に至る全面の自由はいつまでも健在のまま、右手の本屋スペースは完全に我が物。左、前方、右側全てに、自由に意識を彷徨わせる空間を得て、タイプしながら色々な物事に思いをはせる完璧な空間が構成されている。

（中略）

- **自由に意識を彷徨わせることができる空間が多様に存在する**

（後略）

図7.3　生タグの抽出例（2017年10月29日の記述）

10）解釈記述／経験記述の区別はここでは重要ではないので省略する。

生タグ抽出の要約において重要なヒューリスティクスがある。要約なのでややもすると元の文章を少々一般化しがちになる。一般化のし過ぎを封印して、熱のある言葉やマニアックな言葉を残すことが肝要[11]である。一人称研究において重要なのは、現場に立ち会う本人ならではの一人称視点でのものごとの感じ方である。そもそも解釈記述や経験記述の狙いは、妄想もよしとするほど、自由に想像・空想を羽ばたかせその場で感じたことの記述を豊かにすることにある。元のからだメタ認知日記がそういう性質であるのに分析手法がその芽を摘んでしまっては元も子もない。

「居かた」の説明で登場した「視点や価値観」という文言には、社会的にすでに認知された価値観の抽出というよりは、個人固有のものの感じ方の抽出を目指すという意図を込めている。『一人称研究のすすめ』[諏訪, 堀 15] でも、一人称研究の目的は、一人称視点に立って自身と身の回りの空間の関わり方を克明に記述するデータに基づき、その現場での個別具体的なものごとを過度に一般化／捨象することなく、個人固有の「世界を見る視点や知の姿の仮説」を得ることにあるとしている。

以上のことから、生タグの抽出作業は、元のからだメタ認知日記を書いた時のムードや心情を思い出しながら、私の主観にて行うことにした。本人が本人の日記の分析を行うのが一人称研究の肝である。

のべ23箇所のカフェにおけるからだメタ認知日記から抽出した生タグは全部で329個に及んだ。その一部を図7.4に示す（残りは章末に付録として掲載する）。生タグに付記された番号について説明する。A-Bというフォーマットになっているが、Aはカフェの ID 番号（訪れた順番）、Bはそのカフェの記述のなかでの ID 番号である。私は一つのカフェから平均約14～15個の生タグを抽出したことになる。

11) GTAとは、この点において本質的に思想が異なる。

1-1: 壁の曲率が急に増すポジションに佇む
1-2: むき出しの天井と、その手前に木枠の桟がある
1-3: 奥の床がこちらよりも一段低い
1-4: 壁の曲率の加速がエネルギーの高まりと充溢感を与えている際に身体を埋める
1-5: 存在感のある太い柱が奥に陣取り、何かを堰き止めている
1-6: 空間のエネルギー密度が急に増しているポイントに気圧される
1-7: むき出しの天井とその手前の木枠の桟の存在が、目を逃しほっとさせる
1-8: エネルギーが充満してライブ感が満載
1-9: 境界エリアに佇み、二つの別々の空間を肌で感じる
1-10: エネルギーが横溢する濃密空間をライブに感じること、目が逃げてほっとすることの反復
2-1: パースの強い細長い空間
2-2: 並ぶ店のテラス空間が共有スペースである
2-3: カフェの横の道で、前から来る人よりも後ろから向こうに抜ける人が多い（人通りの背中を見ることが多い）
2-4: 色とりどりの自由に動かせる物体が散らばっているエリアが、少し離れたところにある
2-5: パースの効いた奥の壁にシンボル的な模様がある
2-6: 小雨の中、タイヤのシャーっという音が時折聞こえる
2-7: そばの通りには距離が近いけれど、何かで背後や目の前が守られて、プライバシーがある。こちらだけが見ている感
2-8: 過渡期感の強い発達途中のスペースにニッチ的空間
2-9 雨空の陰鬱の中でポップなパステルが映える
2-10: 舞台裏感で自分だけのプライバシーあり
2-11: 様々な空間属性（プライバシ、舞台裏、シンボリック）が混在する境界に佇むことの奇妙なバランスやスリル
3-1: 自家焙煎した珈琲豆がカウンターに並ぶ
3-2: 焙煎機をディスプレイ／ショー空間として使う
3-3: 白壁にこげ茶色／薄い綺麗な茶色の木のカウンター、棚、柱、テーブルトップというアクセントのつけ方
3-4: 天井からぶら下がるオレンジライトの配列
3-5: 壁にオブジェ的なシンボリックなもの
3-6: 小さな店で入り口を入った通路の前がカウンターで、その通路に長椅子を設けることで小さなエリアを作る
3-7: オレンジライトと銀色のマシンの色の対比がアクセントを生む
3-8: 床から天井までの構造物の存在は、その両側の空間を分離させ、各々の部分空間を創り出す
3-9: 分離された両側の空間の境界に陣取ると、空間全体を支配する
4-1: 商品の陳列棚
4-2: 大きな窓ガラスから表の通り（交通量）や街の建物が見える
4-3: 店のファサードと表の通りが若干斜めに角度が付いていると、通りの交通量からの圧力を感じず、面白い動きのある風景と化す
4-4: 注文カウンターの向こうの店員スペースも奥行きがあり優雅
4-5: そこでの店員の働きぶりが垣間見える
4-6: 注文カウンターに並ぶお客さんからの圧力に対しプライバシーを守れるか？
4-7: 席についている時に、意識を落ち着かせる定住ポイントがある
4-8: 壁に沿って並ぶいくつかの席の列があるとき、隣や同じ列に陣取るお客さんとの間合いが近いと、まっすぐ向く以外に方法がない
4-9: カウンターの中にいる店員までの距離が取れていることがプライバシーを守る
4-10: 奥の空間への視線の抜けがあることがプライバシーを守る
4-11: 身体を守ってくれる構造があることが、プライバシーを守る
4-12: 背もたれにもたれたときに目線が上方向になるが、その視線の先に注文するお客さんや店員がいるとそわそわする
4-13: 本を読んでいたりコンピュータに集中して目を斜め下に向けているのを解放すると、急に意識が左右にも広がり、隣のお客さんの圧力を拾ってしまう
4-14: ランプの光で目の前に明暗のコントラストが存在すると意識の置き所になる
4-15: 入り口を閉めてタイヤ音が曇ると、音量は小さくても却って地の底からの響きになって意識が奪われる
4-16: 密度の狭い空間に入れ替わり立ち替わりお客が行き来する忙しなさは、快活ならばビアガーデン的
4-17: 意識を置く空間は自分だけが占有できる空間でもある
4-18: 注文カウンターで店員スペースとお客スペースに分かれている、その境界近くに陣取ることにより得られる優越感
5-1: 奥に大きなテーブルがある
5-2: 一枚板の奥行きの広いカウンターがある
5-3: 表の道に対してカフェのファサードは斜めである

図 7.4　23 のカフェの記述から抽出した生タグ（一部掲載：続きは章末付録を参照）

研究ステップその3：KJ法により「居かた」タグを抽出

定性的データの分析手法のひとつにKJ法がある。社会調査手法として川喜田二郎氏が提唱[川喜田70]したものである。社会調査で集めた断片的な個々の生データ（典型的には数百個あるとそれなりの結果が得られる）を基礎データとして、以下の手順を辿る。

- **[グループ編成&表札づけ]**：「なんとなく似ている」という身体感覚を頼りに似通っているものを寄せ集め、数個のデータが集まったらそれらを如実に表す簡潔なタイトルフレーズ（川喜田氏は「表札」と称する）をつける
- おおよその基礎データが第一階層の表札に収まったら、表札群と残存する基礎データだけをみて、再び「似ているもの」を寄せ集め、第二階層の表札をつける
- 表札の数が約10個になるまで（第n階層まで）繰り返す
- **[空間配置]**：第n階層までで得られた表札を、「似通っているものは近くに」の原則を以て二次元空間に配置する。配置したら表札の下に含まれているデータを適切な階層まで表に出す
- **[A型図解化]**：因果関係、同値関係、背反関係、理由、自然な帰結などを示す多様な線を用いて構造やモデルを示す

KJ法の肝は、川喜田氏が力説するように、全データを俯瞰してどのようにグループ編成するかについてあらかじめ計画や先入観をもたないことである。むしろ、個々のデータが醸し出すトーンやニュアンスを一つ一つ丹念に拾いながら、ボトムアップにグループ編成することが肝要である。「なんとなく似ている」という身体感覚に委ねるという基本原則は、既存知識や自身がよく用いる概念によるトップダウン的な束縛をできるだけ排して、ひとつひとつのデータの「声をよく聴く」ためである。これがKJ法の精神[川喜田70]である。

KJ法の精神の遵守に加えて、私がさらに留意している独自のヒューリスティクスが2つある。ひとつは、表札づけにおいては基礎データ(この研究では生タグ)に含まれる個別具体的な表現や、データ収集した当人の個人固有なる着眼点を反映した表現をなるべく捨象しないことである。階層が上がるにつれて表札は抽象度の高い表現になるので、ややもすると一般的でありふれた文言を使ってしまい

がちである。そうなると「基礎データの命」は失われてしまう。

ふたつめのヒューリスティクスは、表札は名詞形で終わるのではなく、むしろ動詞形のフレーズを選ぶ（短い文章も可）ことである。動詞が表す意味・ニュアンスをより詳細に表現するために副詞も積極的に使うのがよい。名詞形で終わるフレーズはその表札をみるだけでは情景を想像することができないため、グループ編成の作業において「なんとなく似通っている」という身体動作を鈍らせてしまう。

一人称研究の基礎データは多くの場合[12)]、からだメタ認知日記という定性的なデータである。第1部の第3章で紹介したように、初期の一人称研究ではプロトコル分析を主な分析手法として採用していた。プロトコル分析とは、研究目的に応じた観点でことばの分類を作成し、からだメタ認知日記のことばをその分類の観点からコーディングして、各々の分類に属することばの数を集計する手法である。その手法によって、ことばという定性的データは各々の分類に属することばの数という定量的データになり、身体知の学びの時間に沿ってどのような性質の言葉がどの時期にどう出現したかを観察することができた。

しかし、定量的データに変換することにより失うものも多い。本研究で扱う居心地なる認知は、当人が有する価値観や視点といった「ことばや概念の内容」が重要であり、空間状況に強く依存した個別具体性の高いものである。プロトコル分析で用いる類の抽象化／一般化された分類のなかに納めてしまうと、個別具体だからこそ価値のある「居かた」のようなものごとが見えなくなってしまう。

その観点から、KJ法の精神は、個別具体のなかに潜む「命」のようなエッセンスを捨象せず多様なる知の姿を見出したい一人称研究と相性がよい。後続の章で紹介する学生の一人称研究でも、KJ法を分析手法として採用している。

図7.5に、第一階層のグループ編成を経て生まれた55個の表札[13)]を示す。

---

12)『「間合い」の研究　二人称的身体論』［諏訪他 20］では、一人称研究の多様なバラエティを紹介しているが、私が学生と開拓してきた一人称研究の多くはからだメタ認知日記を基礎データとしている。

13) 329個の生タグ各々をどの表札の下にグループ編成したのかは省略する。

1：複数のものごとの通り道，つながり，中間領域がある
2：馴染みの場所に繋がる知らないスポットにいる
3：外界と対照的な場所だ（〜な街にあって…な）
4：別空間に入るための儀式／ステップがある
5：日陰にあるカフェから明るい外界を眺めるのが落ち着く
6：夕暮れのなか一箇所だけ明るい世界の動きを眺める
7：別機能空間と緩やかに繋がる
8：隣の店と裏でつながっていることを自分だけが知っている
9：外光を間接的に取り込む（via 雨雲，曇りガラス，ブラインド，光を反射する小物，ボリュームのある自然物）ことで自然と繋がる
10：光が人や物の間合いをメリハリよく調整する（光がないと調整が上手くいかない）
11：外が暗いから内側がほっこり温かく，メリハリのある空間になる
12：内外の連続性を感じる（動き，形，光）
13：登ったり，潜り込んだりして，特別な場所へ入る
14：ランドスケープを感じる
15：外界に自由に触れ，つながっている感覚がある
16：外界と繋がっているようでつながっていない
17：外界の動きに接しているが，プライバシーが保たれている（高低／位置関係，方向性のズレ，距離，仕切り，明暗）
18：建物の構造が自然を感じさせる
19：ファサードに対して通りが斜めなので，通りの動きからの圧迫感がなく，飽きない風景と化す
20：外界の音（電車，車）がくぐもったり聞こえないことが，効果的なアクセントになったり特別感を増す
21：外界の音（電車，車）がくぐもったが故に，つながりが失われ，却って気が散る
22：街は映画／舞台である
23：意識を様々な小空間や外界へ彷徨わせる（意識の置き所があるから）
24：意識の置き所がある／空間上の重石になる
25：意識が行ったり来たりする（on-off）
26：意識の端で内外の世界での動きを感じ，リズムを得る
27：建築構造や姿勢によって視線が誘導される
28：視線が交差したり、コントロールされたりする
29：プライバシー侵害／守り，間合いがある
30：身体や心をざわつかせる
31：境界に陣取り，両空間を享受する／支配する
32：極地（エネルギー充満，緊張感あるバランス）に居る
33：店の代表プレーヤーとしてプレゼンされている（食器，食材，大テーブル，大黒柱，カウンター）
34：ある空間を占有する
35：強い軸／方向性のある空間を感得する
36：抜けや奥行きの構造にホッとする
37：エネルギー／ライブ感を感得し，高揚する
38：他者と共にいて，各々自由に棲みわけし，プライバシー侵害がない
39：小物，本，本棚，骨董品など，興味の眼差しを向ける
40：カウンターの中の従業員は舞台俳優である
41：他者を斜めから（斜め後，前）みると，リッチな表情に触れられる
42：光の明暗，色の差，下がり天井，吹き抜け，柱，柵，段差が小空間をつくりだす
43：シンボリックなものを見つける
44：ポイントとなる色や柄がある
45：色のコントラストをつくる（壁，ランプ，マシン，食材）
46：素朴さ，ナチュラル感で癒す（生木，コンクリート打ち放し，天井むき出し，無垢材，無造作なトタン，丸太）
47：ニッチ/裏側をつくる（テラス，舞台裏）
48：見えない別空間の気配を感じる（共にいる感）
49：カウンター前の狭いところに敢えて長椅子を置いてスペースをつくる
50：よくわからない曖昧なスポットをつくる
51：帰宅前にふらっと，ほっこり癒されたい
52：普通であることのtake it easy
53：自然に曝されるのはNGである
54：自然に立脚し，連想を掻き立てる
55：好奇心，欲を掻き立てる

図7.5　第一階層のグループ編成で生まれた55個の表札

「居かた」とパタン・ランゲージ

各々の表札（価値観のタグ）の文言は、生タグの要約文章に存在した個別具体的な名詞やマニアックな表現をある程度残しながら、それでいて、私がカフェ空間でどういうものごとに留意し、どんな視点や価値観を以て過ごしているかを如実に示す、ほどよい抽象性を有している。

55 個の表札の内容が建築空間に佇むことを語る上で的外れではなく論点を押さえていることを、建築空間がもたらす認知に関する代表的な書である『環境設計の手引き　パタン・ランゲージ』に照らして論じてみよう。パタン・ランゲージとは、建築デザインの理論家であるクリストファー･アレグザンダーが、都市、街、コミュニティ、ストリート、住宅、部屋の構成、間取りをどうデザインすると心地よい暮らしが実現できるかを、253 個のヒューリスティクスとしてまとめたものである［アレグザンダー 84］。ひとつのパタンは、タイトル、パタンの原型を表す写真、他のパタンとの関係を規定する前文、そのパタンの本質を記述した要約文、その本質を図化したダイアグラムやスケッチ、経験的背景や有効性の証などを論じる文章群などからなる。用いられている重要な語句ひとつひとつが、建設や計画を語るための言語である。

図 7.5 で示した 55 個の表札のなかで、光がもたらす認知についての価値観タグは多数（7 個）存在する。

- 5：日陰にあるカフェから明るい外界を眺めるのが落ち着く
- 6：夕暮れのなか一箇所だけ明るい世界の動きを眺める
- 9：外光を間接的に取り込む（via 雨雲，曇りガラス，ブラインド，光を反射する小物，ボリュームのある自然物）ことで自然と繋がる
- 10：光が人や物の間合いをメリハリよく調整する（光がないと調整が上手くいかない）
- 11：外が暗いから内側がほっこり温かく，メリハリのある空間になる
- 12：内外の連続性を感じる（動き，形，光）
- 42：光の明暗，色の差，下がり天井，吹き抜け，柱，柵，段差が小空間をつくりだす

『パタン・ランゲージ』も光にまつわるパタンを多種多様記載している。ざっとタイトルリストを眺めただけでも「光の入る棟（107）」[14]、「屋内の陽光（128）」、「明暗のタピストリー（135）」、「どの部屋も2面採光（159）」、「日のあたる場所（161）」、「炉火（181）」、「日のあたるカウンター（199）」、「柔らげた光（238）」、「明かりだまり（252）」がある。光は陰を生み、明暗の領域ができる。自然発生的に生まれる領域ひとつひとつがひとの認知には「小空間（小宇宙）」に映る。アレグザンダーは、「明かりだまり（252）」の要約文として、「均質な照明—照明技術者のあこがれ—は、有用な目的には何の寄与もしない。それどころか、空間の社会性を破壊し、人びとの方向感覚を失わせ、とらえどころのない気持ちにさせる」（p.615）という痛烈な批評を残している。例えば、照明を低い位置に分散し、明るいところ—それを明かりだまりと称している—と暗いところを敢えてつくることによって、明るい溜まりは「私的で親密な雰囲気」(p.616)になると論じている。

太陽であっても、ランプであっても、暖炉で燃え盛る火であっても、光はひとの心に特別の意味をもたらし、過ごし方に大きな影響を与える。私が抽出するに至った価値観ダグをこの観点で眺めると、明暗にメリハリを感じたり、内外と明暗を結び付けることでカフェという内空間を意味付けたり、光が外を内に連れこむ役割を果たしたりといった着眼や意味付けが私の心に生じたことが観察できる。

光にまつわるものごと以外にも、私の価値観タグとパタン・ランゲージに共通項は多い。パタン・ランゲージの内容は省略するが、共通項の例として以下のトピックを挙げておく（カッコ内は、該当する私の価値観タグの番号である）。

- 内と外がつながる意識や、それをもたらす設え（2、3、5、9、12、14、15、16、17、18、19、20、21、26、36、53、54）
- 別空間に入り込む前の準備や中間領域（1、4、13、31、32、42、49、50、51）
- 多種多様な小空間をもたらす設え（1、10、22、23、24、25、31、34、42、47、49）
- 公空間でのプライバシーの確保（5、17、22、29、32、38、47、53）

14)（）内の番号は、全リスト253個のなかでのパタンIDを示している。

オリジナルな「居かた」の導出

本研究は既往文献ではあまり見かけたことのない[15]、私オリジナルの「居かた」を数多く導出するに至った。列挙してみると 14 個に上る。

- 2：馴染みの場所に繋がる知らないスポットにいる
- 5：日陰にあるカフェから明るい外界を眺めるのが落ち着く
- 6：夕暮れのなか一箇所だけ明るい世界の動きを眺める
- 8：隣の店と裏でつながっていることを自分だけが知っている
- 9: 外光を間接的に取り込む（via 雨雲，曇りガラス，ブラインド，光を反射する小物，ボリュームのある自然物）ことで自然と繋がる
- 19：ファサードに対して通りが斜めなので，通りの動きからの圧迫感がなく，飽きない風景と化す
- 20：外界の音（電車，車）がくぐもったり聞こえないことが，効果的なアクセントになったり特別感を増す
- 21：外界の音（電車，車）がくぐもったが故に，つながりが失われ，却って気が散る
- 23：意識を様々な小空間や外界へ彷徨わせる（意識の置き所があるから）
- 24：意識の置き所がある／空間上の重石になる
- 31：境界に陣取り，両空間を享受する／支配する
- 32：極地（エネルギー充満，緊張感あるバランス）に居る
- 40：カウンターの中の従業員は舞台俳優である
- 41：他者を斜めから（斜め後，前）みると，リッチな表情に触れられる

これらは、空間での「居かた」について既往研究があまり論じられたことのない「臨床の知の姿」であろう。まさに一人称研究ならではの成果である。

15) 私の知る限りにおいてという条件付きであるが。

斜めがもたらす「居かた」

「斜めであること」という着眼から生じた19番の価値観タグについて詳しく解説する。KJ法のグループ編成においてこのタグを生むに至った源の生タグは以下の8つである。

- 4-3：店のファサードと表の通りが若干斜めに角度が付いていると、通りの交通量からの圧力を感じず、面白い動きのある風景と化す
- 5-3：表の道に対してカフェのファサードは斜めである
- 9-3：通りがファサードに比べて斜めに走る
- 9-13：表通りがファサードに比べて斜めに走るので、歩く人が近づいても距離が取れて圧迫感がない
- 13-1：カフェのファサードに対して表通りは斜め
- 17-3：車道や歩道に対してファサードも店内も斜め
- 17-4：斜めに車道を見ると、車の動きに変化を感じる（近づいてくる／遠ざかっていく感）
- 17-5：斜めに車道を見ると、車の動きは直接は迫ってこないから圧力を感じない

まず、22箇所（のべ23箇所）のうち実に5つのカフェが、建物のファサードとそれに面する通りが平行ではなかったという事実に私は改めて驚いている。敷地の区割りの結果そうなるカフェが多いのか、区画に関係なく意図的なデザインとしてそうなることが多いのか、私が暗黙のうちにそういうカフェを好んで訪問したのかは判然としない。いずれにせよ興味深い現象である。

9番と17番のカフェで私が描いたスケッチ（図7.6）を掲載する。

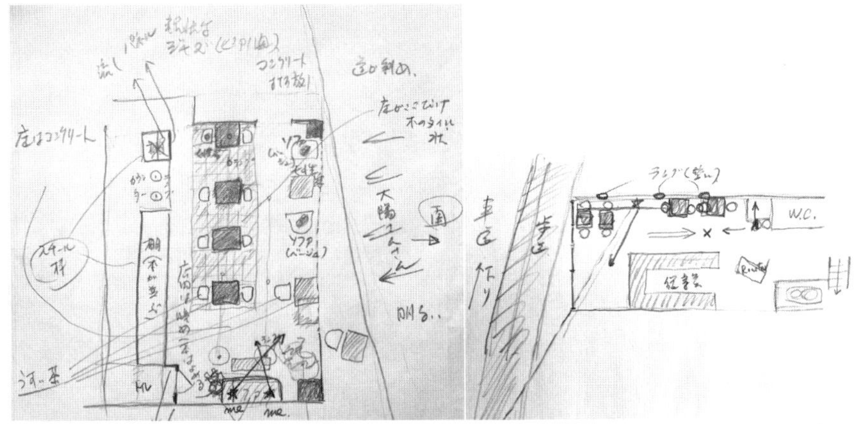

図 7.6　ファサードと通りが斜めのカフェの平面図スケッチ（左：9 番、右：17 番のカフェ）

左のカフェは大きな国道に面した最寄駅から 5 分くらい歩き、ようやく閑静になりはじめた住宅街の細い道に沿って立つ小さなカフェである。通りに面する側（図の右側）がおおよそ南方向である。入り口は図の右上であり、そのあたりでは建物の壁と通りのスペースはほとんどない。通りに面してソファ席とテーブル席が設けられ、そこを通り過ぎて一番奥のソファ席に私は座った。ソファ席は 2 人がけで、店の内部を見渡す方向に座ることになる。右側に観葉植物があり、その外が建物の壁および窓である。そのあたりまで来ると建物のファサードと道には約 1.5m のスペースがある（低い植栽がある）ので、通りがファサードに対して斜めになっているわけである。

私が座った位置は me という文字と星印で示している。最初は右側に、途中から居心地を変えるために左側に座り直した。矢印は主に見ている方向を示すものである。小さな路地ではあるが人通りはときどきあり、その都度、カフェに居ながらにして歩く人の動きを感じ取っていた。斜めであるがゆえに、たとえ人がファサードの近くを歩いてきたとしても、私に近づくにつれて徐々に低い植栽スペースの幅だけ離れていく。その動きから圧迫を受けることはない。内の空間に浸るだけではなく常に外界の動きを感じ、しかも外界の動きに圧迫を受ける心配はないことが実に優雅に感じられた。この斜めの角度がなすわざである。そのようなことがからだメタ認知日記に記述され、生タグ（9-3 と 9-13）として抽出され、19 番の価値観タグを生むに一役買ったわけである。

17番のカフェは、山手通りと交差する大きな道路の、交差点から程近い場所にあるカフェである。大きな道路に面しており、その道に対してカフェのファサードが斜めになっている。図7.6の右図の左端が車道（何も描いていない空白）で、その少し右側に広い歩道があり、カフェのファサードは車道・歩道の両方に対して斜めである。間口の狭い奥行きのある小さなカフェである。通りに面するファサードは全面掃き出し窓であるため、間口は狭いが窓に近いところに陣取れば外界の動きは十分感じることになる。先客がたくさんいたので、私は窓から3番目の壁を背にしたテーブルもない位置（図の星印）に腰掛けるしかなかった。幸運にもそれがよかった。星印から左斜め下に向いた矢印に示すように、この大通りを走行する車の動きや歩道を走ってくる自転車の動きを愉しく見ることができたのだ。

まず、歩道が広いことから車の走行がいくら激しくても十分距離をとって眺めているので、圧倒されたり目にうるさいという意識がもたげたりすることはない。南は図の右側なので太陽光は差し込まない。大通りだけは燦々と午後の太陽を浴びて輝き、歩道も陰だった。車が走行する明るい舞台を陰である客席から一方的に眺めていることで、安心感は一切侵害されないことも愉しさの一因である（これは5番、22番のタグにも関係する）。

最も重要なのは、この角度で斜めになっていることである。「この角度で」とは、私から遠ざかるにつれて道はファサードから離れているという意味である。それは図7.6の左のカフェとは正反対である。私から遠ざかるにつれて大通りがファサードから離れているため、大通りのかなり遠くが私の席から見えるという位置関係が形成される。しかもこの大通りは遠くに坂の頂上があり、そこからカフェの近傍に向かって下り坂であるため、おおよそ200mの距離分、すべての車の色・形が手にとるようにわかる。歩道も同様である。幅広いし、大都会に近い通りなので、近隣住民の自転車は歩道を走るようだ。風を切りながら坂道を優雅に下ってくる自転車をかなり遠くからみることができる。歩道は日陰なので、自転車を駆る人の風貌がまぶしくなく見えるのも、車とは異なり、愉しさのアクセントであった。

もしファサードが通りと平行だったらと想像してみてほしい。たとえ窓際に座ったとしても角度的に遠くまで見通すことはできない。窓から少し離れようものなら、間口の狭いカフェだけに外界への視覚的つながりはその幅のスクリーンを覗き見るかのようになる。畢竟（ひっきょう）、車が坂道を滑り降りてくる経過を感じたり、自転車が近くに迫ってようやく正体を明確に表すことに愉しさを覚えたりすることはない。間口の幅分だけ、いきなりビュンと外界の動きを感じるのみになる。すると、外界のダイナミックなものごとの流転を見つめて愉しむという「居かた」は生じなかっただろう。この角度で斜めになっていること、そして遠景が坂の頂上であることが要因となり、窓から3つの席では外界の景色を多種多様に味わうことができたのだ。席に座るまでこの愉しみが待ち受けているなんて思いもしなかったが、その席に身を置いた途端この愉しみを感得できた。

店がこの席にテーブルを置いていないことには理由がある。スケッチにみてとれるように、私の眼前には従業員スペースと客席を仕切るカウンターが存在する。この図の縮尺は手描きだが大体正確であり、客エリアがうなぎの寝床のように細長い。私の席からカウンターまでの距離が近いので、テーブルを置くと動線の邪魔になることが、テーブルを設けない最大の理由であろう。しかし、私はそれ以外の理由もあると考えながら、ひとりニヤニヤしていた。

他の理由とは以下である。私の席の板素材の長椅子は低いので、座ると眼前の景色は背の高いカウンターで一杯になる。距離が近いし、ときおり人がそこを通るので、私は身体を斜めに向けて、矢印のように外界をみつめる態勢を自然にとるようになった。もし動線の観点からスペースに余裕があったとしたら、テーブルは置かれていただろうか？　私が空間デザイナーなら置かないかもしれない。ちょっとしたカフェスタンドであり、大皿を注文してがっつり食事をするカフェではない。テーブルを置くと、テーブル上に置いたものに意識が奪われ外界に目をやらなくなる。この席は、先に力説したように、表通りの動きを愉しむのに絶好のポジションなのだ。外界に目をやらないのはもったいない。外界に目をやってほしいがゆえにテーブルを置かないというデザイン思考も十分あり得ると思うのである。

研究ステップその4：KJ法による空間配置

KJ法の第一階層の表札として得た55個の価値観タグは、私の「居かた」を表現するのにちょうどよい抽象度を有していた。しかし、空間配置をするためにはさらにグループ編成を続けた方がよさそうである。川喜田氏によれば、10個前後の表札になって初めて無理なく空間配置ができる［川喜田 70］。

55個の表札をもとに第二階層のグループ編成を行なった結果、第二階層の表札17個を得た（表7.1のAからPまで。ただし、第一階層の51番表札はどのグループにも入らず、単独でJとした）。第一階層のどの表札が第二階層のどこに属するかも記載してある。

空間配置は第二階層の抽象度まで上がった時点で問題なく行えると私は感じたが、全体把握のためにさらに第三階層までのグループ編成を試み、表7.1の一番左のカラムのX1〜X5という5つの表札を得た。

そして私は、図7.7のように空間配置するに至った。KJ法の空間配置をするときは、私は二次元の軸を設定することにしている[16)]。横軸は、「外部とのつながりを見る」か「内にある何かをつぶさに見る」かという内vs.外の軸とした。縦軸は「特定の何かを志向している」か「全体性を認知するか」という個vs.全体の軸とした。内にある何かをつぶさにみる際にも、特定のものごとに志向する場合もあれば、内にある様々なものごとの全体性を認知する場合もある。外部とのつながりを意識する場合は、私がいるいまここの認知はもちろん存在する中で、外部に存在する何かに強く想いを馳せるのか、内外のつながりの全体を意識するのかという違いが存在する。

例えば、Cの「自分だけが知っているところにつながりを見出し、ほっこりする」は、第二象限の極地に配することになった。カフェのなかにいながら、自分がよく知っている別の場所といまここがつながっていることを感じながら、その別の場所への想いを掻き立てている「居かた」であるため、志向性は非常に強いというわけである。対照的に、Mの「好奇心や興味を引き立てる小物を見つける」が第一象限の極地にあるのは、それはカフェの内部空間にある何かに対する志向性が強い「居かた」であるからである。

16) 川喜田二郎氏による原著では必ずしもそれを設定していない。

表 7.1　KJ 法による第二および第三階層の表札（「居かた」のタグ）

第三階層の表札5個	第二階層の表札17個	第一階層の表札55個
X1：大きな外界や別空間 vs. ここを考える（定位やつながりの認識）	A: 奥行きや抜けから、内と外の連続を想う	12：内外の連続性を感じる（動き，形，光）
		36：抜けや奥行きの構造にホッとする
	B: 外界のランドスケープ・形・動きのなかに身を定位し、連想を掻き立てる	14：ランドスケープを感じる
		19：ファサードに対して通りが斜めなので，通りの動きからの圧迫感がなく，飽きない風景と化す
		20：外界の音（電車，車）がくぐもったり聞こえないことが，効果的なアクセントになったり特別感を増す
		26：意識の端で内外の世界での動きを感じ，リズムを得る
		54：自然に立脚し，連想を掻き立てる
	C: 自分だけが知っているところにつながりを見出し、ほっこりする	2：馴染みの場所に繋がる知らないスポットにいる
		8：隣の店と裏でつながっていることを自分だけが知っている
		34：ある空間を占有する
	D: ものごとの流れをつくり外界を取り込むことを促す設えのなかで自然を想う	1：複数のものごとの通り道，つながり，中間領域がある
		9：外光を間接的に取り込む（雨雲，曇りガラス，ブラインド，光を反射する小物，ボリュームのある自然物を通して）ことで自然と繋がる
		15：外界に自由に触れ，つながっている感覚がある
		53：自然に曝されるのはNGである
	E: どこかに別空間の気配、共にある感を感得し、ざわっとする	7：別機能空間と緩やかに繋がる
		30：身体や心をざわつかせる
		48：見えない別空間の気配を感じる（共にいる感）
	F: つながりを失い、身を定位できず、そわそわする	16：外界と繋がっているようでつながっていない
		21：外界の音（電車，車）がくぐもったが故に，つながりが失われ，却って気が散る
X2：舞台を見る	G: 守られた内から外の動きを愉しむ	5：日陰にあるカフェから明るい外界を眺めるのが落ち着く
		17：外界の動きに接しているがプライバシーが保たれている（高低／位置関係，方向性のズレ，距離，仕切り，明暗）
	H: シンボリックなプレーヤー／主役を見つける	6：夕暮れのなか一箇所だけ明るい世界の動きを眺める
		22：街は映画／舞台である
		33：店の代表プレーヤーとしてプレゼンされている（食器，食材，大テーブル，大黒柱，カウンター）
		40：カウンターの中の従業員は舞台俳優である
		43：シンボリックなものを見つける
X3：私の日常は自宅・職場以外にも多様な空間あり	I: 特別な空間、別世界に入り込むことにときめく	3：外界と対照的な場所だ（～な街にあって…な）
		4：別空間に入るための儀式／ステップがある
		11：外が暗いから内側がほっこり温かく，メリハリのある空間になる
		13：登ったり，潜り込んだりして，特別な場所へ入る
	J: 51は単独（帰宅前にふらっと、ほっこり癒される）	51：帰宅前にふらっと、ほっこり癒される
X4：意味ある存在をみつけ、視線・意識を彷徨わせる	K: 意識の置き所を見出し、彷徨わせる	23：意識を様々な小空間や外界へ彷徨わせる（意識の置き所があるから）
		24：意識の置き所がある／空間上の重石になる
		25：意識が行ったり来たりする（on-off）
	L: 自然や素の表情に触れてほっとする	18：建物の構造が自然を感じさせる
		41：他者を斜めから（斜め後，前）みると，リッチな表情に触れられる
		46：素朴さ，ナチュラル感で癒す（生木，コンクリート打ち放し，天井むき出し，無垢材，無造作なトタン，丸太）
		52：普通であることのtake it easy
	M: 好奇心や興味を掻き立てる小物を見つける	39：小物，本，本棚，骨董品など，興味を眼差しを向ける
		55：好奇心，欲を掻き立てる
	N: 色、形、構成、あいだ、姿勢で視線がコントロールされる	27：建築構造や姿勢によって視線が誘導される
		28：視線が交差したり、コントロールされたりする
		44：ポイントとなる色や柄がある
		45：色のコントラストをつくる（壁，ランプ，マシン，食材）
X5：圧力場、領域、あいだを見る	O: 軸、エネルギー、境界を見出し、佇むスポットを微妙に調整する	31：境界に陣取り，両空間を享受する／支配する
		32：極地（エネルギー充満，緊張感あるバランス）に居る
		35：強い軸／方向性のある空間を感得する
		37：エネルギー／ライブ感を感得し，高揚する
	P: プライバシーを持った小空間を見出し、棲み分ける	10：光が人や物の間合いをメリハリよく調整する（光がないと調整が上手くいかない）
		29：プライバシー侵害／守り，間合いがある
		38：他者と共にいて，各々自由に棲みわけし，プライバシー侵害がない
		42：光の明暗，色の差，下がり天井，吹き抜け，柱，柵，段差が小空間をつくりだす
		49：カウンター前の狭いところに敢えて長椅子を置いてスペースをつくる
	Q: ニッチ・あいだ・裏を図として見出す	47：ニッチ/裏側をつくる（テラス，舞台裏）
		50：よくわからない曖昧なスポットをつくる

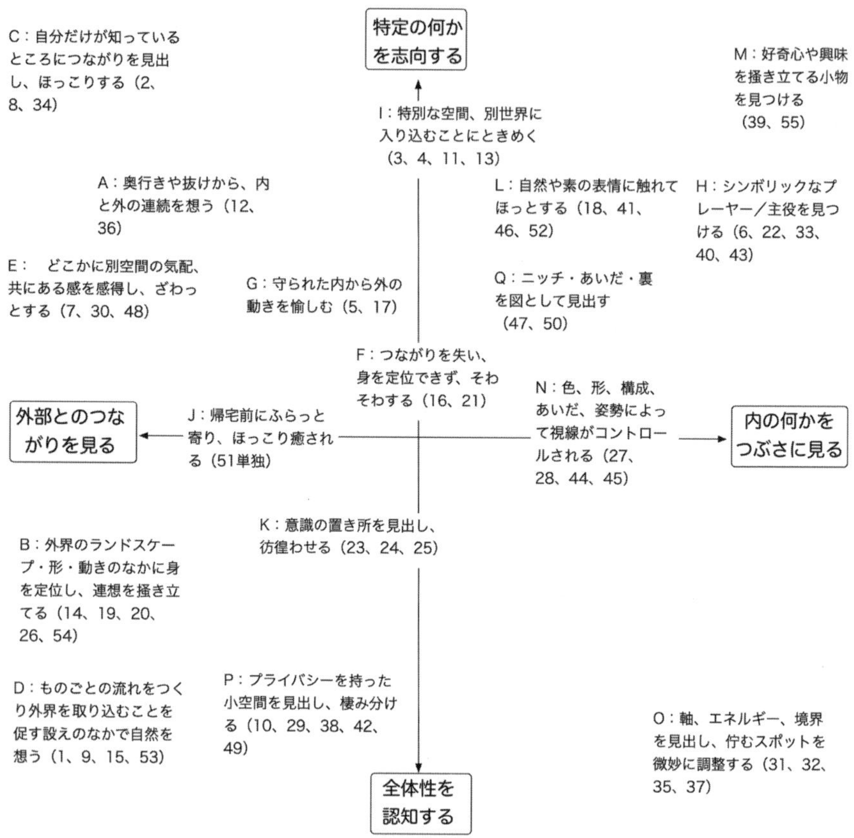

図7.7　第二階層表札の空間配置

Oの「軸、エネルギー、境界を見出し、佇むスポットを微妙に調整する」が第四象限の極地にある理由を解説する。表7.1をみてほしい。これは、4つの第一階層表札をグループ編成したものであり、

- 構造的な設え（たとえば壁の曲率、天井の高さや吹き抜けのような構造、床の段差、大きな柱の位置など）により空間が複数領域に分かれ、あいだに境界線という微妙な位置が生じている（31番）という認知体験[17)]

17）写真日記のことばでいえば経験（妄想）である。

- 各領域内部にはエネルギーのようなものが充満し、境界では両側から漏れ出る圧力が微妙なバランスを保っている（32番）という認知体験
- 特徴的な色（たとえば、赤い壁、色彩鮮やかなモザイク模様）やカウンター上のディスプレイ（たとえば、ワインボトル空瓶群、吊るされたワイングラス群、珈琲豆のガラス壺、焼き立てパンやケーキの陳列など）の密度がもたらすライブ感の感得（37番）という認知体験
- 入口からの主要動線、同じ形状のモノの並び（天井ライト、カウンターの丸椅子など）、存在感のあるモノの細長い形状（大テーブル、ベンチ、空間全体）、奥まった内部から開口部（吹き抜けや小さな窓）への視線誘導により軸線や方向性を感得する（35番）という認知体験

からなっている。空間内部の多様なものごとへのつぶさな観察が礎となり、軸／方向性／領域分割／境界という全体性を認知することを通じて自身の位置を制御するという「居かた」という意味で、右下に配置している。

BやDは、外界といまここのつながりをみて自身を定位したり（B)、総体としてものごとの流れをつくり外界をとりこんだり（D）する「居かた」なので、第三象限の極地に置いた。

第三階層の表札の5つをみると、私がカフェで佇むときに何に着眼し、それに対してどのような意味解釈を与え、どのようなものごとに想いを馳せているのかの全体像が理解できる。

- 意味ある存在をみつけて私自身の視線がある種コントロールされていることを自覚しながら意識を彷徨わせたり（X4）、
- ときには何か特定のものを「舞台や俳優（主役）」と見立てて愉しんだり（X2）、
- 店内やその周囲に軸やエネルギー源、小空間、ニッチや裏を見出し、それらの総体として圧力場・領域・あいだが存在するという発見に驚きながら愉しんだりする（X5）。
- 想いは店内や周辺にとどまらず外界にも及ぶ。自然と店内のつながり、カフェが建つ土地やランドスケープ、自身がよく知る別空間へのつながり、自宅や職場といまここの関係、日常と非日常といった関係性のなかでカフェ空間をとらえるという愉しみ方がX1とX3であろう。

X1に属するA～Eはおおよそ左側に位置することになった。X4に属する4つがMを除いていずれもy軸の周りに位置しているのは、内と外のつなぎの役割を果たしているということかもしれない。それはX3に属する2つもそうである。X3やX4のような認知を経てX1の「居かた」が生まれるということか。

第一階層の表札Fがちょうど原点あたりに位置しているのも興味深い。必ずしも居心地が良い席に陣取ることができるわけではなく、座ったはよいが居心地の悪さに困り果てることもある。外界とのつながりが妙に遮断されている篭った感覚を得ることもある。すると、内部空間の何かをつぶさに観察したり、意識の置き所を見出したり、全体性を感得したりする心の余裕がなくなり、そわそわして落ち着かなくなる。x軸、y軸のいずれの観点からも特色のない「居かた」になるという意味で、表札Fは原点付近に位置しているのだろう。

本研究の意義

抽象度があまり高くならないうちにグループ編成を終え、空間配置まで終えると、自身の「居かた」がバラエティ豊かに存在することを実感し、それらを総括的に把握できる全体像が自然に浮き上がってくる。この一人称研究により顕在化された多様な「居かた」の多くは、居心地についてことばで表現する前や、個々の日記から生タグを抽出してKJ法で整理する前には、明確に意識できなかったものである。一人称研究は、生活において身体が暗黙のうちに感得している認知体験の多様な姿を明らかにすることに適合した研究スタイルであると言ってよいのではないか。

本研究を通じてつくづく感じたことがある。**「居かた」とは、すなわち生き方そのものである**ということだ。自身の居心地の探究は、これまでどういう生き方をしてきたかの自覚を促す。研究者だからこそこの種の分析を繰り出し、その結果として自身の生き方をことばで物語ることに至る。そして「(研究者である前に)ひとりの人間」としての自身をみつめることになる。一人称研究がもたらす効用のひとつとして挙げておきたい。

一人称研究がもたらす知見は本人の個人固有性を反映した知の姿（「居かた」はその一例）であるが、そこで用いた研究手法は誰もが使うことのできる汎用性を有している。私の「居かた」の一人称研究に興味をもったひとは、この手法を用いて各々の「居かた」を明らかにしてくださることを切に願う。「居かた」についての一人称研究が数多く後に続けば、異なるひとから「共通の居かた」が見出されることになるであろう。これが、一人称研究ならではの普遍性追究の方法である[18)]。つまり、一人称研究は普遍性を軽視しているわけではない。ひとりひとりが個人固有の知の姿を世に問うことの重要性が学界で認知されると、普遍項が見えてくる。

一人称研究ではモデル化は敢えて封印する

私は、一人称研究における KJ 法では、空間配置によって二次元軸の言葉を編み出すまでで終え、川喜田氏が提唱する A 型図解化［川喜田 70］は行わない方がよいと考えている。A 型図解化は、因果関係、同値関係、背反関係、理由、自然な帰結などを示す関係線を描き、全体構造やモデルを示すためのものである。社会調査においてはこの手法が有効であろう。

一方、一人称研究の意義は、個人固有の知の姿、現場の状況につよく依存した多様なる知の姿を顕在化させることにある。状況依存性（situated cognition）の思想は、ひとは過去の経験から様々なものごとへの対処の仕方を引き出しのように蓄積していて、現場状況に応じて想起できる引き出しを複数組み合わせることで臨機応変に対処するというものである。「居かた」もまさにそうであろう。生を営むなかで日々多様な「居かた」が身体に蓄積される。ある日のカフェの現場状況（席の配置、混み具合、太陽光の差し込み方、表通りの喧騒）に応じて複数の「居かた」が組み合わさった結果として、その場の過ごし方が生み出される。

A 型図解化という手法で多様な「居かた」を互いに関係づけてしまうと、居かたを過度にモデル化してしまう懸念がある。そのモデルはややもすると固定観念になる。つまり、その日のそのカフェの状況に臨機応変に対応できない、硬直化した居かたに誘導されてしまうのではないか。現場で臨機応変な認知を繰り出すためには、そしてその認知を探究するためには、多様な「居かた」がそれぞれ独立の引き出しとして、関係づけられることなく共存しているという知見までに留

18) 従来手法における普遍性の獲得とは対照的である。従来は、実験参加者を多数集めてその共通項を知見とするというやりかたであった。しかしそのやりかたでは、個人固有の知の姿や現場状況に依存した知の姿は捨象されてしまう。

めておくことが肝要であろう。一人称研究ならではの普遍性の追究の観点からしても、モデル化は敢えて行わないのがよい。

付録

5-4: 縦に長い長方形空間であり、一つの短辺が斜めなので、視線がその斜めに沿ってスキャンする
5-5: 暗めの店内にオレンジランプが並ぶ
5-6: 自然な木目のテーブルが基調で、オレンジランプと白壁のコントラスト
5-7: 落ち着いた色目の中に一部だけポップ調の壁紙
5-8: 贅沢に奥行きのあるカウンターに腰掛けると、自分だけの占有スペースとなる
5-9: カウンターの丸椅子の並びとカウンターで強い軸線ができている
5-10: 強い軸線の延長線上に座って店の中心人物になる
5-11: ビアタップが内装のショー的ハイライトになっている
5-12: ビアタップの目の前に陣取り、独り占めする感覚を得る
5-13: 自分が陣取る主要スペース以外にも主要スペースがあり、気配は感じるが見えない
5-14: お客さん密度の低いカウンタースペースの空間を、それが作る軸線の延長線上に陣取り、占有する
5-15: 奥行き方向への視線が一定ではなく、距離が変わり、マンネリ感がない
5-16: 優雅なファンの動きでtake it easy
5-17: こげ茶の木目とオレンジランプの対比がdullになることを防ぐ
5-18: ほろ酔いとゆったり動くファンのtake it easy感覚のマッチ
5-19: マッシュポテトはtake it easy
5-20: 気楽なtake it easy感覚を、軸線の存在によるピリッと感覚が締める
6-1: 従業員とカフェスペースを分ける大きなカウンター
6-2: 本屋とカフェスペース
6-3: カウンターの珈琲豆とパンが並ぶ
6-4: 本屋スペースとカフェスペースの境界に近いところに陣取る
6-5: こげ茶に白い壁、そして焙煎機がディスプレイ
6-6: 本屋スペースは薄い茶色、カフェスペースはこげ茶。茶色同系色でつながっているようで緩やかに部分空間に分ける
6-7: 焙煎機のある奥のショーエリアは奥ほど陰が増す
6-8: カウンターの向こうの窓からの逆光で、従業員の顔が見えず、プライバシーが守られる
6-9: カウンターの一枚板は奥行きがあり、店内の代表的プレイヤー
6-10: こげ茶の面積が大きく、その世界に浸る
6-11: ランプの光の一つ一つがいくつもの小空間を作り出し、メリハリがある
6-12: 目の端に、優雅なカフェ空間以外の空間が存在して、落ち着きが得られる
6-13: 本屋スペースに隣り合わせで空想の世界に羽ばたく
6-14: カフェに根付きながら、本屋スペースとの境界にいて、自由も手に入れる
6-15: 自由に意識を彷徨わせることができる空間が多様に存在する
6-16: ゆっくりと思い思いに休日の午前を過ごす客たち（自分もその一人）
6-17: 窓からの光を受け止める位置に陣取ると、雨ならではの柔らかな外光としっとり感で落ち着く
7-1: 入り口を望むパースの効いた奥の席に陣取る
7-2: 表通りとの境は全て古民家風のガラス戸だけで仕切られ、ガラスの屈折であまり歩く人が明確に見えないので、プライバシーが妙にある
7-3: 目の端に表通りの交通量や人の動きが入るが、少し距離があることでプライバシーがある
7-4: カウンターに雑多に食器や食材が並ぶが一定の秩序がある
7-5: カウンターの側面が無造作に貼られたトタン屋根の素材で気楽
7-6: 反射した西日が大きなガラス窓から目に飛び込み逆光になる
7-7: スピードの遅い電車の音がゆったりとくぐもって時々届く
7-8: メインスペースは別のエリアにあり、その気配は感じるが、見えない
7-9: パースの効いた直線に向いて座るが、建物の外は別のビルの壁にて視線が止まるので、無限の世の中に意識が彷徨うことはない（意識はまたすぐ店内に戻る）
7-10: 天井のむきだし構造
7-11: 白壁とこげ茶の対比
7-12: 入り口への強い軸線上に腰掛けるが、入り口からの逆光で来客はよく見えないのでプライバシーは保たれる
7-13: 表通りの交通量や人の動きが目に入るのが、世界の動きや流れに触れている感覚があってよい
7-14: メインスペースの気配があることが、人とともにある感がしてさみしくない
7-15: 適度に人の気配がする密度感と、表通りの動きが目に入るのが、緩やかにつながる感
7-16: 馴染みの土地に一駅でつながっている安心感が郷愁を感じさせる
8-1: 窓から午後の太陽が降り注ぐ
8-2: 窓ガラスが曇って外界がぼやけて見える
8-3: 他の客が背を向けて座っているのが見える
8-4: 電車の通過音がくぐもって聞こえ、世界から切り離されている感あり

図 7.4 の続き（1） 23 のカフェの記述から抽出した 329 個の生タグ

8-5: 窓ガラスが汚くて外界が日焼けて見え、外界から宙に浮いた不安定な感覚
8-6: 視線が留まる場所が欲しい
8-7: 目の前に広がる空間の角に、雰囲気の良いお客さんが陣取り、しかもその斜め後ろ姿が目の端にあることで、空間に重石ができる
8-8: ブラインドを通して午後の太陽がたっぷり入り、外界のくぐもったビューに気が散らないことで、居心地がます
8-9: 他者の後ろ姿を、真後ろではなく斜め後ろから見ると、雰囲気が出て、空間がほっこりする
8-10: 奥行き方向に斜めの壁があるため、視線が（つまり意識が）止まらず、単調さに退屈するなんてことがない
8-11: 間仕切りから少しだけ奥が見えていることが、気が向いたときに意識を通わせたり、再び戻ってきたりできて良い
9-1: コンクリート打ちっ放しの内装
9-2: 床から天井すぐ下までの大きなガラス窓
9-3: 通りがファサードに対して斜めに走る
9-4: 低い視線のソファと高い視線のテーブル席で視線が交わらない
9-5: 天井までの本棚
9-6: カウンターの構造により、働く従業員の動きが見えて、心地よい
9-7: コンクリート打ちっ放しの中に木枠や板の色がポイントカラーになる
9-8: 大きな窓から見える路地に燦々と太陽が降り注ぐのを、借景としてみて落ち着く
9-9: 道を挟んだ建物の塀が綺麗な借景になり、視線が留まる場所になる
9-10: 少し距離のある奥行き方向の壁に、90度横向きで他者が座り、空間に重しをもたらす
9-11: 天井までの本棚の横にカウンターの抜け構造もあり、単調でないし、圧迫感もない
9-12: カフェに本棚があると、何が置いてあるのかと興味を掻き立てる
9-13: 表通りがファサードに比べて斜めに走るので、歩く人が近づいても距離が取れて圧迫感がない
9-14: 右側に僕だけが占有する小スペースがある
9-15: ランプの光の輪が空間にメリハリと意識の置き所を作り出す
9-16: コンクリートとこげ茶と緑の配色がクール
9-17: コンクリートの中に、少量のこげ茶と緑とオレンジランプが意識の置き所になる
9-18: 店内が少々暗く、大きな窓から見える路地が明るいことで、店内のものごとからのプライバシー侵害が軽減される
9-19: 身体の向きを微妙に変えて居心地が急激に改善するケースでは、とても危ういバランスの上に成り立ち、意識は自由に羽ばたかない
10-1: 夕暮れの暗さの中に、明るい駅の動きが見えていて飽きないカフェ
10-2: 外界が暗く、電車の動き（横長なので）がテラス柵の枠内に収まり、映画スクリーンのよう
10-3: 隣の店が裏で繋がっている
10-4: 隣の店との境界に陣取ると、両方の雰囲気に浸るのが楽しい
10-5: 隣の店との境界に陣取ると、奥まった場所に押し込められた感覚がまるでない
10-6: 別種のことをしている人が近くにいても、邪魔にならない（パソコンをしている人vs.小物を眺めている人）
10-7: 暗い外界は通行量が多くてもI don't care（邪魔に感じない）
10-8: テラス席と、さらにその外界へと、意識を彷徨わせる対象が複数存在する
10-9: 縁側としてのテラス席
10-10: 奥まったスペースから外を眺望できるエリアでは、店内のことはI don't care（完全なるプライバシー）
10-11: 意識は外界の闇に向かうが、身体は明るい現実世界の際に留めて安心感を担保する
10-12: 自分だけが知っている、奥から別世界に通じている抜け穴感（「マルコビッチの穴」的）
11-1: 坂道の途中にあり、中二階まで石段で登るカフェ
11-2: 従業員スペースまで距離があり、邪魔を感じない
11-3: ワインボトル空瓶が並ぶカウンターは陽気でライブリー
11-4: 壁に情熱的な赤い斑点、スポットライト、そして赤チェックの店員制服
11-5: 入り口を入ると古い一枚板の大テーブルがあり、その中央に観葉植物がデンと存在、そこが主役の舞台
11-6: 太い大黒柱の側面が黒板メニュー
11-7: 下がり天井のエリアは特別感
11-8: 壁ではなく柵的な構造で空間を仕切ることの軽快さ
11-9: 雑然の一歩手前の多様な骨董物がたくさん置いてある
11-10:ライトを浴びた中央舞台と背後スペースの存在
11-11:スポット的な光がたくさん使われていることで、光の濃淡陰影を作り出す（空間にメリハリと緩やかな仕切りを与える）
11-12: 無味乾燥なオフィス街（半蔵門）にポッと出現するライブリーで情熱的な居場所
11-13: 喧騒の中にあってもマイスペースが確保されている棲みわけ感覚

図7.4の続き(2)　23のカフェの記述から抽出した329個の生タグ

11-14: 自由奔放に伸びる観葉植物は、思い思いに棲みわけする感覚と呼応する
12-1: 住宅街の中にあり、狭い庭通路を経てゴージャスな入り口
12-2: 階段を上がって広間のような贅沢空間
12-3: 入り口広間とは別色で統一された奥まった空間
12-4: ロールスクリーンが下され外界とのつながりがなく鬱屈
12-5: 天井が低いと隣の音声が全て圧力となる
12-6: 密度の濃いカフェでは背中で全てを背負い、窓に向いて座ることでなんとかプライバシーを確保する（厳しいギリギリ感）
12-7: 2階の窓から通りの通行を眺め、向こうからは見られていない優越感
12-8: 暗い色調の場所に太陽が差し込まないと、人の密度感が高まる
12-9: 両方の空間に人が存在して初めて、部分空間の緩やかなつながりを感じる
12-10: 複数の空間が緩やかにつながっていると、空気が流れ、意識を彷徨わせる対象となる
13-1: カフェのファサードに対して表通りは斜め
13-2: 入り口の少し離れたところに大きなメインテーブル
13-3: 歩道が広いと、車道までに距離ができて、表通りがとても優雅に見える
13-4: カフェへの直射日光がなく、通りの向かいのビルが照らされているのが優雅
13-5: 表通りからの逆光は、間に陣取る他者の存在をかき消してくれる
13-6: 大テーブルを斜めの角度から俯瞰する位置に陣取ると多様で楽しい
13-7: 車の往来が激しくても十分距離があって、明確に見えていれば、外界とのつながり感を得ながらプライバシーは守られる
13-8: 外界の流れや動きが激しいカフェでは、パソコンで仕事をするくらいの集中する対象がある方が良い
13-9: 外界の動きにつながっていると、認知にある種のリズムが生まれる
13-10: 近くに人の動線があっても、その方向と陣取る位置が交わらなければ、プライバシーは侵害されない
13-11: 床から天井までのガラス窓
13-12: ガラス窓がロゴ的な構造物で2つに分断されることで、外界の動きがスクリーン上映に見える
13-13: カウンターの上に、天井からぶら下がる桟構造があり、従業員スペースがスクリーンに見える
13-14: 大テーブルとその頭上のライトの列で強い軸線がある
13-15: 天井が高いこと、ぶら下がるライトの列にも軸線があることで意識は自由に彷徨う
13-16: ショールームとカフェの緩やかなつながり
14-1: 間口が斜めに切ってある
14-2: 淡い色に赤が効果的なアクセントカラー
14-3: 赤は輪郭や縁取り、桟、バーなど面積は小さい
14-4: フルーツコンセプトと赤色がマッチしている
14-5: 小径とカフェの境界は柱と観葉植物、空気は行き交う
14-6: 小径の活発な行き来が目の端に入る
14-7: テントの張り出しキャノピー
14-8: 長方形スペースの奥の壁が斜めなので、意識が流動的になり得る（行き止まり感がない）
14-9: 意識が自然に流れる方向に小径がある
14-10: 間口が斜めだと、来店するお客さんからの圧力／侵害感が減る
14-11: 斜めの壁際に座る人は、他のエリアの他者と視線が交わらない
14-12: スポットライトで照らされたエリア（重要ポジション）にいる
14-13: 格子状の棚、観葉植物の存在が、視線の抜けを提供する
14-14: 下がり天井が白くて浮遊感がある
14-15: フルーツのコンセプトと浮遊感がマッチしている
14-16: インターネットサイバー空間、虚構的な街という六本木にあって、清楚で気取らない雰囲気で地に足がついている
14-17: 自然に根ざした食材のカフェは地に足がついている感がある
14-18: 赤色の生命観
15-1: ナチュラルな木のぬくもりのパン屋
15-2: コの字型の中庭
15-3: 外界への視線の抜け
15-4: 板の間デッキ（縁側）とその外が中庭
15-5: 表通りから段差が複数回あってカフェになる
15-6: 二三段の階段は、コンクリートの日暮里から木のぬくもりのある別空間へ身体ごと入るため
15-7: 木のぬくもりの中に黒塗りの板張りがポイントカラー
15-8: ファサードはほとんどガラス戸
15-9: 入り口を入ると曖昧な空間、そこから左右へ、そして中庭へ
15-10: ガラス戸による視線の抜けが多くて、入り口付近を余計曖昧なエリアにする
15-11: コンクリートの無機質色に、パンの焼き色がコントラスト
15-12: パン工場、コーヒーマシンなどの機械感と木のぬくもりの対比
15-13: 本屋スペースとカフェが中庭を挟んである
15-14: オレンジライトで本屋が暖かく浮いている感

図 7.4 の続き (3)　23 のカフェの記述から抽出した 329 個の生タグ

15-15: 知的好奇心と食欲
15-16: 黒塗りの板張りにオレンジライトが映え、ライトが別空間へと誘う
15-17: パン粉や食べ終わりの食器はなどは雑然感を増す、色味の統一感も損なう
15-18: 縁側デッキに人が存在すると、空想を羽ばたかせる邪魔となる
15-19: 多様な意識の停留ポイントがある（観葉植物、黒塗り、オレンジライト、芝生の中庭、本屋空間）
16-1: 階段ホールがガラス張りで階上階下が見える
16-2: 階段ホールが優雅な大きさで、上下に自由な行き来を許す開放性
16-3: 明るい太陽に照らされた街の活動がそのまま目に入る（街に開いている）
16-4: 街は見えるけれど、音は聞こえない
16-5: 街のランドスケープ（坂道）の途中にある
16-6: 中央に階段ホール構造、左右に注文エリアとカフェエリアに分かれる
16-7: 背中は路地に面したガラス（路地が高く、埋まった感じ）
16-8: 街の活動が映像を見ているかのよう
16-9: 無垢材のナチュラル感
16-10: ナチュラルな木の柔らかさのサラダカフェ
16-11: サラダの食材が育つ農園への連想を掻き立てる
16-12: 他のお客さんと視線が合わない配置の妙
16-13: 多様な行動をアフォードする空間、そして多様な行動をする人たち
16-14: 他者とともにあるが、互いにプライバシーを保つ
16-15: 多様な小空間に分かれている
16-16: カフェだが、小物屋さん的な陳列が楽しい
16-17: お客さんの密度が高くない
16-18: 気に障らない程度の小さな動きをもたらすものあり
16-19: 光を反射するような小物が存在することで、外界を連れ込む
16-20: 意識が様々な小空間、外界に舞い飛ぶ
16-21: 区割りの密度が高く窮屈感を与える街にあって、それとは対照的に外界への開放感が高い
17-1: 長い下り坂（上り坂）の途中にある
17-2: よく知っている通りの知らないエリアにある
17-3: 車道や歩道に対してファサードも店内も斜め
17-4: 斜めに車道を見ると、車の動きに変化を感じる（近づいてくる／遠ざかっていく感）
17-5: 斜めに車道を見ると、車の動きは直接は迫ってこないから圧力を感じない
17-6: 狭いカウンターにカウンターの中の従業員スペースが広い
17-7: カウンターの前は通路、しかし、そこに壁に沿って長イスでカフェスペース
17-8: 注文スペースとカフェスペースの距離がないと圧迫感
17-9: 入り口を入ってまっすぐの位置に注文カウンター（願望）
17-10: 密度が高いことでライブ感
17-11: 通路の軸線の延長上に陣取ると動線の圧力にいたたまれなくなる
17-12: 天井が高いと人は上方向に視線をやる
17-13: 低い席に陣取る人が上方向に視線をやると、高い席の視線と交わる
17-14: 一人だけ違う方向を見ると、密度の濃いライブ感から疎外される
18-1: 夕暮れ時の街の暗さに対比したオレンジライトの店内が暖かい
18-2: 夕暮れ時の暗さの中で目の前のスーパーの入り口付近だけが明るいので、意識の置き所になる
18-3: 夕暮れ時の暗さの中に点在する光と、カフェの中のオレンジライトが光の繋がりをもたらす
18-4: 天井が生木の組構造
18-5: 組構造の中に埋め込まれたダウンライトがスポット的に照らし、明暗の濃淡を作り出す
18-6: 明暗の濃淡が小空間をいくつも作り出す
18-7: 夕暮れ時で外光がないからこそ、明暗の作り出す小空間が機能する
18-8: 天井の生木のナチュラルな色味がオレンジライトの地を成す
18-9: 桟にガラスをはめ込んだ仕切りは視界を自由にする
18-10: コーヒー屋としての普通の雑多な調理音が気楽さを醸し出す
18-11: 近くを走る電車音がくぐもって振動は来ないので、効果音としてのアクセント
18-12: ボサノバと夕暮れ時とオレンジ色が相対的にほっこりさせる
18-13: 普通のしつらえなんだけれど、どこかほっこりする空間は、自分の街に帰ってきた時に、家に帰る前に、無計画にふらっと入る
19-1: 東大の敷地に和菓子カフェ
19-2: 屋外空間が屋内よりも圧倒的に広い
19-3: 規則正しいわけでもなくランダムなわけでもない板張りのファサード
19-4: 光がチラチラ目に入るのはうざい
19-5: 背中に午後の太陽が直接当たるのは不快
19-6: 椅子の座面はテーブルに向きあえる姿勢を保って欲しい
19-7: 細い木の板に囲まれている
19-8: ランダムでも規則正しくない構造に、身体との間合いが微妙に変化して、ファサードの奥行きを感じて引き込まれる

図 7.4 の続き (4) 23 のカフェの記述から抽出した 329 個の生タグ

19-9: カフェの横の小径に太陽は差し込まず、向かいの建物の壁に輝く反射光
19-10: 反射による間接光があれば、カフェが陰の中にあるのは却って落ち着く
19-11: 風が抜ける通り道であり、その先が森、光が差していないからこその落ち着き（風だけ動いているのが良い）
19-12: 小鳥の声、遠くから街の車の音、多様な音が流れ、流動的に世の中と繋がっている
19-13: 細い木の板張りが流れる風とマッチしている
19-14: 森でもない、街でもない、大学でもない、中間領域
19-15: 中間領域的な場所に猫が佇む
20-1: 壁に沿って走る長椅子の強い方向性が、床から天井下までの大きなガラス窓を通して、視線を外界に向かわせる
20-2: 強い軸線や方向性の途中に、そういう方向性がない小さなものがあることで、意識が多様にさまよう
20-3: 自転車が悠然と走る広い歩道がすぐ外にあるので、外界の動きも一様ではなく、意識を多様に彷徨わせること出来る
20-4: 光が表通りと対面の建物を照らし、歩道とカフェが日陰であるという明暗のメリハリが、静かに佇む場所として落ち着く
20-5: 自転車は一瞬だけ陰の中を通り抜けるので、一瞬の脇役的なアクセントになるのが良い
20-6: 陰から日向を眺めることが、こちらだけ垣間見ている感をもたらし、思考を様々な物事にめぐらせることができる
20-7: ふつふつとエネルギーを暗闇から湧き出させるようなソフトロックが、文章がふつふつ沸き起こるのを助ける
20-8: 強い軸線に直角に向いて座る他者が、逆光で顔が見えないから、意識の置き所として機能する
20-9: 店内や外界も含めた様々な物事に意識を彷徨わせることで、この空間を自分が支配している
21-1: 小径に面した穴倉のようなカフェ
21-2: 奥行き方向に少しずつ段が下がり、従業員エリアは地上と同じで、カウンターが高いので見上げる感じ
21-3: カウンター横の通路にも少し長椅子を置いて簡易的カフェエリアとして使う
21-4: 従業員スペースが贅沢なくらい広い
21-5: 外光が従業員スペースを通して上からくる
21-6: 従業員スペースは高い位置にあり、小径や外光も相まって、舞台となっている
21-7: カウンターの洗った食器が綺麗に積み上げられている
21-8: 段差のあるエリアであることと席の向きが、視線が交わらないようなデザインである
21-9: カップルは互いに話をしているので、他者と視線は交わらない
21-10: 穴倉カフェでデザインすべきは視線コントロール
21-11: 穴倉に降りていくことで入り込んだ感あり
21-12: 多様な小空間を段差と席の向きでつくる
21-13: 小電球の並びと外光が穴倉と外をつなげる
21-14: カップルの存在は、視線は交わらないし、意識を彷徨わせる対象物の一つとして機能する
21-15: 通路スペースの他者も逆光で顔が見えないので、意識を彷徨わせる一つの対象になる
22-1: ホテル、駐車場というコンクリートの雰囲気を通り過ぎて奥に柔らかい雰囲気。ここだけ別世界
22-2: 丸太のカウンターが掃き出し窓を中庭まで貫通して、視線を誘導する
22-3: 中庭の向こうは板張りの塀で視線はそこで止まる
22-4: 丸太の断面による中庭テーブル
22-5: 丸太に象徴されるように木をそのままいかした素材でナチュラル、ほっこり
22-6: 枯れ木を乱雑に縛ったオブジェが天井からぶら下がる
22-7: 中庭側から差し込む午後の太陽が丸太の軸線を奥まで忍び寄る
22-8: 重量感のある丸太が日光で軽さを生み、自然の中にある様を想像させる
22-9: 太陽が差し込まなくなると、濃い色に沈み、軽さが失われ、閉鎖感が増す
22-10: 逆光で他者の顔が見えないと、空間を彩る重石として機能する
22-11: 光は明暗のメリハリで空間に変化をもたらす
22-12: 白っぽい雰囲気にオレンジライトはアクセント
22-13: コンクリートと木の生感をつなぐのは日光
23-1: オフィス街に間口の狭いカフェがポッと出現
23-2: ビルの谷間で表の路地にも日は差さないが吹き抜けの二階の窓から空が見えるので圧迫感がない
23-3: カウンターで注文する客のお尻を細長いカフェスペースから見ることになるのはダメ
23-4: ソファ席の背もたれが緩やかで上を見ると吹き抜け
23-5: 階段の下の下がり天井エリアは穴倉的で独立空間
23-6: レンガを貼った壁は暖かい
23-7: 穴倉から空を眺めるのが特別感を醸し出す
23-8: カウンターの向こうは従業員なので、距離を取れれば良いのだが
23-9: 背もたれの角度が視線を上向きにして、カウンターの従業員と交わるとプライバシーがない

図 7.4 の続き (5)　23 のカフェの記述から抽出した 329 個の生タグ

第8章

実践研究事例その2：街の見心地を探る

見心地とは

コロナ禍がもたらした生活習慣の典型は散歩かもしれない。住み慣れた街をじっくり歩けば、普段なにげなくやり過ごしてきたものごとにふと目がいくものである。この坂道は歩いたことがなかったけれど、緑に覆われて穏やかな気分になる。いつも車を走らせる通勤路と線路の間にこんな谷地があったのか。この路地の存在は知っていたけれど、初めて踏み入れてみるとなんと密やかな時間が流れていることか。実は通勤通学や生活必需品購入のために使う道は街の一部に過ぎず、住み慣れていると言いつつ知らなかったことはたくさんあると思い知る。散歩は街に潜む多様な小世界との出逢いをもたらしてくれる。

本章で紹介する一人称研究を実践したのは、当時諏訪研究室の学部4年生だった佐野さんである（以下、佐野と称する）。2019年4月から12月にかけて卒業プロジェクトとして研究に取り組み［佐野 20］、卒論執筆とともに学会の研究分科会で発表した［佐野，諏訪 20］。佐野は住み慣れた街の風景を真新しい目で見て感じるための数々のワークを自ら編み出しながら、8ヶ月という長期にわたって街のさまざまな風景と対話し、その心象風景を紡ぎ、描き、その魅力を語ることを繰り返した。それは街が内包する様々な小世界との遭遇を得る道のりでもあった。

自身がふと目を留めてしまうような「気になる風景」とはどんなものなのだろうか。街のなにを見ているのだろうか。その問題意識が佐野の研究動機である。佐野は「見心地」という造語を編み出した。第7章のトピックは「居心地」だったが、彼女のトピックは「見るのが心地よい」という身体感覚の探究である。

見心地の事例：「私、眩いのよ」と主張する白い建物

見心地のよさを存分に語るために佐野が編み出した手法は、(1) 風景の写真撮影、(2)写真のなぞり描き、(3)手描き模写、(4)からだメタ認知の記述、(5)エッセンスタグの抽出（第７章で解説した生タグ抽出法による）、(6)KJ 法、(7)デフォルメグラフィックアート制作、という一連の工程である。ふと気になる風景に遭遇したら写真を撮り、その後家に帰ってから一連の作業を行う。

まずは実例を紹介しよう。図 8.1 は、佐野が歩いているときにふと空を見上げ、紺碧をバックに映える白い建物が陽を浴びて輝く光景にグッときて撮影した写真である。この風景を基に、彼女が行ったなぞり描き、模写、デフォルメグラフィックを図 8.2 に示す。

白い建物の窓か金属部材かがピカンと光ることに目を留め、「私、眩いのよ」と激しく主張してくる様を想起したという [1)]。デフォルメグラフィックは、実物の写真、なぞり描き、模写とは、必ずしも同じ形や配置になっていない。一連の工程を経るにつれて、実際に目が捉えている像のなかから、佐野にとって重要な意味をはらむ特徴や側面だけが強調され、その他のものごとは捨象される。デフォルメグラフィックは、その過程を経て醸成された心象風景であるといってもよい。このデフォルメグラフィックは、単純な直線だけからなるシンプルな図形の重ね合わせになっている。白と灰色の三角形が交わるあたりに光の星形があり、青色四角形がその背景をなす [2)]。幾何学図形の集合になった経緯については、各工程を詳しく解き明かす節で述べる。

図 8.1　白い建物に出逢う（[佐野 20] から転載）

1）第４章で論じたように、この記述では佐野が建物を擬人化し、建物に対する二人称的共感を得ている。一人称研究が二人称視点からの記述を伴うことの典型的な証例である。

2）下の大きな三角形が灰色、光の星型の側の小さい三角形が白である。その上部に位置する四角形（右下は隠れている）が青色である。

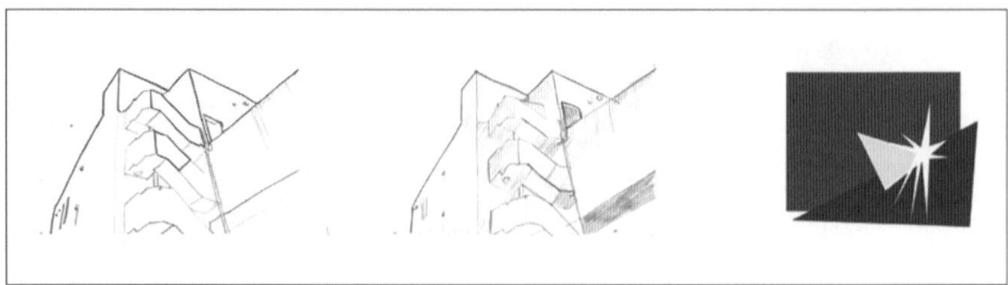

図 8.2 （左から順に）なぞり描き、模写、デフォルメグラフィック（[佐野 20] から編集して掲載）

気になる風景を撮影しては、なぞり描きと模写を行い、その都度からだメタ認知の記述を繰り返し、最後にデフォルメグラフィックを制作するという一連の行為は、ひとつの風景を繰り返し「触れるように見る[3)]」ことを促す。触れるように見ることによって、なにげなくやり過ごしてきた風景を再解釈し、その奥に潜む魅力に気づくことができるようになる。そしてそれが習慣化すると街の見え方が一新される。一連の工程を経なくても、街で出逢う風景のほんのちょっとした特徴やふとした違和感に目が留まるようになり、それを皮切りに街が新しい表情をもって現前に立ち現れる。久しぶりに訪れた街や旅先でも自分だけのオリジナルな見え方を経験するようになるに違いない。

工程1：景観と出逢う

図 8.1 の写真を事例として、見心地を導出するための一連の流れを解説する。まず、普段の生活の中でふと心地よいなと感じる瞬間を逃さないことが肝要である。わざわざ写真を撮りにいくぞと思って心地よい景観を探すわけではない。「ふと感じる」というのは心地よさを直感するということであり、この時点でなぜ心地よいかを説明できる必要はない。

ひとの視界は写真フレームのように長方形ではない。現前に広く散らばって生起しているものごとの総体として心地よさを感じているはずなので、長方形の写真フレームに収めようとすると満足いかないこともしばしばである。風景に対してとる距離、角度、そして被写体のものごとのフレーム内での配置を、理想には到達しなくてもできうる限り考えて撮影する。この時点になって初めて、心地よ

3) 第4章でも詳しく論じたように、なぞり描きや模写はまさに「触れる」行為である。

さの理由／源について言語的とまではいかなくても若干考えるモードに入ることになる。風景に目を留めるのは直感的に、写真撮影においては若干思索的に行う。

工程 2：風景を語る

見心地よさの理由を考えはじめて少しずつことばで表現する。心地よさは、元来、直感的判断であるため、暗黙知的である。すでに頭の中で言語的に表現できていることを外に出す（書く、喋る）だけではなく、なかなかことばにはなりにくい体感なるものを一部でもよいから言語で表現しようと努めるというからだメタ認知の考え方を実践する。からだメタ認知を実践するために、佐野は第 5 章で解説した写真日記の手法[4]を駆使した。

図 8.1 の風景に対する記述を図 8.3 に示す。下線部が事実記述である。解釈記述と経験記述の境界は難しい（ひとによって解釈が異なっていてよい）が、私（諏訪）は網掛け部分が経験記述、それ以外の部分は解釈記述と判断している[5]。

青い空に白い建物のコンビネーションが好きなんだと思う。以前、中目黒で町歩きをしていた時も、青空と白の建物に着目して最終課題をやった。その時は建物が洗濯物のタオルみたいに見えて、気持ち良さそうに日を浴びているように感じていた。白は黒と比べて光を反射する。スキー場で日焼けをしてしまうように、光を吸収しない特徴がある。光を反射させている状態の建物を見て、その状態が「ひなたぼっこ」に見えるのだと考えている。そして、光の話をするとほぼ毎回出てくるのが影の存在。影だっけ陰だっけ、これについてもいつも迷うけど、今回は影で。ふと空を見上げて、白い建物に気づく。でも気づくのは白い建物の全体や存在そのものではなくて、光が当たっている部分の、その「当たっています！わたし！」と主張が激しい部分。建物の金属か窓か何かが陽の光を反射して、ピカンと眩しい。アニメで輝かしさ、まぶしさを強調するために使う光のよう。よく写真に入り込んだな。実際はもっと眩しいいし、私が少しでも動けば光はなくなったりずれたりするが、そんなことはこの写真一枚では分からない。数週間経ってから（色々忘れてから）この写真を見返せば、「ああこの写真眩しそう」と思うのだろう。しかし、ずっとこの建物は眩い光を反射させて私に送っていたわけではないということをここに書いておく。

図 8.3　写真撮影直後のからだメタ認知記述（[佐野 20, p.119] より引用）

4）3 種類の記述（事実記述、解釈記述、経験記述）を分けて書かず、混在させて書く方法を採用した。
5）詳しくは第 5 章を参照いただきたい。

工程 3：写真をなぞる

写真を印刷し、その上にトレーシングペーパーを置いて風景をなぞる[6)]。なぞると、写真を漫然とみているだけではやり過ごしてしまうモノ、ひと、その形や大きさや角度、位置関係、輪郭線や面のテクスチャーなどの特徴に気づくものである。対象にしっかりむきあい、触れるからである。身体は暗黙のうちにそれらの特徴を受け取った結果として、その見心地を感じているはずである。たとえば、多様な紋様が薄く浮き出るようなザラザラした壁とつるんとして一面に光沢のある壁では、身体が感じとることは大きく異なる。なぞるという行為はややもすると意識に留めることから漏れてしまう（写真に写り込んでいる）事実への着目を促す。写真日記において事実記述を書き留めることの意義（第 5 章を参照）とも相通じる。図 8.1 の風景に対する佐野のなぞり画は図 8.2 の左のものである。

工程 4：なぞって気づいたことを記述

なぞり終わったら再び記述を行う。佐野は以下の二種類の記述を行った。ひとつは、なぞり画をみて気づくこと、感じること、思い出すことの記述である。なぞっていた時に気づいたものごとや体感、描きにくかった箇所、線の太さ、なぞっている手の動きについて思い出すことなどである。2 つ目は、なぞり画と元の写真を比較したり重ね合わせたりして気づいたことの記述である。写真と比較することで、色やグラデーション、そして奥行き感、立体感などについての気づきがもたらされるという。

佐野は 2 つの記述を区別してなぞり記述 (1)、なぞり記述 (2) と呼び、両者を分けて書いた[7)]。2 つの記述を図 8.4 に示す。

実際に写真をなぞろうとすると、ちょっとした違和感、疑問、躊躇、発見が頻発するものである。どこに線が見えているか。それは物体の輪郭線か、それとも

---

6) 初期の頃は、デジタルツールに写真画像を読み込みデジタルペンでなぞっていたが、最終的には手描きでなぞる方法に落ち着いた。現在のデジタル技術をもってしても、ペンの応答性、筆圧に応じた線の属性、ペンのタッチ位置の空間分解能は紙には及ばない。「触るように見る」ことを目的にする場合、その微妙な違いは致命的であるため、アナログでなぞることがベターであろう。

7) 私は個人的には、区別せずにひとつの記述として書いてもよいと考える。重要なことは、写真を基にした工程 2 の記述とは異なり、自身の身体でなぞり画を制作したからこそ感じること、気づくことを、写真と比較しながら記述するということである。

面と面の境界か。光が差し込む様子は線として見えるが、どうやって描けばよいのか。陰や色の濃淡（グラデーション）はどう描けばよいのか。詳細に見ると、空の色にもグラデーションがあるのか。建物のこの奥まった部分はどんな構造になっているのかよく見えない。木々は幹、枝、葉っぱ（奥にある葉や手前にある葉）などが複雑に交錯して見えるが、どう描けばよいのか。

<なぞり記述（1）>
今回の写真に写るモノはこの建物だけ。建物と空の隔たりから線を描き始めたのは、すごく自然のことだと思う。はっきりと青とグレーで色が分かれる直線に鉛筆をすーーっと走らせる。同じ建物でも、光の当たり具合で暗い部分と明るい部分が出てくる。そこの境界もぱきっとしていて、線をなぞっている時もそこにしっかりとした線を描いている。空は、実際には青のグラデーションがあるのだけれども、それを線でなぞることはできない。鉛筆で描いてぼかしてもそれを表現することは難しいと判断し、空部分には何も描かなかった。トレースだけを見ると、紙の左上は空白。そもそもなんでこの建物をこの角度で撮ったのか、思い出してみる。私は近所の遊歩道を歩いていて、歩いている途中にこの建物を見つけた。歩いている途中に、一瞬だけどこからか眩しい光を当てられたのが気になり、探して見つけたのがこの建物だった。屋上の窓のようなところから太陽の光が反射して、ちょうど遊歩道を歩く人の視線に光を照らしている。その光の眩しさも含めて、この建物を空を背景に撮ろうとしたのだった。光はモノではなく、分かりやすくここからここまでが光で、あとは違う、みたいな境界線はない。でもこれはトレースにも反映させたくて、実際に色の変化が起きているところをなぞり、その延長で少し想像の光の線も描いてみた。光が最もよく当たっているところも、建物と空の境界と同じくらいこの写真の重要な部分であると確信したので、その確信を忘れないためにも、最初の線とは違う、より太く確かな線出で上書きした。

<なぞり記述（2）>
黒く囲った線が、太陽に照らされている建物の白を目立たせる。半透明の紙を通してだと、写真が表す光の眩しさは見えない。でも自分の描いた想像の光の輪郭で、「そうそうここ光っているのよ」と思い出させてくれる。建物の影になっている部分もグレーのグラデーションがある。なぞる時はそれが見えていたけど、出来上がったトレースの紙と写真を重ねて改めて眺めてみて思うのは、そこのグラデーションについてはあまり興味がわかないということ。トレース紙が半透明だから暗い色の変化には気づきにくいということもあるが、私がこの景色を写真に撮った時に注目していたのは、ぱきっと明確な色の変化が起きている部分の方だったからかもしれない。青と白とグレー、この3色がぱきっと分かれているのが気に入っているわけで、そのグレーの中の数段階のグレーについては気づいているけどそこまで気にしていない。

図 8.4　なぞった後のからだメタ認知記述（[佐野 20, p.119] より引用）

様々な疑問が飛び交い、描くことへの躊躇さえ生まれる。しかし、目的は、正確に上手に描こうとすることではない。世界は多様な小さな面と、面と面の関係から構成されていること、ひとつの面は多様なグラデーションを内包して見えること、面と面が連続する場合にはその境界が線として見え、面と面が手前／奥の関係をなす場合には手前面の輪郭線がみえること、などに気づくことが重要なのだ。この面はこんなにも面積が大きかったのか！　木々の枝はこんなにも複雑な形を呈していたのか！　形の大きさ、角度、複雑さなど、新たな発見もある。身体を駆使してなぞったからこそ生まれた躊躇、わからない感、気づき、驚き、なんともいえない体感を、なぞり画の線や痕跡を通して思い出し、それをことばとして表出するのだ。なぞる行為に伴って心身が得たものごと（からだメタ認知）の記述である。これも研究対象にむきあい、触れるということである。

佐野のなぞり記述（1）を見てみよう。「歩いている途中に、一瞬だけどこからか眩しい光を当てられたのが気になり、探して見つけたのがこの建物だった。」とある。この景観に出逢う経緯についての初めての言及である（工程 2 では言及はなかった）。一瞬顔に当たった光に意識を奪われ、その源を探しあてたことで「風景と出逢う」というのが素晴らしい。

さらに、「その光の眩しさも含めて、この建物を空を背景に撮ろうとしたのだった。光はモノではなく、分かりやすくここからここまでが光で、あとは違う、みたいな境界線はない。でもこれはトレースにも反映させたくて、実際に色の変化が起きているところをなぞり、その延長で少し想像の光の線も描いてみた」という記述は興味深い。眩しさを撮影したかったということ、なぞりでもなんとか眩しさを表現したかったということを再認識し、そのために自身はどういう描き方をしたのかを自覚的に振り返ってことばにしている。

本章で紹介する数々の工程は、身体で作業をなしては、その作業で生じた思いや体感を記述する（からだメタ認知の記述）ことの繰り返しから構成されている。繰り返しこの工程を設けることによって、心身が世界と出逢う経緯に対する再認識、心が動かされた側面、その側面をどう表現しようとしたかについての自覚が促される。そして、日常に偏在するなにげないワンシーン（景観）が本人にとってかけがえのない「風景」になる[8)]。

8）ランドスケープデザイナーの石川は「景観」と「風景」を区別する［石川 20］。前者は客観的に観測可能で、植栽計画において物体的に操作可能な対象として分析できるものを指す。それに対して、後者は景観のある環境にひとが出逢って生まれる（環境とひととの）関係を指す。関係とは、ひとが環境の何かに着目し、そこから何かを想い、心が動かされ、ある心象風景を得るという、時間の経過も含めた一連のできごとの総体を意味する。したがって、「風景」とは多分に個人固有性をはらみ、論理一貫性が必ずしもない、物語的で主観的な産物である。

工程５：手描きで模写する

次に、なぞり行為とは異なり、白い紙に模写する。なぞりでは写真の上にトレーシングペーパーを置いていたので、写っているものの長さ、大きさ、角度、位置関係を自分で考える必要はなかった。しかし模写するとなると、写真を注意深く見ながら長さ、大きさ、角度、位置関係を調整することを必要とされる。それらが現実からあまりにかけ離れると、模写した絵の至る所で辻褄が合わなくなる。模写した絵にはどうしてもそれなりのずれ、歪み、差異は生じる。程度問題だがそれは構わない。模写図の正確さを求めることが狙いではない。

写真に写るものの長さ、大きさ、角度、位置関係は、身体では感じているはずなのに、意識ではややもすると無自覚になりがちである。それらのことへの無自覚を脱し、写真に写っている景観と「意識的にむきあう」ことが肝要である。この工程は、なぞりと同様に、被写体の些細な特徴や関係性に気づくことを促す。図 8.2 の中央が佐野の模写である。

工程６：模写して気づいたことを記述

そして再び、模写をして気づいたこと、感じたことを記述する。スペースの関係上、佐野の全文を掲載することは控え、以下の引用に留める。佐野曰く

> フリーハンドの方にしかない線が何本かある。（中略）フリーハンドは写真を見ながら別の紙に描く分、写真そのものはトレースより見やすい。結果、トレースで見出すことができなかった部分も描くことができる（[佐野 20, p.119] より引用）。

なぞりでは必ずしも見出せなかった線を模写では再認識して描くことができる。なぞりと模写を併用することで、より景観とむきあうことが促されるということであろう。

工程７および８：生タグ（風景とのむきあい方のエッセンス）の抽出

ふと写真撮影をした景観に、あの手この手で多角的に「触れ、むきあう」工程

を繰り返してきた。その集大成としてデフォルメグラフィックを制作する（工程9）ことを通して、佐野は風景との出逢いを総括する。工程7および8におけるタグの生成はそのための準備である。

タグの生成手順は第7章で紹介した手順と同様である。

1. 工程2、4、6で得られている四種類の記述から、重要なものごとを表現した箇所を選定し、その意味内容を要約してフレーズや短い文章を作成する（これを「生タグ」と称する）
2. すべての生タグを基礎データとしてKJ法を行う

というプロセスからなる。

第1のプロセスについてさらに詳しく論じる。四種類の記述は、本人がある景観にふと目を留めて写真撮影したことを皮切りに、なぞり描きと模写を通して、その風景とむきあってきた様を表現したものである。その過程で本人は、当初の景観をなんども再体験し、工程6までにある種の心象風景を醸成するに至っていると考えられる。したがって、この四種類の記述の意味内容を要約して抽出された生タグの各々は、本人の「風景とのむきあい方」のエッセンスである。より具体的にいうならば、

- 景観のどういう特徴にふと目を留めたか
- その特徴にどんな解釈を施し、意味を与えたか
- そこからどんな想起や連想を抱いたか
- どんなやりかたでなぞったり模写したりしたか
- なぞったり模写したりして改めて（もしくは初めて）何に気づいたか

などの内容を表すフレーズや短い文章が抽出されている。

記述中のどの部分を重要視するかは本人の主観で行う。その景観と出逢い、数々の工程を経て意味・解釈を与え、心象風景を抱いたのは他でもない本人であることを鑑みれば、自身にとっての重要さを判定できるのは本人のみだからである。

生タグとして抽出する「フレーズや短い文章」には、できるだけ元の記述に含まれている個別具体的な文脈や情報を含めること、そして風景への本人独自のむきあい方を体現するようなマニアックな文言も残すことを留意するのがよい（詳しくは第7章を参照）。

生タグは工程2、4、6の各々の記述から複数個（記述量にもよるが、慣れた実践者は7〜8個以上）抽出することになる。したがって、工程8では総計30〜40個の生タグを基にKJ法を行うことになる。

KJ法の詳細についても第7章を参照していていただきたい。基礎データのなかで「なんとなく似ている」ものを寄せ集め、3〜5個のデータが集まったらそのデータ群を表すようなタイトルをつける。おおよその基礎データが第一階層タイトルのどこかに収まったら、それらのタイトルと残っている基礎データだけをみて、再び「似ているもの」を寄せ集める。そして第二階層のタイトルをつける。

佐野は図8.3の写真記述（工程2)、図8.4のなぞり記述二種類（工程4)、および工程6の模写後の記述（記述は省略）から、合計21個の生タグを抽出した。スペースの関係上、図8.5には21個中7個を示す（図8.5の左側[9])。そして、21個の生タグを基礎データにしてKJ法を行い、最終的に7個のグループタイトルにまとまった。それを佐野の研究では「タグ」と称している[10]。

生タグ

03-01, 05〜09, 12, 14~16, 18~21：（省略）
03-02：建物が日向ぼっこしているかのように、気持ち良さそうに日を浴びているのを感じる
03-03：光を語ると必ず影の存在も出てくる
03-04：気づくのは光が当たっている「私当たっています！」と主張の激しい部分
03-10：左上の余白に気づき、なぜこの角度で撮ったのかを思い出す
03-11：一瞬だけの眩しさがこの景色を撮るきっかけだった
03-13：光には境界がないことをトレースにも、少し想像の光の線を描くことで反映させた
03-17：半透明なトレーシングペーパーは暗い色の変化に気づきにくい

KJ法 ⇒

KJ法で生成されたタグ

03-A：光からの強いメッセージを受け取る
03-B：建物が気持ちよさそうにしているのは空のおかげ
03-C：境界がない光はその輝きを想像させる
03-D：その角度その瞬間でなければ出会うことのない景色に感謝する
03-E：分かりやすく明確なものはすぐに目がいく
03-F：真っ青な空にもグラデーションはあるが、描けるほどではない
03-G：影の存在は認知していながら、それでも興味はない

図8.5　抽出した生タグ（工程7）と、KJ法で生成された7個のタグ（工程8）

タグの文言をみてみよう。佐野は街を歩いているときに一瞬光を浴びた気がしてふと空を見ると、青い空をバックに白い建物の輪郭の一部が眩しい光を放っていることに気づき、この景観に目を留めたのだった。光が何か強いメッセージを持っていることを体感し（03-A)、光を放つ建物が空をバックに気持ち良さそう

9) 生タグのID（XY-ZWの形）の左側（この場合は03）は写真のID番号（3番目の景観）であり、右側はその景観内でのIDである（この場合、03-01から03-21まで21個)。

10) タグのID（XY-Zの形）の左側（この場合は03）は写真のID番号（3番目の景観）であり、右側は生成されたタグのIDである（この場合、03-Aから03-Gまで7個)。

に輝いている（03-B）ことに出逢った。そして、それはその一瞬だけの出逢いであることに感謝する心持ちが芽生えてきた(03-D)。光には境界線はない(03-C)。ごく当たり前だが普段はあまり考えることもないその想いは、なぞったり模写したりしているときに気づき得たことだった。同様に、03-E, F, G も工程2〜6から得た生タグから生まれたタグである。

これらのタグは、佐野がこの景観にふと目を留めてから、工程を重ねて景観とむきあい再体験しつづけることを経て醸成された「風景とのむきあい方」のエッセンスであるとしみじみ理解できる。

工程9：デフォルメグラフィックの制作

KJ法で生成されたタグの一覧（平均的に5〜10個）を基にして、工程9としてデフォルメグラフィックを制作する。図8.2の右のものが制作したデフォルメグラフィックである。青とグレーと白の単純なる幾何学図形の重ね合わせの境界付近に光を表す星形が居座るという構成である。いわば、この光景に対する佐野の心象風景とみなすことができる。

タグ群は、この景観に出逢って以降、各工程を積み重ねながら醸成してきた「風景とのむきあい方」が凝縮されているものであることを鑑みると、タグ群を基にグラフィックを制作するのは理にかなっている。具体的にいうと、佐野はタグをみながら制作するグラフィックのアイディアスケッチを行い、そのデザインが大まかに決まったら、Illustrator によって仕上げるという手筈を踏んだそうだ。

工程10：デフォルメグラフィックの制作を終えて記述

グラフィックを制作し終わると、早速、考えていること、感じていることを記述する。これで4度目の記述である。各工程の作業のたびに、風景に（新たに）触れるようにむきあうことが促されるため、毎回記述することも変わっていく。作業は多かれ少なかれ身体を駆使する。作業のたびに所感をことばで記述するという繰り返しは、身体行為とことばを行き来することによって体感をことばと紐づけ、その両面から「風景を考える」ことを促すのである。佐野がデザインした工程は、からだメタ認知の基本思想をまさしく体現するような設計になっている。

スペースの制限上、記述全文を掲載するのは省略し、エッセンスだけを引用する。このグラフィックのタイトルは「私、眩いのよ」であり、建物が光を浴びて気持ちよさそうに自己主張する様を表している［佐野 20, p.119］。「青と白とグレーのぱきっとした 3 色で」制作し、「光の星みたいな形は取り入れたい」と思っていたようである。アイディアスケッチで「紙に鉛筆を走らせていたら、線と線がつながって三角ができあがった。じゃあその形の後ろに四角を作ろう」というアイディアが生まれ、空の青をバックに白い建物とグレーの陰の部分ができ、「あらかじめ決めていた星みたいな形も書き加えた」。建物を三角形にしたのは「光に照らされている部分について、目を細めて見ていたらぼんやりと三角形に見えて」きたのがきっかけだそうである。シンプルだが、「そのシンプルさが気に入った」らしい。この経緯を聞くにつけ、デフォルメグラフィックはやはり本人の心象風景なのだとうなずかされる。

工程 11：見心地パタンの導出

佐野は 9 ヶ月間に 16 の景観と出逢い、その都度、工程 1 から 10 を繰り返して各々の光景の心象風景を心に刻むとともに、「風景とのむきあい方」のタグを獲得してきた。全ての工程でうまれた数字を紹介する。16 の風景から 431 個の生タグがうまれた。また、風景ごとに抽出できた生タグを KJ 法で分析し、16 の風景から 167 個のタグが抽出できた。

そこで佐野は 167 個のタグを基礎データにして再び KJ 法を行い、タグをいくつかのタイトルにまとめた。つまり、16 個の風景と出逢い、手を替え品を替えむきあい続けてきた経験を総括するような、彼女独自の風景とのむきあい方の総括パタンを導出したことになる。KJ 法で生成したひとつひとつのタイトルが総括パタンを体現するものになっている。佐野は総括パタンのことを風景の「見心地パタン」と呼んでいる（［佐野 20］［佐野，諏訪 20］）。

見心地パタンは全部で 50 個導出できた。表 8.1 がその一覧である。珠玉のパタン名が数多く並んでいると感じる。これらは、景観に目を留めたことに始まり、写真の撮影、なぞりや模写、グラフィック制作という工程を経て、風景を再体験し、一人称視点の記述を繰り返して佐野が獲得した「風景とのむきあい方」を表現したパタン名になっている。

表 8.1 見心地パタン 50 個（16 の風景から）

ID	パタン名	ID	パタン名
A	すべてを平等に見ることで気づかなかったことに気づく	Z	描けなかったものごとにも気を留める
B	何か一つが際立って見える	AA	自分がそこにいたことを忘れない
C	直線と曲線のコラボレーションを楽しむ	AB	平面でも奥行きを感じたい
D	未来を予想させる	AC	風景の中の事実を見つめる
E	風景に出会うまでの出来事も風景の見え方を左右する	AD	なぞると自分も変わっていく
F	風景のある環境がどのようなところだったか考慮する	AE	季節感がある
G	対比しているものごとの境界に美しさを見出す	AF	思い出の記憶に浸る
H	なぞろうか悩んでもとりあえず描いてみる	AG	色使いが感情に訴えかける
I	視覚以外でも風景を追体験する	AH	写るもの全ての配置に無駄がない
J	もともと描くものごとの好き嫌いがある	AI	思わず身体が反応してしまう（する）
K	自由を感じていたい	AJ	全く気にならないものごともある
L	対立構造があると全体が調和が作られる	AK	写る対象から妄想が始まる
M	たまたま写り込んだものも受け入れる	AL	背景としての空のバランスを教える
N	ディテールから時代を感じる	AM	光からメッセージを受け取る
O	その場その時だから出会えた風景に刹那を覚える	AN	身体で質感を捉える
P	方向性を感じる	AO	思考より先に身体が理解する
Q	描く対象らしく自分も振舞う	AP	曖昧に見えるものごとにもどかしさを覚える
R	空白でごちゃごちゃした頭の中を休ませる	AQ	光と同じくらい影からもメッセージを受けとる
S	デッドスペースはデッドではない、生きている	AR	分かりやすいものにはすぐに目がいく
T	描く線に身体が慣れる	AS	それをそれとして見ない
U	白は他にはない特別な力がある	AT	見えにくいところもあきらめずに目を凝らして見る
V	物語がはじまりそうな予感にワクワク	AU	空の変化には敏感
W	風景の印象と自分の心情が一致	AV	空間全体から模様を見出す
X	異世界に没入する	AW	構図の中にあるエリアに注目する
Y	風景の中に基点を見つける	AX	筆圧で理解度を示す

私がなるほどと感心させられたパタン名を３つとりあげて解説しよう。ひとつめはパタン名「視覚以外でも風景を追体験する」(ID: I) である。再体験の工程としてなぞったり模写を繰り返していると、なぞる手の動きを介して風景の質感を得たり、その風景を身体全体で味わうような体感を得たりすると佐野は述懐している［佐野 20］。パタン I は、目よりもむしろ身体を基盤とした「むきあい方」を表現したものである。このパタン名の生成の基礎データとなった（傘下にまとめられた）タグは

- 触っているかのように水の質感を得る（タグ ID：01-G）
- 実際に踏みしめている感覚で階段を描く（タグ ID：14-F）
- 目だけでなく手からも景色の美しさが伝わってくる（タグ ID：16-G）

であった。それぞれ、写真 01 (図 8.6 の左)、14 (図 8.6 の中央)、16 (図 8.6 の右) の景観から工程２〜６を経て抽出した生タグ(工程 7)および KJ 法(工程 8)によって誕生したタグである。佐野は写真に映る水しぶきの質感、階段を踏みしめる体感、景色の美しさを身体全体で捉えていたわけである。

景観01

景観14

景観16

図 8.6　景観 01、14、16 の写真（各々、［佐野 20］から転載）

ふたつ目の見心地として、パタン「自由を感じていたい」(ID:K) を紹介しよう。ひとは風景写真に写るさまざまなものごとに、独自の意味を付加したり解釈を施したりするものである。このパタン名に含まれる「自由」は佐野が複数の写真に付加した独自の意味であろう。このパタン名の生成の基礎データとなったタグは

- 風景を対角線上に横断する線に意識が向く（タグ ID：02-B）
- 自由でいるものに対して自分も自由になる（タグ ID：04-A）

- 規則正しさは時に息苦しい（タグID：04-G）
- お構いなしな線は清々しい（タグID：13-G）
- 向けられる視界が決められている（タグID：13-K）

の5つである。

景観02

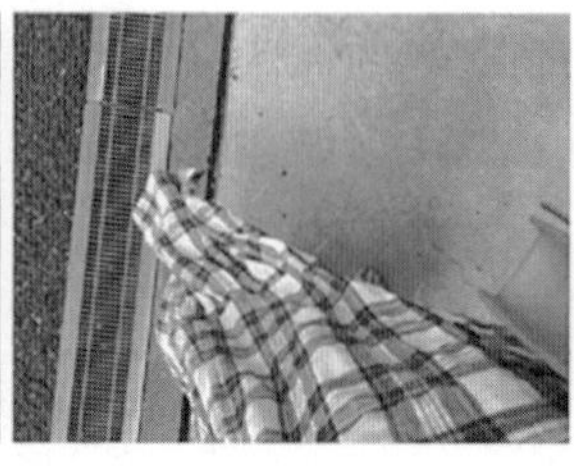

景観04

景観13

図8.7 景観02、04、13の写真（各々、[佐野20] から転載）

タグIDをみてわかるように、元になった風景写真は02, 04, 13である（図8.7を参照）。当時履いていたスカートが風になびく様子（景観04）に、電線や建物の構造を下から見上げて撮影した写真のなかで大胆にも斜めに横断する線（景観02、13）に、堂々とした気風の良さや清々しさを感じ、その風景に後押しされて自分も「自由」でいることができるという意味解釈を付加したわけである。風景の中にみいだした特徴に自分なりの意味解釈を施し、そこに自己を重ね合わせた。

最後に、パタン名「光からメッセージを受け取る」(ID：AM) をみてほしい。読者の皆様はこの文言に憶えがあるはずである。そう！ これは、風景を再体験するための各工程の説明に用いてきた景観03で登場した文言である。佐野が景観03に惹かれたのはアパートの白い建物に反射する光に強いメッセージ性を感じたからである。景観03以外にも景観13（図8.7）と景観16（図8.6）がパタンAMをうむ源となった。AMを生む基礎データとしてのタグは、

- 光からの強いメッセージを受け取る（タグID：03-A）
- 光が縞模様をつくり、目だつ（タグID：13-H）
- モノだけではなくて、モノが光と関わった様子にみとれている（タグID：16-J）

である。いずれの写真にも重要な要素として空や光が写っており、佐野は光がもつ特別の力をそれらの景観に見出したということであろう。

研究成果としての「見心地パタン」の評価

50 個のパタン名を認知の様相という観点で分類してみよう。FNS サイクルの思想（例えば、[Nakashima et.al 06]［藤井他 08］［諏訪 , 藤井 15]）やデザイン認知の一連の研究（第 4 章で解説）を総観すると、認知とは、環境のなかで振る舞う・行動することを通じて、環境に存在するモノ（外的表象物を含む）や人の一部にふと注意を向け、その特徴や関係性を知覚し、それらに意味づけをし、それに応じてなんらかの思考を紡ぎ出し、それに基づいて次なる振る舞い・行動を繰り出すという一連の様相の総体を指す。そこで、

- 風景に働きかける
- 外的存在に注意を向ける
- 特徴や関係性を知覚する
- 意味をつける・解釈する
- 思考する

という 5 つの「認知の様相」を基軸にして分類項目を立ててみると、50 個の見心地パタンの多くは、下 4 つのどれかに分類でき、どの項目にも満遍なくパタンが分類できそうである。「風景に働きかける」は上記の下線部分「振る舞う・行動する」に該当する項目であるが、これに分類できる見心地パタンがない理由については後で論じる。

下 4 つの項目に並列の項目として、「なぞり・模写行為を自覚する」、「周辺環境・状況のなかで風景をとらえる」という 2 つを加えることにした。なぞりや模写を通して風景とむきあってきたことを反映して、見心地パタンのなかには「なぞりや模写のやりかたに対する自覚」に該当するものもある。前者はそのための項目である。この項目は認知の様相の「振る舞う・行動する」に相当するとみなすことができるが、風景に出逢ったそのときの振る舞い・行動ではなく、自宅に戻ってからのなぞりや模写という行為である。もちろん、なぞりや模写をしている際

にも認知の構成的サイクルは回っているので、見心地パタンの評価の目的からすれば、「なぞり・模写行為を自覚する」を認知様相の振る舞い・行為に該当するものとみなすことは妥当である。

景観に出逢った現場での振る舞い・行為に該当するような見心地パタンとして、私は、たとえば「被写体との距離を微妙に調節する」みたいなものを想像してみたりはする。その種のパタンが佐野の研究から生まれなかった理由はさまざまに想像できる。現場ではふと気を留めることを優先し、ある意図を以て景観写真を撮りに行くことは避けたことが大きな要因かもしれない。写真を撮影するときには画角の良し悪しをあれこれ考え、そのために被写体との距離を調節することも、もちろん実践したであろう。しかし、自宅に戻ってから撮られた写真にむきあうときには、撮られなかったフレーム外のビジュアルが残っていないため、現場での画角・距離調整のような振る舞い・行為に意識が向かず、からだメタ認知のデータとして残らなかったのかもしれない。

さて、もうひとつの分類項目「周辺環境・状況のなかで風景をとらえる」について説明する。風景をそれ単独で捉えるのではなく、周りの環境や生活状況との関係で捉えるという「むきあいかた」も数少ないが認められたため、この項目を設けた。「状況に埋め込まれた認知（situated cognition）」の認知思想（たとえば[Clancey97]）からすれば、風景との遭遇はどのエリアを歩いてその風景にたどり着いたかということや、そのときの心身状況に依存することである。したがって、この分類に該当する見心地パタンが制作されたことは、風景とのむきあいかたがまさに彼女の生活文脈やその日の行動履歴に依存していたことを示唆するものである。

6つの分類項目のうち、上記の下線部分「知覚」の下位分類として、

- 注意をむけた対象の属性を視覚的に把握すること（視覚的属性）
- 視覚により空間的位置関係や構造を把握すること（空間的関係・構造）
- 視覚以外の感覚器を通じて把握すること（視覚以外の知覚）
- 行為の誘発を促すような知覚（アフォーダンス）

を設けることができる。

また、「思考」の下位分類として、

- 自身の意味付け・解釈に関連するものごとの連想を掻き立てたり予期したりすること（連想・予期）
- 過去の体験を呼び起こすこと（体験・自己認識）
- ふと感情を湧き立たせること（感情）
- 次なる行為の意図を生み出すこと
- 時間感覚を覚えること

を設けることができる。過去の体験を呼び起こすことは自己を強く意識することにつながるため、同じ分類にする。時間感覚を覚えるという分類項目を最後に設けたのは、時間の流れの感得と自己意識は相互に促しあう関係にあるという木村敏の思想［木村 82］に基づく。

以上を総合して、認知の様相を表 8.2 のように分類し、表 8.1 の各々の見心地パタンがこの分類のどれに属するかを調べてみた。表 8.2 にはその結果も併記した。ひとつの見心地パタンが複数の意味合いを併せもつこともあり、その場合には、複数の項目に属することも許した。

表 8.2　見心地パタンを「認知の様相」の観点で分類

分類項目		当てはまる見心地パタン（合計数）
なぞり・模写行為を自覚する		H, J, T, X, Z, AD, AT, AX（8）
存在（もの、領域）に対して注意を向ける		B, M, R, S, Z, AC, AJ, AW（8）
知覚する	視覚で属性を見出す	A, C, G, U, Y, AG, AQ, AR, AT, AU（10）
	視覚で空間的関係や構造を見出す	P, AB, AH, AL, AV（5）
	視覚以外で知覚する	I, AN, AO（3）
	アフォーダンスを得る	AI（1）
意味づけ・解釈をする		K, L, Q, S, U, X, AM, AP, AS（9）
思考する	連想を掻き立てる・予測する	D, N, V, AK（4）
	体験を想起する・自己を意識する	J, K, Q, AA, AD, AF（6）
	感情を沸き立たせる	R, V, W, AG（4）
	次なる行為の意図を生成する	AA（1）
	時間感覚を覚える	O, AE（2）
周辺環境・状況のなかで風景をとらえる		E, F（2）

一人称研究の意義

たかが風景されど風景である。佐野が日常生活でふと遭遇した景観は16個である。それほど大きな数ではない。その景観を写真撮影するだけに留まらず、なぞったり模写したりして繰り返し風景を再体験し、その都度感じること・考えることを記述し、その記述をもとにエッセンスとしてのタグを抽出し、KJ法で整理することを通して、佐野は風景とのむきあい方のパタンを50個得た。写真の切り取り、記述、タグの抽出、KJ法による整理という各工程は、彼女の個人固有性に濃く彩られている。しかし、注目すべきことは、そうやって得た50個のパタンが、認知科学における普遍的な「認知の様相」の分類に満遍なく分類できたことである。被験者は本人1名のみ、扱った風景の数は少数ではあるが、生活文脈における実践的な体験に基づいて自身の意識の醸成を図る一人称研究を長期間じっくりと行えば、それなりに普遍性を思わせるような認知の有り様（この場合、風景とのむきあい方）が姿を現すのである。

いわば、個から普遍[11)]を生む現象である。なぜそういう現象が生じるかというと、本人が研究する時間の流れの中でひとりのひととして「生きている」からである。研究のための研究ではなく、ひとりの人間として自らの感性を探究しているからである。風景の見心地パタンは、佐野がふと目にする景観に独自の意味を見出したという彼女自身の人生の物語のひとこまにすぎない。しかし、その物語は生き様のリアリティを垣間見させるだけの内容が詰まっているということであろう。

個々の一人称研究が生み出すのは、生きているひとの生き様という物語であって、認知の有り様の仮説にすぎない。しかし、同じ手法によって数多くのひと（研究者を含む）が自身の「生きる姿」とのむきあい方を抽出すれば、そのすべての成果を集めた先には、普遍的な認知の様相が導出できるに違いない。本章で紹介した「風景に対する意識の醸成を図る手法」自体は、誰でも実践できる一般性を有している。

11）個から普遍を生むという考え方は西田哲学の根幹を成す思想［西田 04］である。佐野の研究の場合、より正確を期すならば、「普遍らしきものを生む」であろう。

第9章

実践研究事例その3：音楽鑑賞体験を探る

音楽体験と空間体験の差異

第7章ではカフェの居心地、第8章では風景の見心地という空間体験の知の姿を探究する一人称研究を紹介した。本章で紹介するのは音楽鑑賞という時間体験の一人称研究である。

音楽は時間芸術である。一曲すべてを聴き終え、メロディやコード進行の変遷が積もり積もって、総体的にある感覚を抱いたり感情が芽生えたりする。一方、局所局所でメロディが奏でられ歌声や和音が響くたびに、鑑賞体験が頻繁に揺れ動くことも音楽体験の重要な一面である。たとえば、冒頭は抑えたメロディ進行でゆったりと浸る気分が支配的だったのに、サビの直前から俄然盛り上がりはじめ、サビではそれまでのゆったり感が嘘のように激しい感情に突き動かされる体験をしたりする。

その移り変わりかたにこそ時間芸術たる音楽の醍醐味がある。気分や感情を生み出す源泉は、局所的には音符の時間的推移パタンとしてのメロディであり、コード進行という局所的展開であり、大局的にはAメロ、Bメロ、サビ、終止といった構造である。

音楽体験に比べると、先の二つの章で扱った空間体験では時間の進行とともに激しく気分や感情が変遷することはあまりない。カフェの居心地や風景の見心地も時空間の中で生じることではあるのだが、音楽のように微小な時間単位で気分が高揚したり感情が揺れ動いたりはしない。

したがって、空間体験の一人称研究はその空間に30分から1時間程度浸りながら居心地を自覚しつつ文章を書いたり、空間を写真に撮って家に帰ってからおもむろにからだメタ認知日記を書いたり、スケッチやコラージュ制作をするという方法を採った。長い時間をかけて身体から滲み出ることば群を基礎データにしたのである。身体からことばが滲み出る時間・機会を敢えてつくることを優先したので、空間に接する刹那的体験やその移り変わりを扱うことは諦めたとも言える。むしろ、蓄積したからだメタ認知のことば群を基に、スケッチやコラージュという異なるモダリティの作業を繰り返しながら構成的に身体体験を豊穣化し、その期間に浮上した多種多様な知のあり様を（時間を扱わずに）抽出・議論することを選んだのだ。

しかし、音楽鑑賞体験の一人称研究ではその手法を用いるわけにはいかない。局所的な音楽的要素（メロディやコード進行）からふと浮かぶ気分や感情がその後どう移り変わっていくのか、一曲終わったときにどのような全体性を醸し出すのかの両方を扱ってこそ、時間芸術としての音楽がもたらす認知の探究たりえる。本章で紹介する研究は、音楽鑑賞体験の一人称研究を進めながらその種の研究のやりかた自体も開拓するという性質を帯びていた。

一人称研究の基本的考え方

この研究を進めたのは 2018 年度に研究室を卒業した早見さんである（以下、早見と記述する）。自身の音楽体験の一人称研究［早見 19］を通して認知のあり様を探究する志向性を体得したことが、現在の仕事（キャリア形成関係）にも如実に活きていると聞き及んでいる。

早見は音楽体験を探究する題材として、ビリージョエルの『Honesty』という彼女が好きな楽曲を選んだ。この曲が流行ったのは 1980 年代である。現代の学生がなぜ？という問いが当初私の頭にはもたげたのだが、子どもの頃ご両親から教えてもらって一目惚れ（一聴き惚れ？）した楽曲らしい。

なぜ一曲だけを取り上げたのかという疑問をもつ方も多いだろう。従来の研究では、多種多様な曲に対してどのような気分・感情を抱くかを探り、共通に現れる傾向を探究する形をとることが多いだろう。しかし、一人称研究において最も重要なことは研究対象にしかとむきあうことである。楽曲から得る体験にむきあうためには、まず、各々の曲の個別具体的な体験を自覚的にみつめなければならない。それは、たとえ一曲であっても相当時間を要することである（本研究の論述内容をご覧いただければ納得いただけるはずだ）。もちろん、複数の楽曲の体験をそれぞれ掘り下げ、それらに共存する普遍項を安易に求めることなく、個別具体性を残したまま論じることができるならばそれに越したことはない。しかし、大学生の卒業論文という限られた時間のなかでは、一曲に集中しとことん掘り下げることが現実的な解である。一曲の音楽体験を深く掘り下げ論じられたならば、一曲しか扱っていないからといって研究の価値が下がるわけではあるまい。

次に、本人が好きな曲を取り上げることに違和感を覚える方も多いかもしれない。全く聴いたことのない曲を新たに聴きその体験を論じるほうが、長年その曲を聴いてきたことに影響されない結果が得られ、研究としてベターであると感じるのかもしれない。私は以下のように考えている。一人称研究で最も大切なことは、研究者が「自分ごととして」[1)] 研究対象に接することである。音楽は趣味の領域である。趣味の合わない、あるいは嫌いなタイプの曲には誰しも自分ごととしてむきあえない。探究する気さえ起こらないかもしれない。好きな曲を選ぶこと、つまり心底のめり込める研究対象、そして（単に研究にとどまらず）人生をかけて考え続けることを厭わぬような研究対象を選ぶことが、一人称研究をよりよく遂行する鍵である。

研究遂行者がそういう研究対象を選ぶと、当然、得られた知見には本人の人間が滲み出ているものだ。一人称研究の思想からすればそれは歓迎すべきことである。ひとはみな各々異なる。音楽体験とは典型的なドメインである。誰にでも成り立つ普遍的な知見を得るのではなく、研究遂行者の個別具体的な性質がにじみ出た知見のなかに音楽体験の真のリアリティが垣間見えるはずである [2)]。

基礎データの収集

早見は音楽体験の一人称研究の基礎データを以下の手順で収集した［早見 19］。

- 楽譜を自身で制作（ボーカル、ピアノ、ヴァイオリン、ベース、ドラムのパートすべて）

1) 「自分ごと」という概念については拙著『知のデザイン　自分ごととして考えよう』［諏訪，藤井 15］を参照いただきたい。
2) 研究方法が汎用的で他者が似たような研究をするきっかけを与えられるような一人称研究であれば、各々の後続研究で本人の個人固有性が色濃く出た知見が溜まっていくことになり、そこまで行けばひとの知とはこういうものであるという普遍めいた仮説も浮かび上がるはずである。

- 楽譜を基にアナリーゼ（楽曲の構成要素の分析）
  - ▷　調の特定
  - ▷　和音コード、機能和声の特定
  - ▷　コード進行の解釈
- アナリーゼを基に印象や心情、そして想起される情景をアノテーション

以下、各々について詳しく解説する。

楽譜の制作とアナリーゼ（楽曲の構成要素の認識・分析）

楽譜データは既製のものをダウンロードするのではなく、楽曲を注意深く聴き、音を拾い、本人が作譜した。作譜することにより楽曲の構成要素の微細な部分への意識が促され、次に行うアナリーゼのよい下準備ができたと早見は述べている。作譜にあたってはMuse scoreというアプリを用いた。Muse scoreは作成した譜面の各パートに楽器の音を割り当て、全パートを一斉に再生する機能を有する。その機能を駆使して譜面をチェックすることも便利だったという。『Honesty』は63小節からなる。

ボーカルの歌詞も書き起こした。英語楽曲に特有のことだが、冠詞や前置詞の存在を注意深く聴くことによって、それまで気づいていなかったメロディラインの細かな動きに気づいた。その発見は他のパートの細かい音の存在への気づきも誘発し、楽曲に対する認識解像度が上がったという。

楽曲は音符が構成する和音とその時間方向の連なりからなる。和音や音の連なりのどこからどこまでを部分的メロディとして感じるか。それによってどんな印象や感情を掻き立てられるか。それが楽曲全体にわたりどんな音楽体験をもたらすか。その認識・分析・解釈の出発点が楽曲構成要素を認識するアナリーゼである。ピアニスト、オーケストラ奏者、指揮者もこの種のアナリーゼを頻繁に行うと聞く。

早見は自ら制作した譜面を基に歌ったりキーボードで弾いたりしながら、気がついたこと、発見したこと、疑問に思ったことを譜面上に書き込むアナリーゼを行った。図9.1は、『Honesty』の冒頭の3小節（1～2小節が有名なイントロで、3小節目からボーカルが始まる）の譜面に書き込んだメモである。紙の余白がな

くなるほどびっしり書き込んでいる。早見は、音楽理論の代表的概念である和音のコードネーム、調、機能和声、コード進行などの分析を礎にしてアナリーゼを行った。

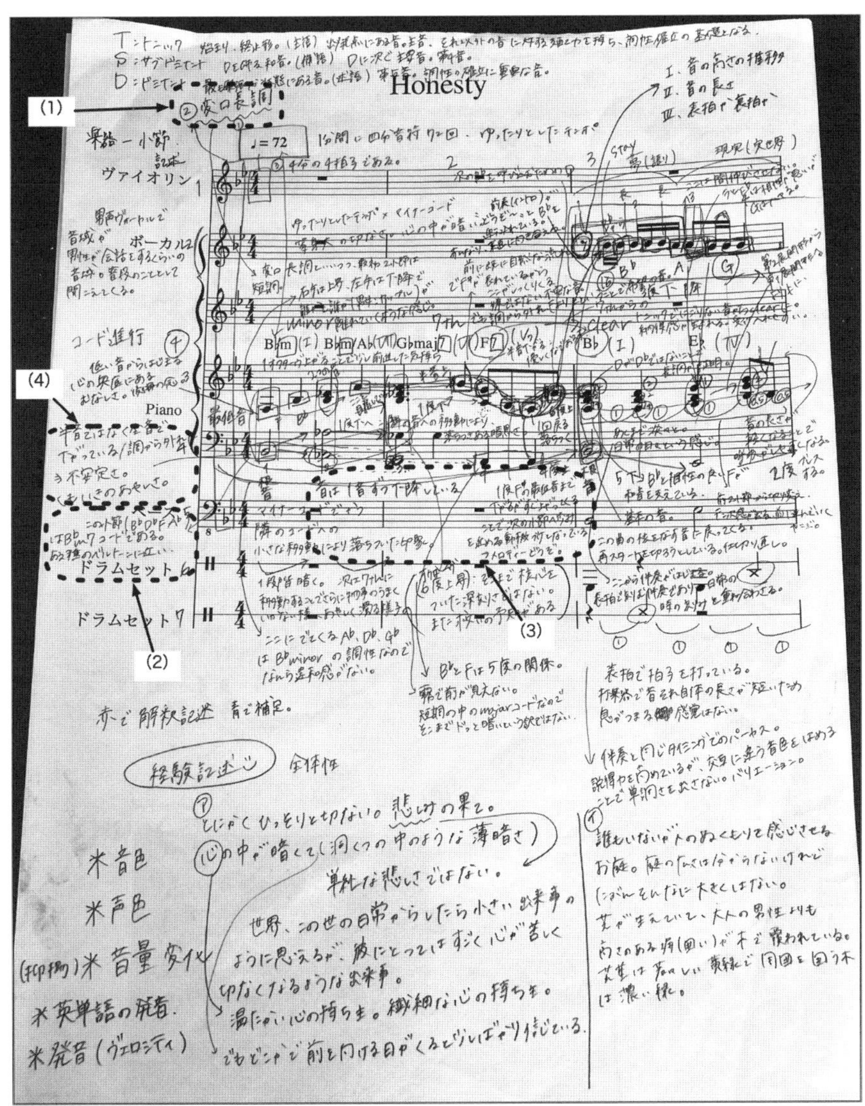

図 9.1　楽譜にびっしりとメモを書き込む

アナリーゼ：楽曲の調

まずは楽曲の調を見出す必要がある。図9.1をみてほしい（イントロから3小節の楽譜）。左上に見える「変ロ長調」[3]が彼女の最終認識である。そこに至る思考過程を簡単に説明する。第1小節（イントロ）はPianoの伴奏（両手）から始まり、その冒頭は、右手が低いファ、左手がシ♭（フラット）の音である（楽譜の中でPianoと書かれた部分をご覧いただきたい)。2音だけなのでまだ和音の全貌は見えない。右手はその後、シ♭、[シ♭-レ♭][4]、ファと音が上がり、多種類の音が積み重なっていく。第1小節3～4拍目に至って初めて和音を構成するシ♭、レ♭、ファの3音が揃うのだ。そして、右手が3音を初めて同時に弾くのは第2小節1拍目である。

通常、楽曲の始まりの音がその楽曲の調であることが多い。右手はシ♭、レ♭、ファの3音が第1小節で揃い、左手の冒頭がシ♭であることを考えると、この楽曲の主音はシ♭である。つまり「変ロ調」であると認識できる。ただし長調か短調かの判断は第3小節まで待つことになる。

アナリーゼ：和音のコードネーム

次に、和音のコードネームの解釈について説明する。図9.1の1拍目にB♭m(フラット・マイナー)という記載がある。1拍目は両手でファとシ♭の2音だけなので、この時点でB♭mに決まるわけではない。3～4拍目でようやく和音の全貌（シ♭、レ♭、ファ)が見える。根音（一番低音)がシ♭、中音が♭（フラット)なのでm（マイナーコード)である。

図9.1の書き込みで、ベースパート付近の左端に「この小節はB♭m7コードである。ある種のベルトーンに近い」[5]とある。「ベルトーン」とは、和音を同時に奏でるのではなく、1音ずつ順々に鳴らし音が積み重なって和音が完成する奏法[6]を指す。第1小節の右手はまさにその事例、すなわちB♭mの和音(シ♭、レ♭、ファ)をベルトーンとして奏でているという解釈をこの書き込みは表している。

3） 図9.1で点線四角枠(1)の部分
4） 以降、和音は［］で表す。
5） 点線四角枠(2)の部分
6） ハンドベル演奏がその典型である。

第1小節の右手がベルトーン奏法であるとするならば、1拍目と3拍目のコードネームは同じはずである。3～4拍目の音構成はB♭mなので、1拍目もB♭mであろうという解釈が成り立つ。コードネームの認識は必ずしも時間順に決まるわけではない。

図9.1には第1小節の3拍目はB♭m/A♭というコードネームが書かれている。これは分数コードと呼ばれるものである。分子側に書かれているのが基本コードで、その基本コードに属さない別の音がベース音として加わっている。譜面では3拍目の左手のベース音は［ラ♭、↑ラ♭］[7)]であり、B♭mを構成する音ではない。

第2小節の1拍目の右手は［シ♭、レ♭、ファ］で、左手は［ソ♭、↑ソ♭］である。早見は当初、第1小節の1拍目と同様、左手が根音で、［ソ♭、シ♭、レ♭］のうえに7度のファ音が足されていると解釈した。したがって図9.1にはG♭maj7というセブンスコード[8)]をメモしている。しかし、実はこの解釈は後に修正されることになる。

第2小節の3拍目は左手のファを根音にし、中音がラ、第3音が欠如した和音に、7度のミ♭が足されたF7（セブンス）コードである。そして第3小節の1拍目で、左手がシ♭、右手が［ファ、シ♭、レ］のB♭メジャーコードとなる（中音のレに♭がついていないから）。

ここで注目すべきは、第1小節ではマイナーコード（B♭m）だったのに、第3小節では同じ根音のメジャーコードに変わるということ、そしてここからボーカルが始まるということの2つである。第1小節のベルトーン奏法では、レ音に特殊記号で♭がかかりマイナーコードだが、注意深くみると、第2小節の最後の8分音符のレ音にはナチュラル記号がかかっていて、第3小節の和音の中音はナチュラルなレ音である。つまり、第1～2小節では荘厳で秘めた雰囲気であったイントロが、第2小節の最後の8分音符をきっかけにして、第3小節の第一和音で急に明るい雰囲気に変わる。そしてボーカルが始まるのだ。第1～2小節から第3小節へのこの変化が『Honesty』の有名なイントロの最大の特徴と言ってよい。

この楽曲が変ロ長調か変ロ短調かは、第3小節に至って初めて強力な根拠が得られるというのが早見の解釈である。ボーカル開始時点の和音コードが調を決

7) ↑は1オクターブ上の音を指すこととする。
8) セブンスコードとは、3和音に、その根音から7度上の音を足した和音である。

める重要要素である点を考慮すると、第 3 小節がメジャーコードで始まることが変ロ長調である証であるというわけである。図 9.1 の第 3 小節の Piano 右手の和音から線を引いて書き込んだメモに「D が D♭ではないことが長調の証明」とある。

アナリーゼ：コードネームの修正

以上のことから推察できるように、楽曲の音楽的要素の詳細分析には際限がない。アナリーゼが進むと多様な解釈が生まれ、コードネームの修正も頭にもたげてくる。

図 9.2 は『Honesty』のイントロから 8 小節分の更なる詳細分析である。譜面部分には当初解釈した（図 9.1 と同じ）コードネームが記してある。第 1 〜 2 小節は、B♭m → B♭m/A♭→ G♭maj7 → F7 である。コードネームを修正したくなったとき、早見は目立つようにピンクの付箋（図 9.2 のなかでは点線の四角枠で記す）を譜面の下部の対応位置に貼り、そこに修正コードネームを書き込んだ。第 1 〜 2 小節の修正コードは、B♭m → B♭m/A♭→ B♭m/G♭→ F7 である。第 1 小節は変わらないが、第 2 小節の最初のコードを B♭m/G♭という分数コードに修正した。

この修正は、第 1 小節からボーカルが始まる第 3 小節までの流れにより注意深く着眼して生まれたものである。第一に、第 1 小節から第 2 小節の 1 〜 2 拍の右手はベルトーン奏法である。一つずつ音を足して時間をかけて和音を完成させるという定義から、第 2 小節の最初のコードネームも第 1 小節と同じであると解釈するのがより自然である。

第二に、第 1 小節〜第 3 小節冒頭にかけての左手伴奏に注目すると、シ♭から始まり、ラ♭、ソ♭、ファと 1 度ずつ下がり、第 3 小節の冒頭で 4 度上がって最初のシ♭（楽曲の主音）に戻っている。図 9.1 の Piano の左手楽譜のすぐ下に「音は 1 度ずつ下降している」という書き込みと、そのすぐ右に「F の最低音まで下がるがすぐ上がってくることで、次の小節へ歩みを進める動機づけとなっている→メロディどうぞ。」[9] という書き込みがある。1 度ずつシ♭（B♭）からファ（F）

9）点線四角枠 (3) の部分

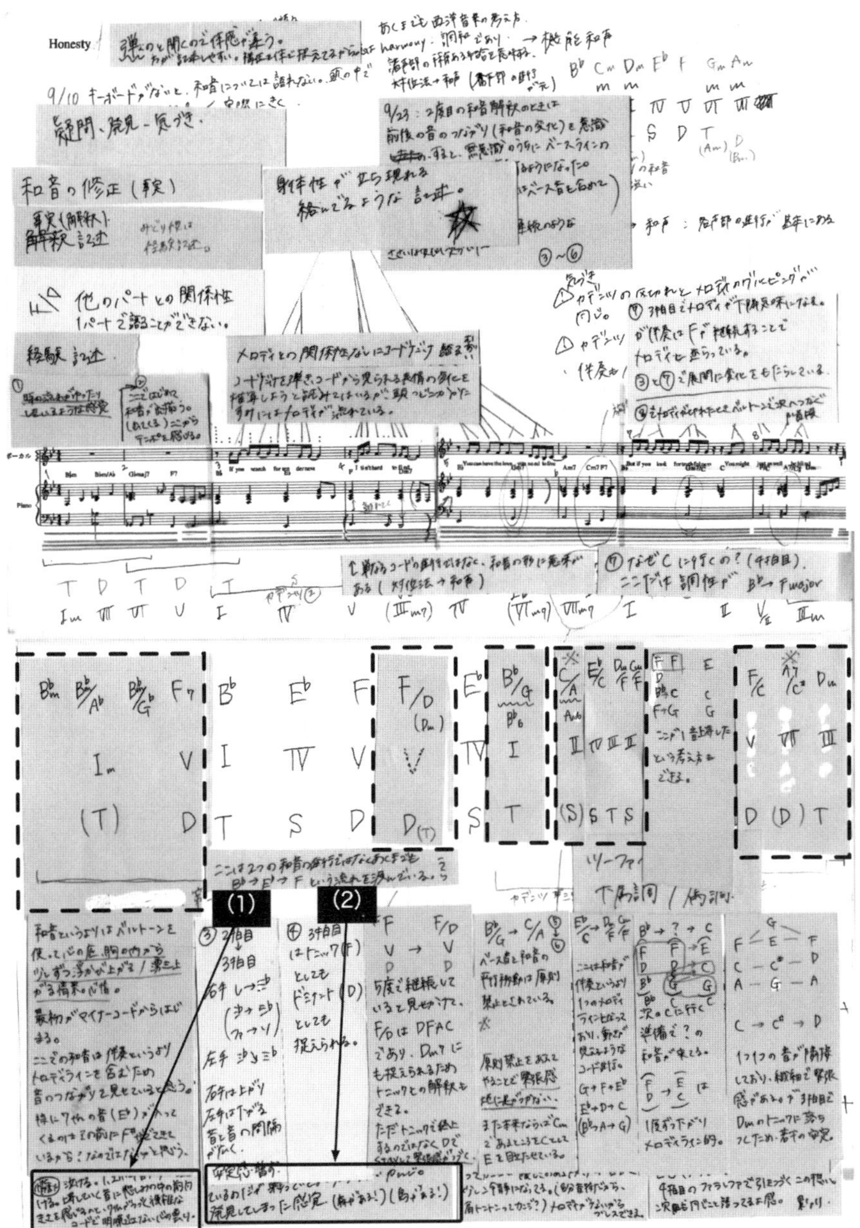

図 9.2　コードネームの再検討、および解釈・経験記述（[早見 19, p.21] から転載）

まで下降した後に主音のシ♭に戻すことで、ボーカルのメロディを「さあ始めてください！」という導きになっていると早見は解釈した。

つまり、右手はベルトーン奏法で第1〜2小節の主和音を時間をかけて完成させ、左手は第3小節のボーカルを導く動きをしているという解釈を基に、右手と左手の役割をコードネームにも明瞭に示すために第2小節の1〜2拍目を分数コードに修正したのである。ピンクの付箋（図9.2の一番左の点線四角枠）に書かれたB♭m→B♭m/A♭→B♭m/G♭→F7の流れをみると、B♭→A♭→G♭→Fという（ひとつずつ下降する）左手の流れが分数コードに表現されている。一方右手はB♭mという主和音から第2小節最後に一瞬F7に移り、第3小節冒頭でB♭を導いている。

アナリーゼ：分数コードがもたらす雰囲気

分数コードの分母は主和音の構成要素ではないベース音であるので、それは主和音にとっては不協音であると解釈することもできる。『Honesty』の第1〜2小節では右手がベルトーン奏法で一貫した和音を奏でているのに、それに対する不協音がベースラインを形成する。そのことが原因でこのイントロは不穏な怪しさを醸し出していると早見は解釈する。図9.1のPiano左手の楽譜の左端に見られる「調から外れた⇒不安定さ。くもいき（雲行き）のあやしさ」[10]という書き込みはそれを示している。

『Honesty』のイントロについての認識・分析をすべてまとめると、

- 主和音がB♭mというマイナーコードであること
- 主和音に不協であるベース音で不安定な怪しさを醸し出していること
- ベース音が1度ずつ下がった後に、第3小節でポンと4度上昇して主音に戻ってボーカルを導くこと
- 主音（シ♭）を根音とする和音は、第1〜2小節の主和音B♭m（マイナーコード）からB♭（メジャーコード）に変わること

10） 点線四角枠(4)の部分

がポイントである。急に明るい雰囲気の変ロ長調に変えて「はいどうぞ！」とボーカルを導くための前触れとして、B♭m というマイナーコード、それを徐々に見せるためのベルトーン奏法、不協なベース音による導きという計算し尽くされた演出が多様に織り込んである。早見はそう解釈した。

写真日記の思想

からだメタ認知日記を克明に記述する手法として、第１部では「写真日記」という手法を紹介した。第７章、第８章に紹介した研究でも、その手法によって、感じたこと・考えたことを基礎データとして記述した。音楽体験の一人称研究において、和音構成やその時間的遷移を楽譜を基に分析・解釈することは、実は、写真日記の思想に根差すものであるといえる。

本章でいうところのアナリーゼとは、楽曲を聴いて自身が感じていること・想起したこと（その体験）を一人称視点で記述する行為なのだ。風景や建築空間の居心地における写真に相当するのは、楽曲体験においては楽譜である。写真日記では、写真に映り込んでいるモノの存在、その属性や関係性という客観的なものごとを記述したものが事実記述である。楽曲体験においては、和音を構成する音、各々の音の長さ、時間方向に移り変わる音の連なりが、楽譜上での客観的事実である。したがって、和音の構成の認識、そのコードネームの特定、楽曲が始まる冒頭小節の音の特定、ボーカルやサビが始まる小節の音の特定を音楽理論に基づき行うことは、概ね、その楽曲を構成する音に関する事実の分析である。つまり、「事実記述」である。

「概ね」と書いた理由は、いくつかの事例で論じたように、コードネームや調はその和音を構成する音だけでは決まらず、時間方向での音の移り変わりや Piano の右手と左手の関係などを考慮して多様な解釈があり得るからである。さらにいえば、楽譜は多様な音から構成されているため、どの音がどの音と連なっているか、どこからどこまでを連なりの一塊とみなすかは、楽曲を体験する（あるいは演奏する）ひとの着眼と解釈である。それは、様々なものやその性質が写り込んでいる一枚の風景写真のなかのどのモノに着眼しどういう属性や関係性に目をつけるかということと同じである。

以上のことから、写真日記の手法でからだメタ認知日記を残すのと同じように、事実的要素への着眼やそれに基づく自身の解釈を克明に記述することは楽曲のアナリーゼにおいても重要である。図 9.1 の早見の書き込みはそれに該当する。また、図 9.2 の様々な色の付箋[11]のポストイットの記述内容の多くは、事実記述および解釈記述である。

写真日記手法の第三の内容は経験（妄想）記述であるが、早見の楽曲体験における経験（妄想）記述については、後で詳しく論じる。

機能和声という理論

もうひとつ、事実記述・解釈記述に属するトピックについて論じる。和音コードの遷移の仕方（コード進行）についてである。コード進行を論じる音楽理論として「機能和声」という考え方がある。楽曲の主音（『Honesty』の場合は B♭）を根音とする和音を I 度の和音と呼ぶ。根音がひとつ上がるごとに II 度（『Honesty』の場合は C）、III 度の和音と呼ばれ、1 オクターブ上がる手前の和音が VII 度（『Honesty』の場合は A）である。つまり、和音はひとつの楽曲内で度数の観点から 7 種類に分類される。そして、I 度、III 度、VI 度の和音をトニック（T）と、V 度、VII 度の和音をドミナント（D）と、II 度、IV 度の和音をサブドミナント（S）と呼ぶ。機能和声の考え方では和音は T, D, S の 3 種類に分類されるということだ。

なぜ 7 種類の和音を 3 種類に分類できるのか？　私の解釈を書いてみる（主音がド（C）である場合を例に、解釈を書く）。I 度の和音は［ドミソ］である。III 度は［ミソシ］、VI 度は［ラドミ］である。III 度の和音は I 度と 2 つの音（ミソ）を共有し、VI 度の和音は I 度と 2 つの音（ドミ）を共有している。D と S に属する 4 種類の和音のなかで I 度の和音と 2 つの音を共有するものはない。III 度、VI 度の和音は I 度に比較的類似しているので、同じ T に分類できるというわけだ。

同様に、V 度と VII 度が同じ D 分類なのは、シレという 2 つの音を共有するからである。また、II 度と IV 度が同じ S 分類なのは、ファラという 2 つの音を共有するからである。

T と S と D の関係について私なりの解釈を述べる。V 度（D 分類）の和音［ソシレ］は、I 度（T 分類）とソ音を共有している。一方、IV 度（S 分類）の和音［ファラド］

11）本書では白黒表示のため、灰色の網掛けに見えている箇所すべてはⅠ度とド音を共有している。この事実からすると、Ⅴ度(D分類)とⅣ度(S分類)は、Ⅰ度（T分類)から同程度離れているようにも思える。

しかしながら、私は、Ⅰ度により近いのはⅣ度よりもⅤ度であるという体感を覚える。そのひとつの理由は、Ⅴ度とⅠ度が共有するソ音はⅠ度の第3音（最高音）であり、Ⅳ度とⅠ度が共有するド音はⅠ度の根音であるということに因るのかもしれない。一般的に、最高音は根音よりも聞こえやすい。聞こえやすい音を共有しているⅤ度の方がよりⅠ度に近く聞こえるのだろう。つまり、私にはトニックとドミナントは親近性が高い和音として聞こえ、サブドミナントだけはスパイスを効かせた特別な雰囲気の和音に聞こえる。

和音をTとDとSに分類するという概念を設けることによってコード進行に法則を見出すというのが機能和声の理論である。3種類なので遷移のパタンは原理的には6通りあり得る。しかし、DからSに遷移することだけはないというヒューリスティクスを機能和声理論は有している。音楽経験が豊かな早見も、DのあとにSを聴くとなんとも言えない違和感を覚えるという。

コード進行が和音の遷移（時間軸に沿った流れ）の仕方であるということは、コード進行とはどこからどこまでの遷移を一塊とみなすかという範囲を示すものでもある。多くの場合、楽曲の主音を根音にするⅠ度あるいはその近親のⅢ度とⅥ度、つまりトニック（T）の和音を一塊の開始であるとみなすことが多い。そして、再びT和音に戻ってくると遷移にひと区切りができたと聞こえる。
そのことを念頭におくと、コード進行は

- T → D → T（カデンツ1型)
- T → S → D → T（カデンツ2型)
- T → S → T（カデンツ3型)

という3種類に絞られる。それぞれカデンツ1型、2型、3型という名称がある[12)]。

12）カデンツとはコード進行を意味する。3種類のコード進行パタンのなかで、T、S、Dの各々が同じものへ遷移する（繰り返す）ことは許容される。

アナリーゼ：機能和声の観点から

機能和声の観点から再び楽譜を眺めてみよう。図 9.2 のピンク色の付箋（点線の四角枠）に修正コードネームが記述された一段下の行に、早見は和音の音度を記述している。『Honesty』の主音は B ♭なので、第 1 小節〜第 2 小節 1 拍目の和音まではⅠ度であり、第 2 小節の 3 拍目からの F7 和音はⅤ度である [13)]。その下の行には機能和声の 3 分類が記載されていて、それぞれ T と D である。第 1 小節〜第 2 小節 1 拍目のⅠ度和音が「(T)」と括弧つきで記載されているのは、分数コードであるため分母側のベース音の影響を加味すると別の解釈も可能であるかもしれないからである。

ほんの 2 小節ちょっとなのに、『Honesty』のイントロからボーカルの冒頭には小憎い演出が詰まっているというアナリーゼを思い出してほしい。その部分は機能和声理論でいえば TDT のコード進行（カデンツ 1 型）である。イントロから第 3 小節の最初の和音 B♭までの流れが一塊に感じられるということを示唆する。実際、和音 B♭が鳴ったときに 8 分休符をとってボーカルが始まる。B♭で一塊が終止するということは、先に述べたように「イントロが終わりましたから、はいボーカルどうぞ！」という雰囲気を醸し出すことを意味する。イントロのベース音（Piano の左手）が主音 B♭から一つずつ F まで下降した後、第 3 小節の冒頭で B♭に上がることが、機能和声のことばで表現すると「TDT という遷移で一旦終止した」となるわけである。早見のアナリーゼもそういう事実をここで確認し、記述している。

次に、有名なサビの部分を見てみよう。最初のサビは第 11 小節から始まる（早見のアナリーゼを図 9.3 に示す）。サビのボーカルは「Honesty」の「オ〜」を 1.5 拍分延ばす [14)]。その音はレ（D）の音であるが、実はその直前の第 10 小節の 4 拍分すべてがレ（D）の音であり [15)]、そこからのつながりでサビの「オ〜」が始まる。その部分はⅥ度の Gm 和音なので、T（トニック）である。そして、第 11 小節の 3 拍目の（「Honesty」の）「ティ〜」で、Ⅱ度の Cm 和音、つまり S（サブドミナント）に遷移する。図 9.3 にみられるように、第 10 小節から 12 小節までは

13）図 9.2 の一番左の四角枠に Im, V という記載がある。
14）実線の四角枠 (1) の部分
15）実線の四角枠 (2) の部分

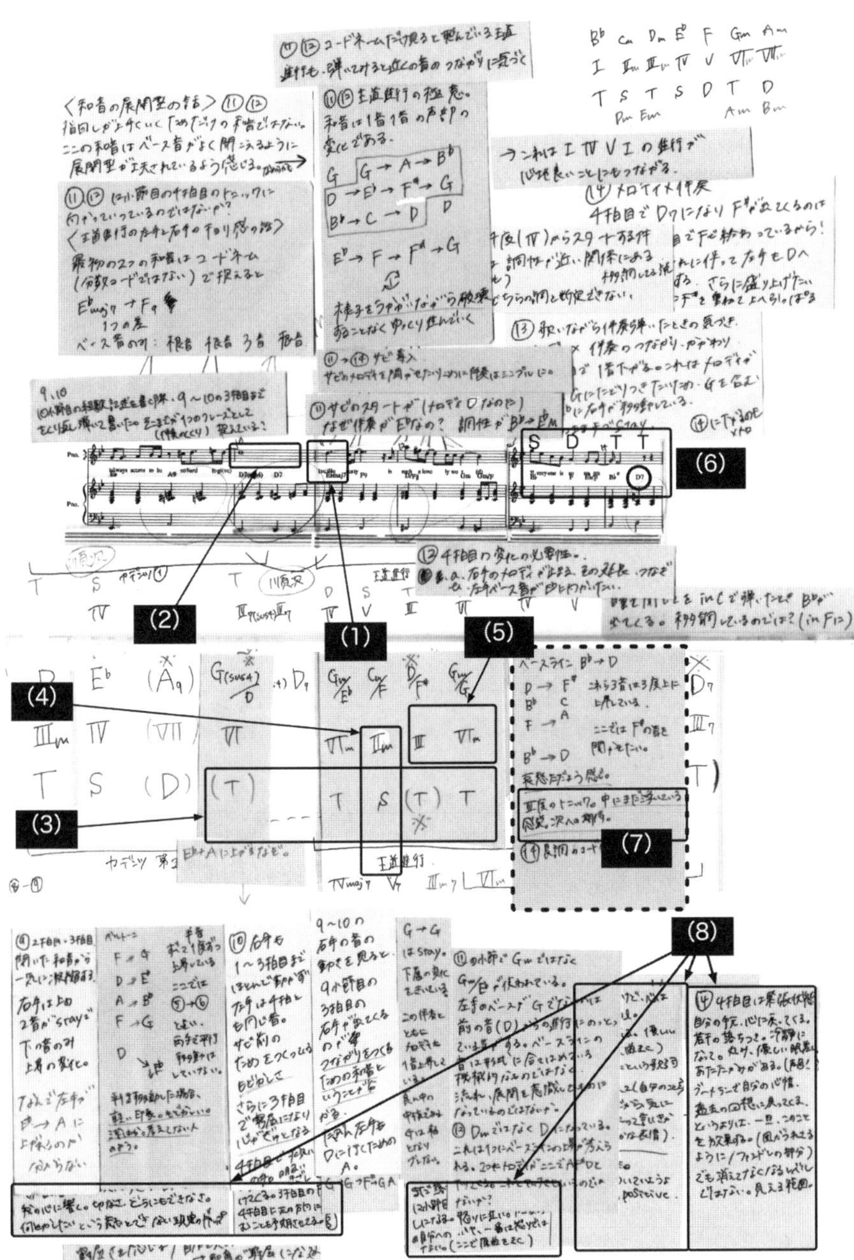

図 9.3　サビ（第 11 小節から）の詳細アナリーゼ（[早見 19, p24] から転載）

TSTTである[16)]（カデンツ3型）。

余談であるが、「Honesty」の「オ〜」がTだったところから、「ティ〜」でSになった途端[17)]、ゾクっとするのは私だけだろうか。SはTやDとは違い、スパイスの効いた特別感を有するという私の体感を先に書いたが、このゾクっとする身体感覚はTからSへの遷移の故ではないかと私は考えている。そして、コード進行の塊はこのSで終わったりはしない。Sの存在は「先につながる感」が満載である[18)]。

実際、第12小節の「such a lonely word」の箇所ではIII度とVI度の和音（いずれもT）になる（実線の四角枠(3)の後半2つのT）。TST型なのでここで一塊が終止するということが、「such a lonely word」までを聴いた身体感覚にも一致する。しかし、TSTTの最後のT2つは、いずれもI度の和音ではなくIII度とVI度の和音である[19)]。同じTでも、もしI度の和音であったならば、楽曲の主音に戻るので曲が終わる体感を醸し出してしまうであろう。サビだからそれはありえない。「such a lonely word」で一塊が終止しつつも次につながる感覚をもたせるために、敢えてI度ではないTの和音なのではないか？

それは第14小節（「Everyone is so untrue」の最後の「ル〜」を伸ばす箇所）の2つの和音にも現れている。1拍目はB♭、3拍目はD7であり、それぞれI度、III度の和音（ともにT）である。第12小節の4拍目のVI度（T）（実線の四角枠(5)）から始まり、第13小節でIV度（S）、V度（D）と来て、第14小節でI度（T）、III度（T）になるので（実線の四角枠(6)を参照）、TSDTT（カデンツ2型）である。もし、第14小節でI度（T）の後にIII度（T）を置かなかったら、ここのカデンツ2型は楽曲の主音で終止し、曲が「この先、展開しない感」が生まれてしまう。だからこそ、第14小節の3拍目に敢えてIII度のD7和音を置いている（実線の四角枠(6)のなかの丸印を参照）のではないか。早見はそう着眼し、図9.3の第14小節の下のオレンジの付箋（点線四角枠）に、「III度のトニック。中に[20)]

16) 実線の四角枠(3)の部分
17) 実線の四角枠(4)の部分
18) もし、（「Honesty」の）「ティ〜」のところで音楽を急にストップさせたら、聴いているものは皆ずっこけるに違いない。ストップさせてもずっこけないで済むのは、コード進行の一塊を終えた場所である。
19) 実線の四角枠(5)の部分
20) 「宙に」の誤字だと思われる。

浮いている感覚。次への期待[21]」と書き込んでいる。

機能和声の理論がもたらすコード進行の一塊感は、経験（妄想）記述をもたらすうえで重要である。何かが始まり、途中でスパイスが加わるような特別感を覚え、その後一塊が終止する感覚を得つつも、次への展開も期待する。コード進行はそういう体感を聴く者の心に沸き立たせるのである。

事実・解釈記述のまとめ

主に『Honesty』のイントロおよびボーカルの開始時、そして一部サビの部分について、楽譜に記された音の並びという事実への着眼と、和音の構成やコード進行についての多様な解釈について論じてきた。早見はこの作業を63小節すべてについて、図9.1から図9.3と同等の詳細度で行った。彼女が書き溜めた記述を整理すると以下のようになる。

- 事実記述：多様な楽器の音の存在、和音の構成、コード進行、ピアノ伴奏の右手左手の音の連なりなどの事実的要素への着眼を、楽譜の空きスペースや付箋に書き留めたもの（図9.1～9.3）。和音のコードネームやコード進行については、ときには複数の解釈可能性があり、それを認識した場合は複数の記述を行っている。
- 解釈記述：事実的要素を特定する際に、多様な可能性を問うプロセスで見出した気づきや問い、さらに事実的要素が聴き手にもたらす印象などについて書き留めたもの。図9.1～9.3のように楽譜の横や付箋に書いたものもあれば、論文執筆時に別ノートに書いたものもある。後者の事例（第1～2小節に関する記述[22]）を図9.4に示す。

21） 実線の四角枠(7)の部分
22） 解釈記述としてこれを書いているが、音の構成や連なり、そして音色がもたらす心情や、想起できる情景といった経験（妄想）記述的な内容も一部混じっている。写真日記手法の解説でも論じたように、本来、解釈記述と経験（妄想）記述の境界は明確ではない。

1、2小節目。ベルトーンで階段を一段一段上がるように、段々と天に召されるような感覚がある。天から徐々に光が差し込んでくるようにも感じる。ベルトーンの部分で約1オクターブ音が上昇するので、心の底、胸の内から少しずつ浮かび上がる／沸き起こる前向きな面持ちになる。

少し年上の女性が空虚な自分の胸を優しくなで下ろしてくれるような、自分の裸の心にすっと寄り添ってくれるピアノの音色。ピアノの音色は雑念がなく、シンプルでクリアな印象だ。ピアノは1音弾くと絶対同じ音程でしか現れない。ギターや吹奏楽器は音程の多少のブレがあるがピアノにはない。そういった点でシンプルさを感じる。

また“雑念がない”というのはオルガンと違い、ピアノは一度ピアノに置いた指の強さによって音の長さが自然と決まる。純粋な気持ちであり、混じり気のない透明感があるありのままの心を写している。どこか芯がある音ではあるが、その芯は強すぎず、うっすらとしたりもする。その一瞬にかかる圧力で決まる「only　oneであり、複雑なものが入り混じっていない」というところから“雑念がなく純粋”という印象を抱く

図9.4　第1～2小節に関する解釈記述の一部を抜粋（[早見19, p.22] から転載）

楽曲がもたらす想起および経験

早見はこの楽曲から受ける体験（掻き立てられる心情や、想起する情景）を緑の付箋[23]に書き込んだ。図9.2や図9.3は付箋を重ね貼りしているので、緑の付箋はオレンジの付箋に後ろ[24]に見え隠れしている。第1＆2小節および第3＆4小節に関する緑の付箋（図9.2の実線の四角枠(1)）を表面に出して記述内容を見ると、以下の様なことが書かれていた。

第1＆2小節についての付箋はこうである。「暗闇に立つ少年」が「心の奥底の暗さから抜けようと試みる」などの文言がある。「孤独でしょうがない」、「むなしさ」、「はかなさ」、「悲しさ」、「悔しさ」、「でも負けない」などの文言はその少年の感情であろう。早見はこの楽曲の冒頭の音構成から、そういう情景を想起している。写真日記でいうところの経験（妄想）記述である。第1小節3拍目および第2小節の1拍目の和音は分数和音である（主和音に不協であるベース音を合わせる）ことで不安定な怪しさを醸し出しているという事実および解釈が基になって、こういう経験（妄想）を感じ取っているのだ。「1、2小節だけで泣ける」という文章がその経験を物語っている。

しかし、第2小節の3拍目のF7和音で少し情景が変わる。「Fの音が救いの手を差し伸べてくれてる」とある。少年に救いの手が差し伸べられ、その直後、ボー

23）本書は白黒表示のため灰色の網掛けにみえる。
24）たとえば図9.3では、実線の四角枠(8)の付箋群

カルが始まる。

第3､4小節（ボーカルの開始）についての緑の付箋（図9.2の実線の四角枠(2)）の記述内容は以下の通りである。第3小節のB♭からE♭へのコード進行について、「優しいあたたかみ」、「草原が見える」、「より視界が広がる感覚」が感じられるとある。そして第4小節では、「草原の広がる先（奥）には（中略）森になっていてよく見えない」や、「緊張感。太平洋に温水が流れ出る感じ」という文言がある。イントロからのたった4小節だけで、情景は以下のように移り変わった。暗闇に立っていた少年に救いの手が差し伸べられ、その手に導かれていくと、いつのまにか視界が広い優しい草原に出る。見渡すと、草原の向こうに陰になって内部がよく見えない森があり、少し緊張感も覚え始める。

音楽は時間芸術であり、音の連なりが積み重ねられていくごとに、刻々醸し出される情景が激しく変化する。その情景変化に心が躍ったり、沈んだり、揺さぶられたりする。早見のアナリーゼは、写真日記の思想に基づき、譜面を基盤に据えて事実記述、解釈記述、経験（妄想）記述を全63小節にわたって蓄積する形で進んだ。

楽曲体験の分析：手法の概要

全63小節のすべてに対して書き溜めた事実記述、解釈記述、経験（妄想）記述の総体が、『Honesty』という楽曲について早見が着眼・解釈・経験したものごとである。からだメタ認知の膨大な記述である。諏訪研究室の一人称研究のなかで膨大な記述量を誇る代表格が、第3章に紹介したボウリングの熟達研究と本章の楽曲体験の研究である。

からだメタ認知記述を基礎データとして、本人の楽曲体験を明らかにするためにどのような分析をすべきか。第3章のボウリング研究では様々なことばの分類[25)]をつくり、ことばの分類とボウリングのスコアの関係を論じるという方法を採用した。しかし、楽曲体験ではボウリングの熟達研究でのスコアに相当する客観的数値データがない。そこで、居心地研究（第7章）、風景の見心地研究（第

25) 主に紹介したのは、身体各部位にあたる意識の詳細度という観点からの分類であるが、論文本体［伊東06］では他にも多種類の分類を試みている。

8章)と同じく、ことばの分類ではなく「生タグ抽出法」を採用した。タグとは各々の記述が内包する着眼点／側面である。

後述するように事実記述から抽出したタグ（以下、事実タグと称する）と、解釈および経験記述から抽出したタグ（以下、経験タグと称する）を区別した。前者は、演奏楽器の種類、音程の移行、音符の長さ、和音進行、小節内の拍と音の関係、音の始まりの特徴など、客観的な音特徴についての着眼点／側面である。後者は、音あるいはその連なりに対する解釈、それらがもたらす心情・体感、想起される情景などの、多様なレパートリーをなす。

居心地研究や風景の見心地研究では、抽出したタグ群をKJ法で整理することによって、研究者本人の居心地や風景の感じ方には多様なレパートリーがあることを示した。本章の楽曲体験でもKJ法を用いてタグ群を整理し、さらにタグの共起分析も行った。その理由は、事実タグと経験タグという2種類の関係性を分析すれば、早見がどのような音特徴に着眼・反応してどのような解釈・心情・体感・風景を心に芽生えさせたかについて、一定のパタンがみつかるかもしれないという期待からである。

分析：事実タグの抽出

付箋や楽譜の空きスペースに書き連ねた事実記述から、まずエッセンスを抜き出したものを（第7章、第8章と同様に）生タグと称する。早見は楽曲全体から531個の生タグを抽出した。531個の生タグをKJ法によって整理した結果、80個の事実タグを得た（表9.1参照のこと）。80個の事実タグはその内容から17種類（種類AからQまで)に分類し、それに応じてアルファベットと数字の組み合わせのID記号を付している。例えば､Aは着眼する演奏主体の種類の分類（楽器あるいはボーカルの声）であり、Bは楽器の音またはボーカルの声の特徴である。CからGは音程の移行に関する分類である。Mは和音進行についての分類、Jは拍と音符の関係性、Kはある塊の開始の音程についての分類である。楽曲を構成する音やその連なりについての様々な特徴や関係性に着眼していることがわかる。

表 9.1　事実タグ（80 種類）

	タグの分類
ID	タグの内容
	A：演奏主体が何か
A1	楽器がピアノである
A2	楽器がストリングスである
A3	人が歌っている
A4	裏メロをギターが奏でる
A5	シンバルがアクセントとなる
	B：演奏主体が有する特徴
B1	人工的ではないピアノの音が良い
B2	ストリングス/オルガンの音色の特徴を活かして奏でる
B3	人の声の温かみを感じる
B4	声に感情が入っている
B5	優しい声で歌っている
B6	声の高さが特徴となる
B7	音の向こうに人物を感じる
B8	歌詞の発音が印象に影響を及ぼす
B9	シンバルの音が特徴的である(きらびやかだ)
	C：半音もしくは1度の音程に移行するという性質
C1	1度の関係性の音に連続で3音下降する
C2	1度の関係に1音下がる
C3	隣接した音(半音/1度含む)に上昇する
C4	隣接した音へ上がってから下がる動きをする
C5	隣接した音へ下がってから上がる動きをする
C6	主に1度と3度の音程の移行でメロディが成り立つ
	D：3度の音程に移行するという性質
D1	3度の音程に3つ連続で同方向に移動する
	E：6度の音程に移行するという性質
E1	6度の関係で音が上昇する
	F：メロディラインの音程の性質
F1	メロディラインが終止する音が2度である
F2	メロディラインの伸ばしが3度である
F3	メロディラインが終止する音が5度である
F4	メロディラインが終止する音が1度である
	G：同じ音程に移行するという性質
G1	1オクターブの関係性で音程が移動する
G2	メロディが前の小節から継続して同じ音程で始まる
	H：音符の長さに関する特徴
H1	メロディの出だし、1拍目の頭が8分休符である
H2	3拍目の頭が8分休符、その後に3つの8分音符が連なる
H3	1拍目の頭からメロディが始まる。
H4	付点音符でメロディが始まる
H5	音が小節をまたぐ
H6	前の小節にフレーズが食い込む
	I：ビートに関する特徴
I1	伴奏が4分音符でリズムキープをする
I2	パーカッションが8ビートを刻む
I3	リズム打ちがなくなる
	J：4拍目に起こる音の特徴
J1	4拍目に16分音符が4つ、かつその音程は上昇する
J2	4拍目に16分音符が4つ連なる動きをする
J3	4拍目に8分音符が2つ刻まれる
J4	4拍目からパーカッションが入る
J5	4拍目にナチュラルの音程が登場する
	K：始まりの音程の性質
K1	主音から始まる
K2	3度の音程から始まる
K3	5度の音程から始まる
K4	スタートの音が1オクターブ下の音域から始まる
K5	和音で始まりそれがⅠ度である
	L：調性外の音が登場するという性質
L1	調性外のEナチュラルの音がなる
L2	調性外のCシャープ音がなる
	M：和音進行に関する特徴
M1	E♭からGm7(ST)のコード進行である
M2	TSDTの分解系である
M3	DTのコード進行である
M4	王道進行である
M5	DからDへ（分数コードへ、つまりベース音だけ変化する）
M6	隣接した和音に3段階下降する
M7	特殊系のコード進行である
	N：ベースの動きに関する特徴
N1	ベースラインが1小節間同じである
N2	ベースラインがx度移行する(変数x)
N3	ベースラインがE♭→A→Dと進行をする
N4	伴奏は下がるがベースラインは上がる
N5	ベースとストリングスが同じ動きをする、かつ3度の関係性
N6	ベースの着地点がx度の和音である(変数x)
	O：メロディラインと他パートの関係
O1	メロディが動いていない一方で動きを見せる
O2	メロディとベースラインが共に下降する
O3	メロディは下降するが伴奏はstayする
O4	メロディラインは下降し、伴奏は上昇する
O5	メロディラインと伴奏が関係を持つ
	P：音符の長さのパタンに関する特徴
P1	8分音符を含む動きあり(裏拍、あるいは音符が短いのが特徴)
P2	2拍ごとに切り替わる
P3	全音符で伸ばす
P4	16分音符4つがセットの動きをする
	Q：その他
Q1	単音で奏でる
Q2	テンポが♩=72である
Q3	伴奏と同じタイミングでパーカスが入る
Q4	B♭minorの調性である
Q5	2拍目裏というタイミングである
Q6	3度、5度の音程である
Q7	メロディラインがなくなる
Q8	フレーズの応用が用いられる
Q9	4度の音程の進行である

表 9.2　経験タグ（191 種類）

ID	経験タグ	ID	経験タグ	ID	経験タグ	ID	経験タグ
1	星がきらめく	49	安心する	97	状況を認める	145	想いを噛み締める
2	夜空が広がる	50	警戒心がとける	98	首をゆっくり振る	146	自分をさらけ出す
3	夕方になる	51	上を見上げる	99	焦らなくて良い	147	風にさらされる
4	ゆったりと時が流れる	52	自信を失う	100	すっと撫でる	148	エネルギーを放出する
5	時が動き出す	53	心の不安がちらつく	101	違和感を感じる	149	熱を感じる
6	海辺の景色が広がる	54	奥底にいる	102	心の声が漏れる	150	自信を取り戻そうとする
7	情景が広がる	55	明瞭でなく心が曇っている	103	登場人物が一旦消える	151	自分に喝を入れる
8	じわじわと光が広がる	56	景色を眺める	104	一歩踏み出す	152	けなげだ
9	空が広がっている	57	景色が鮮やかだ	105	優しい眼差しだ	153	心に寄り添う
10	草原が広がる	58	天を仰ぐ	106	変化が繊細である	154	哀愁漂う
11	雲がゆったり流れる	59	花が咲いている	107	目をそらす	155	訴ない
12	河川敷に立つ	60	花びらが散る	108	感極まる	156	好きだ
13	小川へ歩み寄る	61	真っ暗な中に希望が見える	109	問題提起する	157	遠くにいる
14	川が流れる	62	光で満たされる	110	訴えかける	158	遠くを見つめる
15	風車がある	63	左から右へ視線が移動する	111	諭す	159	俯瞰して見る
16	波打つ	64	一気に場面が転換する	112	立ち止まる	160	大丈夫だ
17	草花が咲き誇る	65	ガラッと表情が変わる	113	再定義する	161	浮遊する
18	草木が揺れる	66	季節が変わる	114	緊張感がある	162	緊張状態である
19	広大な土地にいる	67	優しく胸をなでおろす	115	そっと抱きしめる	163	風が連れさる
20	手を大きく広げる	68	ありがとうの意味を込める	116	優しい	164	心に手を合わせる
21	自然の息吹を感じる	69	温かみを感じる	117	甘い	165	胸が高鳴る
22	風が吹き抜ける	70	明るい兆しである	118	真剣に物事を考える	166	のびのび生きる
23	深い暗闇である	71	前向きになる	119	胸の前に両手を出す	167	活き活きと歩く
24	素直に心に入ってくる	72	笑顔になる	120	一つのことを見つめ続ける	168	一段積み重なる
25	空が晴れている	73	歩みを進める	121	村を見つめる	169	正面を向く
26	複雑な感情を持つ	74	期待をする	122	天に想いを馳せる	170	記憶が鮮明だ
27	モンシロチョウが2匹いる	75	爽やかだ	123	自分の心がまっすぐだ	171	新鮮だ
28	鳥が羽ばたく	76	流れに身をまかせる	124	強くあろうとする	172	眉毛がへの字になる
29	何も飾らない	77	脱力する	125	想いを強くする	173	自分の心に傷がつく
30	自分に素直である	78	よく見えない	126	揺さぶられる	174	上の空だ
31	純粋な心を持つ	79	森がある	127	孤独だ	175	主人公目線になる
32	太陽の光に照らされる	80	坂の下に立つ	128	苦しくて辛い	176	重ね合わせる
33	優しく光る	81	視線を落とす	129	心の芯に響く	177	夢と現実が混ざり合う
34	光に気づく	82	足元を見つめる	130	免れることができない	178	危うさを引き立てる
35	まあるいお月様	83	遠ざかっていく	131	徐々に消えてゆく	179	守りたい
36	切ない気持ちになる	84	進みたい	132	周りに建物がない	180	支えてくれる
37	繊細である	85	駆け上がる	133	青年が一人で立っている	181	胸を張る
38	心が空虚である	86	駆け下りる	134	柔らかみがある	182	つぶらな瞳だ
39	孤独を感じる	87	駆ける	135	丸みがある	183	目を閉じる
40	物足りなさがある	88	意志の強さを感じる	136	前進する	184	ありふれた幸せを噛み締める
41	夜明けである	89	情熱を燃やす	137	現実を突きつける	185	愛情が溢れる
42	暗闇から救われる	90	叶えたい願望がある	138	空気が透き通っている	186	渋さがにじみ出る
43	暗闇から抜けようとする	91	エネルギーを内に秘める	139	過去の苦い体験	187	美しい
44	上昇する	92	我に立ち返る	140	泥臭い	188	平和的だ
45	世界は無情だ	93	振り返る	141	ぶつかる	189	動的でない
46	落ち着く	94	現実に戻る	142	不器用だ	190	やや冷たい
47	日常の自分になる	95	自分を慰める	143	やるせない	191	お話が終わる
48	居心地が良い	96	思い出す	144	想いを投げかける		

分析：経験タグの抽出

からだメタ認知をする際には、解釈記述と経験記述を分ける意識で記述を行なっていたが、タグ分析では両記述を区別せず、記述からエッセンスを生タグとして抜き出した。早見は楽曲全体から624個の生タグを抽出し、それらをKJ法で整理した結果、191個の経験タグを得た（表9.2参照のこと）。事実タグとは異なり、解釈・心情・体感・風景を明確に分ける尺度を設けることは難しいため、さらに分類することはせずに1～191の番号IDを付した。

共起分析の準備：想起する情景を表現した絵を描く

共起分析とは、共に出現する頻度が高いデータの組み合わせを顕在化させるデータマイニング手法である。「共に出現」という事象を判断するためには、一般に、データの部分的チャンク（塊）を研究者が指定する必要がある。本研究の楽曲体験のケースで言うならば、63小節のどこからどこまでを部分的チャンクとみなすかである。最初に思いつく方法は、ひとつの小節をひとつのチャンクとみなすことであろう。しかし、早見は小節の区切りは必ずしも楽曲体験の感じ方の終止を意味しないという体感をしばしば得ていた。機能和声の分析でもカデンツのまとまりは往々にして小節を跨ぐことがある。

早見は、楽曲を事実・解釈・経験の面からアナリーゼを進める中で、小節が進むごとに自然にパッと想起する情景の変化があることを自覚していた。ボーカルが開始する第3～4小節についての緑付箋（図9.2の実線の四角枠(1)と(2)）に記した経験記述を振り返ってほしい。「暗闇に立っていた少年にスポットライトが当たり、救いの手が差し伸べられる。その手に導かれていくと、いつのまにか視界が広い優しい草原に出る。見渡すと、草原の向こうに陰になって内部がよく見えない森があり、少し緊張感も覚え始める」という記述がなされている。そこで、早見は、楽曲を聴き身体が感じるままに想起した情景を描くことにした。一曲でひとつの絵を描くのではなく、楽曲の表情の変化に合わせて何枚もの絵を描いた。想起する情景（そして描く絵）の切り替わるポイントは「表情の変化」を感じたときである。

『Honesty』の 63 小節に対して早見は 40 枚の絵を描いた[26)]。63 小節のなかに 40 個の塊を見出したのだ。膨大な記述量を以て楽曲のアナリーゼを行ったからこそ、これだけ詳細に情景（絵）の切り替わりを体感できたのだろう。

情景（絵）の切り替わりは必ずしも小節の切れ目ではなく、際立つ音特徴があれば小節の途中でも切り替わることはある。39 回の切り替わりのうち、小節区切りでの切り替わりが 32 回、途中での切り替わりが 7 回だった。7 回のうち、小節の 4 拍目での切り替わりが 5 回、3 拍目が 2 回だった。4 拍目での切り替わりが多いのは、『Honesty』では前の小節の 4 拍目に次小節への導入や橋渡しとしての音特徴が配されているからであろう[27)]。

図 9.5 は、イントロからボーカル開始の第 3 ～ 4 小節までに早見が描いた絵 7 枚である。各々のタイトルと、該当する小節と拍（絵の切り替わりの位置）も記してある。小節の 4 拍目で切り替わったのが、「光が見える」(No.2)、「足元を見つめている」(No.7)、3 拍目で切り替わったのが「光が広がる」(No.4) である。それ以外の 4 枚は小節の冒頭から始まる情景である。

26) 絵にはそれぞれタイトルがついている。
27) これは普遍的傾向なのか、『Honesty』に特異的な傾向かはわからない。早見と楽曲の関係にも依存することかもしれない。

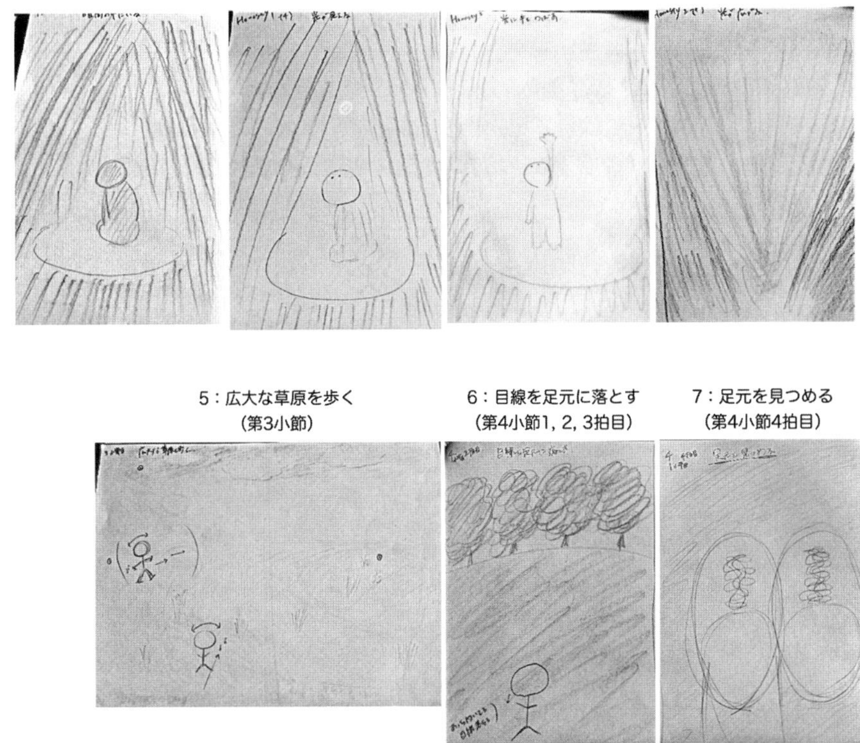

図 9.5　第 1 ～ 4 小節に心の浮かんだ情景を表す絵（7 枚）（[早見 19] から編集して作成）

共起分析の概要

一枚の絵をひとつのチャンクとみなすと共起分析が可能になる。想起する情景の絵を描くことによって楽曲の局所的な塊を抽出するという研究手法は、時間芸術である音楽体験の分析には有効である。

事実タグ、経験タグはともに、基礎データとしてのからだメタ認知記述（事実・解釈・経験記述）から抜き出した生タグを KJ 法によりまとめたものである。からだメタ認知記述も、したがって生タグも、どの音や音の連なりについて記述されたものであるかは早見にとっては明解なので、各々の絵（チャンク）が内包する事実タグや経験タグを同定できる。そこで、各々の絵の傘下に集まる事実タグや経験タグを集計するという分析手法を試みた。図 9.6 は、No.1 の絵（イントロ冒頭）と No.12 の絵（サビ冒頭の第 11 〜 12 小節）と、その絵の塊が内包する事実タグ、経験タグの一覧を示す。タグの名前の後ろの括弧書きはタグ ID である。40 のチャンク（40 枚の絵）に属するタグ群のデータを以て共起分析を行い、事実タグ同士の共起、経験タグ同士の共起を求めた。さらに、各々の事実タグ共起と経験タグ共起に ID を付すことによって、事実タグ共起と経験タグ共起のメタ共起も求めた。なお、分析は KH コーダーというテキストマイニングツール［樋口 04］を用いて行った。

事実タグ
テンポ(Q2)
ピアノ(A1)
短調調性(Q4)
向こうに(B7)
メ下伴上(O4)
根音から(K1)
根音から(K1)
五音から(K3)
カテゴリ(K4)
三連続(D)
単音奏法(Q1)

No.1：暗闇の中にいる

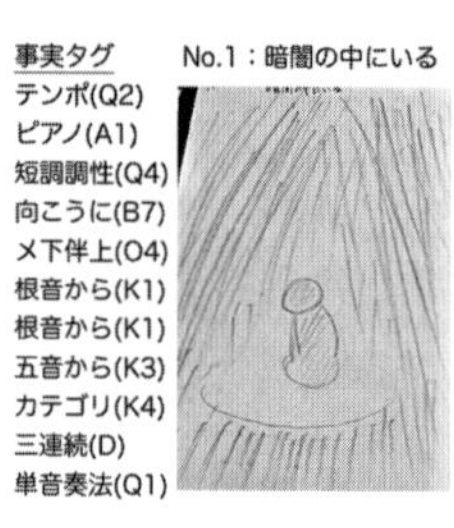

経験タグ
心に寄り添う(153)
ゆったりと時が流れる(4)
深い暗闇である(23)
太陽の光に照らされる(32)
切ない気持ちになる(36)
情景が広がる(7)
純粋な心を持つ(31)
心が空虚である(38)
孤独を感じる(39)
夜明け(41)
上昇する(44)
世界は無情だ(45)
心の不安がちらつく(53)
奥底にいる(54)
落ち着く(46)

事実タグ
王道進行(M4)
隣接上昇(C3)
根音から(K1)
頭から(H3)
メ伴関係性(O5)
歌詞(B8)
温かみ(B3)
同じ音(G2)
一度と三度(C6)
オクターブ(G1)
三連続(D)
三音下降(C1)
ピアノ(A1)
終五度(F3)
二つ刻む(J3)
付点メロ(H4)
食い込む(H6)
メ伴関係性(O5)
四リズム(I1)

No.12：夜空を見上げ天を仰ぐ

経験タグ
居心地が良い(48)
意志の強さを感じる(88)
情熱を燃やす(89)
問題提起する(109)
自分の心がまっすぐだ(123)
真剣に物事を考える(118)
苦しくて辛い(128)
エネルギーを内に秘める(91)
感極まる(108)
前進する(136)
自分をさらけ出す(146)
訴えかける(110)
強くあろうとする(124)
ぶつかる(141)
不器用だ(142)
再定義する(113)
現実を突きつける(137)
泥臭い(140)
やるせない(143)
想いを投げかける(144)
自信を取り戻そうとする(150)
自分に喝を入れる(151)
けなげだ(152)

図 9.6　絵とそれに属する事実タグ・経験タグ（［早見 19］から編集して作成）

共起分析結果

事実タグの分析は共起度[28]が高い上位30個程度を足切りにして行った結果、ちょうど30種類の共起がみつかった。30位のジャッカード係数[29]は0.53であり、通常に比べ非常に高い[30]。音楽では、例えばAメロ1、Aメロ2というように似たような音構成のフレーズが繰り返し出現することから、40のチャンクのなかでタグ構成が似ているものが多いことが理由のひとつと考えられる。

表9.3に30種類の事実タグ共起をジャッカード係数が高い順に示す。共起IDはfact(事実)の頭文字をとってf-○○と表記してある。事実タグ名は、表9.1の名称の省略版を記している（IDは表9.1と同じ）。

経験タグの分析は共起度が高い上位25個程度を足切りにして行った結果、ちょうど25種類の共起がみつかった。表9.4に25種類の経験タグ共起をジャッカード係数が高い順に示す。経験タグも25位の係数が0.36と非常に高い。しかし、事実タグに比べると全体的に値が高くない。楽譜に出現する音やその連なりの特徴である事実タグに比べると、経験記述や解釈記述は基本的に発想の枠が限定されないからであろう。共起IDはexperience(経験)の頭文字をとってe-○○と表記してある。経験タグ名は表9.2の名称の省略版を記している（IDは表9.2と同じ）。

事実タグと経験タグのメタ共起分析は、ジャッカード係数の足切り閾値を0.6に設定したところ、14種類の共起が見つかった。ジャッカード係数が高い順に表9.5に示す。各メタ共起は、meta(メタ)の頭文字をとってm-○○と表記した。事実共起の名称はIDだけでなく、その共起を構成する2つのタグも括弧書きで表記した。同様に、経験共起の名称はIDだけでなく、その共起を構成する2つのタグも括弧書きで表記した。例えば、m-1のメタ共起は、f-1という事実タグ共起と、e-25という経験タグ共起を示している。事実タグ共起、経験タグ共起の中身をさらに遡ると、

28) 共起度はジャッカード係数によって求めた。
29) 2つのモノ（例えばAとBとする）の共起の度合いを測る値の代表的なものである。AとBが共に存在するデータ数を、AまたはBが存在するデータ数で割った値がジャッカード係数である。
30) 普通はジャッカード係数が0.2程度でかなり高い共起度であると解釈するものである。

- M4（「王道進行[31]である」）、およびC6（「主に1度と3度の音程の移行でメロディが成り立つ」）という事実タグ共起と、
- 91（「エネルギーを内に秘める」）および146（「自分をさらけ出す」）という経験タグ共起の

メタ共起であるということがわかる。

表9.3　事実タグ共起

ID	事実タグ1（ID）	事実タグ2（ID）	ジャッカード係数
f-1	王道進行(M4)	一度と三度(C6)	0.83
f-2	上下運動(C4)	六度(E)	0.83
f-3	声の高さ(B6)	一度から(K5)	0.75
f-4	頭から(H3)	同じ音(G2)	0.67
f-5	頭から(H3)	きらびやか(B9)	0.67
f-6	活かす(B2)	きらびやか(B9)	0.67
f-7	王道進行(M4)	温かみ(B3)	0.67
f-8	四つセット(P4)	ベーストリングス(N5)	0.67
f-9	ベーストリングス(N5)	三拍目八(H2)	0.67
f-10	終二度(F1)	三段階(M6)	0.67
f-11	四つ上昇(J1)	カデンツは(M3)	0.67
f-12	上下運動(C4)	四ナチュラル(J5)	0.67
f-13	上下運動(C4)	一四五進行(N3)	0.67
f-14	調性外ど(L2)	六度(E)	0.67
f-15	共に(O2)	カデンツに(M5)	0.6
f-16	頭から(H3)	王道進行(M4)	0.6
f-17	頭から(H3)	温かみ(B3)	0.6
f-18	王道進行(M4)	三音から(K2)	0.6
f-19	四ナチュラル(J5)	カデンツは(M3)	0.6
f-20	一四五進行(N3)	調性外ど(L2)	0.6
f-21	上下運動(C4)	カデンツは(M3)	0.6
f-22	温かみ(B3)	一度と三度(C6)	0.57
f-23	カデンツい(M1)	優しい(B5)	0.57
f-24	四ナチュラル(J5)	六度(E)	0.57
f-25	一四五進行(N3)	六度(E)	0.57
f-26	上下運動(C4)	調性外ど(L2)	0.57
f-27	人が歌う(A3)	感情(B4)	0.55
f-28	優しい(B5)	出だし八(H1)	0.55
f-29	カデンツろ(M2)	八含む(P1)	0.55
f-30	歌詞(B8)	人が歌う(A3)	0.53

31）王道進行とは、IV度の和音から始まり、V, II, VIという和音に遷移するコード進行を指す。現代のポップスで頻繁に使われる、いわゆる泣かせるための「王道」なコード進行であるということで、その名称がついている。たとえば、図9-3のサビ（第11～12小節）の始まりは王道進行である。実線の四角枠（1)の「(1)」の文字の少し上に、早見がメモした王道進行という文字が見える。

表 9.4　経験タグ共起

ID	経験タグ1 (ID)	経験タグ2 (ID)	ジャッカード係数
e-1	情熱を燃やす(89)	泥臭い(140)	0.6
e-2	心が空虚である(38)	孤独を感じる(39)	0.6
e-3	泥臭い(140)	けなげだ(152)	0.6
e-4	自分の心がまっすぐだ(123)	エネルギーを内に秘める(91)	0.55
e-5	現実を突きつける(137)	意志の強さを感じる(88)	0.5
e-6	想いを投げかける(144)	けなげだ(152)	0.5
e-7	上を見上げる(51)	心が空虚である(38)	0.5
e-8	天に想いを馳せる(122)	一気に場面が転換する(64)	0.44
e-9	情熱を燃やす(89)	エネルギーを内に秘める(91)	0.44
e-10	安心する(49)	笑顔になる(72)	0.44
e-11	泥臭い(140)	エネルギーを内に秘める(91)	0.44
e-12	意志の強さを感じる(88)	前進する(136)	0.43
e-13	前進する(136)	天に想いを馳せる(122)	0.43
e-14	けなげだ(152)	自分をさらけ出す(146)	0.43
e-15	泥臭い(140)	自分をさらけ出す(146)	0.43
e-16	自分をさらけ出す(146)	情熱を燃やす(89)	0.43
e-17	情熱を燃やす(89)	エネルギーを放出する(148)	0.43
e-18	世界は無情だ(45)	切ない気持ちになる(36)	0.43
e-19	日常の自分になる(47)	安心する(49)	0.42
e-20	自分の心がまっすぐだ(123)	エネルギーを放出する(148)	0.4
e-21	想いを投げかける(144)	自分をさらけ出す(146)	0.4
e-22	情熱を燃やす(89)	苦しくて辛い(128)	0.38
e-23	太陽の光に照らされる(32)	ゆったりと時が流れる(4)	0.38
e-24	切ない気持ちになる(36)	純粋な心を持つ(31)	0.38
e-25	自分をさらけ出す(146)	エネルギーを内に秘める(91)	0.36

表 9.5　メタ共起

ID	事実共起ID	経験共起ID	ジャッカード係数
m-1	f-1（M4, C6）	e-25（91, 146）	0.8
m-2	f-18（M4, K2）	e-25（91, 146）	0.75
m-3	f-7（M4, B3）	e-16（89, 146）	0.75
m-4	f-7（M4, B3）	e-9（89, 91）	0.75
m-5	f-22（B3, C6）	e-16（89, 146）	0.75
m-6	f-4（H3, G2）	e-16（89, 146）	0.67
m-7	f-4（H3, G2）	e-22（89, 128）	0.67
m-8	f-7（M4, B3）	e-25（91, 146）	0.6
m-9	f-22（B3, C6）	e-9（89, 91）	0.6
m-10	f-22（B3, C6）	e-25（91, 146）	0.6
m-11	f-1（M4, C6）	e-14（146, 152）	0.6
m-12	f-1（M4, C6）	e-15（140, 146）	0.6
m-13	f-1（M4, C6）	e-16（89, 146）	0.6
m-14	f-1（M4, C6）	e-3（140, 152）	0.6

考察：一曲を通じた総体的体験

事実タグの共起、経験タグの共起、およびメタ共起分析を行うことにより、早見が『Honesty』という楽曲のどんな音特徴に着眼してどんな感情や情景を想起したのかについて、頻出パタンが明らかになった。メタ共起に登場する事実タグの共起は f-1, f-4, f-7, f-18, f-22 の 5 種類である。たとえば 、「王道進行」(M4) と「主に 1 度と 3 度の音程の移行でメロディが成り立つ」(C6) という音特徴が同時に存在すると、

- 89 (「情熱を燃やす」)
- 91 (「エネルギーを内に秘める」)
- 140 (「泥臭い」)
- 146 (「自分をさらけ出す」)

- 152（「けなげ」）

といった経験タグで表される感情や情景が喚起される。

一方、メタ共起に最も頻出する経験タグの共起はe-16とe-25であり、その内訳は

- 89（「情熱を燃やす」）
- 91（「エネルギーを内に秘める」）
- 146（「自分をさらけ出す」）

である。そういった感情や情景が喚起される源としての音特徴は、

- 「人の声の温かみを感じる」(B3)
- 「主に1度と3度の音程の移行でメロディが成り立つ」(C6)
- 「メロディが前の小節から継続して同じ音程で始まる」(G2)
- 「1拍目の頭からメロディが始まる」(H3)
- 「3度の音程から始まる」(K2)
- 「王道進行」(M4)

などである。

早見の楽曲体験は、総じていうならば、上記に列挙された感情・情景のことばからなっていること、そして、その源は主に上記に列挙した音特徴であることが判明したというわけだ。

考察：局所的な音特徴がもたらす体験

音楽は時間芸術であるがゆえに、一曲を通じた総体的体験だけではなく、局所的だが鮮烈な体験が存在したのであればそれも取り上げる必要がある。楽曲は一般に、Aメロ、Bメロ、サビの構造の繰り返し、および、ときに最後のサビの前にCメロが入ることで構成されることが多い。ここでは、63小節のなかに3回登場するBメロがもたらす体験について考察する。

表9.6は3回のBメロに該当する絵の番号、その小節番号、絵のタイトルを

示す。3回のBメロはいずれも4小節から成り、各々10～11番、22～23番、32～34番の絵に該当する。1、2回目のBメロは、最初の2小節と後半の2小節がそれぞれ一枚の絵になっている。一方、3回目だけは、後半の2小節が2枚の絵になっているため、絵は合計3枚である。

3回存在するBメロの最初の2小節の絵のタイトルを見てほしい。いずれも「空を見上げる」(空、夕空、青空の違いはあるが）である。そして1回目、2回目の後半2小節の絵のタイトルは「夜空への転換」である。しかし、3回目の後半2小節の2枚の絵のタイトルだけは「胸の内から解き放つ」および「草原の中心で回転する」というように異質である。3回目のBメロだけがそれまで2回とは異なる真新しい経験を早見にもたらしたようだ。

表9.6　3回のBメロの比較

絵の番号	小節	絵のタイトル	Bメロ回数
10	9、10	空を見上げる	1回目
11	11、12	青空から夜空に転換する	
22	23～25	夕空を見上げる	2回目
23	26	夕空から夜空に転換する	
32	49、50	青空を見上げる	3回目
33	51	胸の内から解き放つ	
34	52	草原の中心で回転する	

3回目のBメロにおける真新しい体験とはどういうものであるか。それがどういう音特徴からもたらされたのか。それを経験タグから紐解いてみよう。3回のBメロは音特徴がほぼ同じなので、同じ経験タグを数多く共有している。しかし、楽曲体験は各フェーズに存在する音特徴だけではなく、そこに至るメロディの蓄積で成立するため、Bメロも回を重ねるごとに新たな体験が出現する。2回目における体験は、1回目から継承した経験タグ10個、2回目で新たに出現した経験タグ13個から成り立っていた（新規タグのパーセンテージは57%)。

3回目では、2回目で新たに出現した13個のうち6個を継承し、また、1、2回目で共に出現した10個のうち6個を継承した（3回のBメロで共通のタグ)。さらに、1回目から3回目だけに継承されたタグも2個存在した。つまり、過去2回のBメロからの継承は14個である。一方、3回目で新たに出現した経験タグは15個であった。新規タグのパーセンテージは52%であり、2回目のBメロと同程度である。

3回目の体験が過去2回と比べてどう異質（絵のタイトルが異なる）であるのかは、3回目で初登場した15個の経験タグが物語っているはずである。15個の内容を確認すると、意味的に4種類に大別できそうである。ID番号を4分類に整理すると、

- 6（「海辺」）、7（「情景が広がる」）、9（「空が広がっている」）、19（「広大な土地にいる」）、158（「遠くを見つめる」）
- 44（「上昇する」）、77（「脱力する」）
- 116（「優しい」）、117（「甘い」）、135（「丸みがある」）
- 16（「波打つ」）、91（「エネルギーを内に秘める」）、148（「エネルギーを放出する」）、149（「熱を感じる」）、186（「しぶさが滲み出る」）

である。見渡す限り広大な土地にいて優しい気持ちになり、脱力して心身が舞い上がるような心地になり、内に秘めた熱やエネルギーを放出するという体験が、「胸の内から解き放つ」および「草原の中心で回転する」という34～35番の絵のタイトルに表現されているのかもしれない。

メタ共起に頻出する経験タグが、89（「情熱を燃やす」）、91（「エネルギーを内に秘める」）、146（「自分をさらけ出す」）の3つであったことを振り返ってほしい。Bメロ3回目での体験は意味的にそれとほぼ同一である。『Honesty』のBメロは、早見にとって楽曲全体の総体的経験の中核を成すものであるという仮説が成り立つ。

図9.7　3回目のBメロのひとつの音が異なる

3回目が過去2回と異質な経験をもたらす源は楽譜のどこにあるのかを早見に

インタビューしたところ、Bメロ冒頭の第49小節から50小節目に移行した直後のメロディラインのひとつの音が過去2回と異なることがそれであるとの回答を得た。図9.7は、1回目のBメロの7～8小節、3回目の49～50小節のメロディラインの比較である。1回目の“You might just as well be blind”のasの音と、3回目の歌詞の“Tell me where-else can I turn”のelseの音を比べてみる（図の2つの丸）と、1回目がシb（Bb)なのに対して3回目はレ(D)まで上がっている[32)]。早見はこの点に着眼し、第50小節についての事実記述として「メロディラインが上がって下がる（ADAGF)」と記載している。

このメロディラインの変形が源になり、「波打つ」(気持ちが波打つという意味だそうだ）という経験タグ（ID16）がここで初めて登場し、それがゆえに、内に秘めた熱やエネルギーを見渡す限り広大な土地に向かって放出するという経験が生まれたと早見は語ってくれた。ほんの些細な音特徴が楽曲経験に大きな影響を与えることが如実に顕れた事例であろう。

まとめ

写真日記の思想に基づき、楽曲がもたらす体験を

- 事実記述（音特徴への着眼と抽出）
- 解釈記述（個々の音特徴がもたらす印象、および、その分析過程で生じた問いや気づき）
- 経験（妄想)記述（直感的に感じ取れる40枚の絵と、そこで生じた心情や想起した情景の言語化）

にわけて丹念に記述することが、一人称視点で楽曲体験にしかとむきあうことである。その膨大な基礎データをタグ抽出と共起分析によって分析し、自身が着眼した音特徴とそれが醸し出す心情や情景の関係の知見を得た。

共起分析は、これこれこういう音特徴があるとこんな心情や情景が心に浮かぶという知見を得ることになるが、それらをif-then型の知見として一人歩きさせ

32) 楽曲の最終フェーズに近づくと、メロディラインの裏拍にあたる場所でこのように音程を一瞬高くすることは、一般によく使われる手法である。

る様な受け取り方はしない方がよい。むしろ、表 9.3 および表 9.4 に登場する事実タグ、経験タグが、数あるタグの中でも本人にとって重要なタグであったということ、そして、その選抜タグ群の総体こそ本人の楽曲体験そのものであったと感じることが、この一人称研究を解釈するより良い態度であると考える。

また、その総体的な体験は、局所的なごく些細な音特徴（たとえば、上に挙げた「メロディラインの変形」）がその誕生の重要な鍵となっていたということも注目に値する。

本章で紹介した一人称研究では、克明に記述した基礎データの内容や、分析の結果顕わになった本人の体験自体は、主観的で本人だけの経験である。しかし基礎データの収集の仕方、および分析の仕方は誰もが使える普遍性／一般性を有していることを最後に付け加えておく。

第 10 章

実践研究事例その 4：生活と競技が一体となり身体スキルを学ぶ

身体スキルの一人称研究の概要

本章のトピックは「身体スキルの学び（体得）」である。野球選手がインコースの球を捌いてバットの芯で打ち返すことは、プロ野球の選手にとっても難しい技術（以下、スキル）であると言われている。スキルは身体知であり、一朝一夕に体得できるものではない。スキルの種類にもよるが長い期間、ときには数ヶ月あるいは数年を要することも稀ではない。

前章のトピックである楽曲の鑑賞は、少し前の体験の蓄積がいまの体験に効いてくる「時間体験」であると論じた。身体スキルの学びの道のりも同じ類の時間体験である。その時間体験は音楽に比べて圧倒的に長い。長い年月のあいだに心身の成長や変化、自己意識の変化、人生における悩みや喜びや紆余曲折が起こる。一人のひととして生きることと身体スキルを学ぶことが互いに複雑に絡み合う時間の体験（「生きる時間の運営」といってもよい）になる。

その意味で、身体スキルの学びの一人称研究は、畢竟（ひっきょう）、身体が有する単なる専門的なスキルの探究ではなく、本人が生きるリアリティに埋め込まれたものごととして捉えるのがよい[1)]。

本章では、諏訪研究室に学部 3 年生から所属する十種競技のアスリート、堀内隆仁さん（以下、堀内と称する）が走るスキルを学ぶ過程を探究した一人称研究［堀内，諏訪 20］を紹介する。十種競技は、走ること、ジャンプすること、投擲することなど、多様な身体能力を要する種目をこなす鉄人的競技であるが、力み

1）第 3 章で紹介したボウリングの研究も身体スキルの学びの研究であるが、生きるリアリティに埋め込まれているという側面は扱わなかった。初期スタイルの一人称研究には見られなかったこの側面を陽に扱うことこそ、最近の一人称研究の特筆すべきポイントである。

なく柔らかく、そして速く走ることが全ての基本であるという。

堀内がこの探究から学んだことは、数々の着眼点[2)]、およびその総体としてのスキルだけではない。走るスキルは、「歩く」、「姿勢よく立つ」、「脱力して身体を動かす」といった生活における身体の処し方（スキル）に根差して成立していることを学んだのだ。例えば、靴紐を結ぼうと前屈みになった瞬間、腹筋部に力を入れる新しいやりかたを思いつき、短距離離走の加速局面での前傾姿勢に活用する。その類の現象が日々生じると堀内は語る。どんなアスリートにも競技の手前に生活がある。競技も生活もひとつの心身を以てなす。そう鑑みれば堀内の弁は至極当然である。

さらに、一見陸上とは全く関係がないように映る生活でのものごと（たまたま展示場でみた石花[3)]や、引越しで洗濯機を運んだ時の身体感覚）をヒントに「立つ」ことにまつわる意識改革が生じ、競技スキルに取り入れようとした（詳細は後述する）。

競技スキルが生活に埋め込まれているとはそういうことである。生活のどこに「走る」ことへのヒントが隠れているかわからない。競技のなかで見つけた何かが生活を見つめる眼差しを変え、生活を変えることもある。「速く、しなやかに走る」ことは、もはや研究の最終目的ですらないのかもしれない。生活に埋め込まれた競技スキルを探究することは人として生きることの模索につながる。それは第 7 章以降のすべての一人称研究に通底することである。「探究」よりも「探求」という文言がより似合っているのかもしれない。

身体スキル系の一人称研究

生活に埋め込まれた身体スキルの探究（あるいは探求）は、諏訪研究室で堀内の研究が初めてではない。諏訪研[4)]第 1 期生の赤石智哉さん（以後、赤石）が剣道のスキルを探究した一人称研究［諏訪，赤石 10］や、私自身が野球の打撃スキルを探究してきた歴史もそれに該当する。

剣道には「先の先」ということばがある。対戦相手がまさに動かんとする気や

2）着眼点とは、生態的心理学のことばでいえば「変数」である。身体スキルの領域では、本人が注意を向ける身体部位の状態や体感（身体感覚）のことを指す。

3）石を絶妙な形に積み上げる遊び

4）現職の大学での研究室

エネルギーを察知し、相手よりも先に打ち込んで機先を制することである。「後の先」ということばもある。対戦相手が仕掛けてきたところを後から制して打ち込むことである。これらの言葉を体現するために、赤石は自らの身体部位の動きや体感の微細な差異を見逃さず、筋肉や骨格を考え、操ることを模索し、自身の心身を御すさまざまなことばを紡いだ。「足で竹刀を持つ」、「明鏡止水—背骨に水平面を感じる」などはその一例である。「背骨に水平面を感じる」に関する赤石のことばを上記論文から引用しよう。

> 「相手は4番目の平面あたりから動き出している」という直感が生まれた. そこで私は, 相手が動き出した瞬間, 5 番目の平面を起点にして動き出してみた. すると見事に技を決まった. その瞬間,「相手のちょっと上をいくのだよ」という師範の言葉が思い出された（[諏訪 , 赤石 10], p.423）

まさに「後の先」である。骨格を考えることはからだメタ認知の実践の一環であり、赤石はその習慣が身についているので相手の骨格を読むことができたのだ。

その後、赤石はすべての身体運動の発現は仙骨にあると理解し、その身体感覚をまざまざと感得するに至る。もはや剣道の身体スキルの探究を超越し、身体の成り立ちを考え、「身体を考える生活」を自ら実践する域に至ったと言えよう。彼独特の意識や身体感覚に興味があるかたは上記論文をご覧いただきたい。

私が野球の打撃スキルを探究しはじめたのは、第3章で紹介したボウリングの研究の約2年前である。探究の歴史はかれこれ20年近くになる。しかし、その成果を学術論文誌に論じたことはあまりなく[5)]、もっぱら書籍や雑誌記事で紹介してきた。

- 古川康一氏編著の『スキルサイエンス入門—身体知の解明へのアプローチ』の7章［諏訪 09b］
- 拙著『「こつ」と「スランプ」の研究　—身体知の認知科学』［諏訪 16］
- 『一人称研究のすすめ—知能研究の新しい潮流』［諏訪 , 堀 15］

---

5) 学生の一人称研究は数多く学会研究会や学術誌に発表しているが、私の事例は［諏訪 09a］が唯一である。

には、詳しく私のスキル模索の軌跡を記している。しかし、これらの書にも私が生活に埋め込まれた形で打撃スキルを模索する様はあまり描かれていない。生活とスキル探究があいまみえる様を描写しはじめたのは最近である。『「間合い」とは何か　二人称的身体論』[諏訪他 20] をはじめとし、雑誌やハンドブックの執筆記事（[諏訪 20b]、[諏訪 21]、[諏訪 22]）がそれに該当する。

アスリートとして生きる様を描いた物語の提示

堀内が生活と競技が一体となった形で走るスキルを探究した一人称研究を紹介しよう。この研究が提示するのは、彼が身体にフィットする走りを体得しようと試行錯誤しながら、問題意識が変遷する軌跡である。それはアスリートとしての生き様を描いた物語と言ってもよい。物語提示型の一人称研究の価値については本章の最後に論じる。

自身がどんなものごとを経験し、どんなことを考え、どんな問題意識を醸成したかを物語る上で堀内が礎にしたのは、日々記録したからだメタ認知日記である。彼は2015年4月23日から2019年10月9日までに623件（総文字数496,900字）の記述を書き溜めた。単純計算すると平均約2.6日に1回記述をし、1件あたりの平均文字数は約800文字である。4年半という長期にわたってからだメタ認知を継続したことが、ものごとにふと着眼し、意味や価値を見出し、新たな問題意識を次々生みだす原動力になった（第6章に論じたように、身体とことばの関係についての理論に基けばそういう言説になる）。以下、アスリート堀内の物語のエッセンスを、それに関連するからだメタ認知日記の文章を引用しながら紹介する。

練習メニューの価値に気づく

2015年の秋から冬にかけて、堀内は、走る時にフラットに接地する（足裏全面を同時に接地させること）ことによってお尻の筋肉で地面を押し、（身体を前進させるための）高出力を得たいという問題意識を持っていた。その後、学部卒業論文の執筆に集中せざるを得ない時期に入った。本格的な練習時間がとれなくなったため、自室だけで簡単に実践できる体幹トレーニングに取り組んだという。

やがて卒論執筆が終了し、2016年2月から本格的な冬季練習を再開すると、フラット接地の地面反力が臀部を経由して肩甲骨に伝わり、接地面から肩甲骨までが「ひとつながり」になって走る体感を得たという。走りにおいて肩甲骨が重要であるという言説は陸上界ではよく言われることであるが、その重要性について初めて身を以て納得した。体幹トレーニングのおかげで接地の瞬間に臀部と体感を締める筋力を得られ、足裏から肩甲骨までを「ひとつながり」にして走る身体感覚が生まれた。練習の意味や価値を自分ごととして理解した瞬間である。

陸上に限らず、アスリートは身体部位を効率的に動かすために（筋力トレーニングを含めて）様々な練習メニューをこなす。しかし、優れたパフォーマンスの先輩や同輩もそのメニューをこなしているからとか、コーチからそう教わったからという理由だけで練習をこなすのでは、身にならない。そのメニューが自身の何を変えてくれるのか、あるいは何を維持することに役立つのかという問いを立て、その答えを理論面だけではなく身体感覚的に納得したうえで練習することが肝要である。それがからだメタ認知という学びの実践法が目論むことである。自ら問いを立てるから問題意識が生まれ、新しい問題意識が生まれるから多様な練習や走り方を試すことができる。すると、次の問いを立てることができる。学びはその繰り返しである。

「腕を掘る」という身体感覚の誕生

足裏から肩甲骨までを「ひとつながり」にして肩甲骨を大きく動かして走る体感の発見は、堀内の腕振りに対する意識を変えることになった。

走るときの脚と腕の関係を精密に考えてみよう。左脚で地面を押した後、右脚が前に振られ、次なる接地に向けて前に伸びている時（両脚とも宙にある状態）、右腕は肘を張った状態で背面より後ろにある。一方、左腕は前方に最大に振られている。右足裏が接地すると同時に、右腕は後ろから振られて体側の横に来る。一方、左腕は前方から戻ってきて体側の横に来る。また左脚はこのあと前に振られるべく、膝が最大に屈曲し体幹位置に戻ってくる（膝は身体の軸線よりも少し前に出ている）。

右足裏が接地して得られた地面反力は、左脚の前への伸びや右腕の前振りの原動力になる。地面反力を無駄に消費しないためには、その瞬間に身体重心が足裏接地位置の真上にあること（真下接地と呼ぶ）と、足裏から肩甲骨までが「ひとつながり」になり肩甲骨を大きく動かせる状態にあることが肝要である。

さて、堀内は接地の瞬間（たとえば、右足裏の接地）、地面反力をよりたくさんもらうために、前方から戻ってくる腕（たとえば左腕）の動きに着眼するようになった。左腕が前方から体側位置に戻るとき、左腕を「(後ろに) 振る」というよりも、むしろ体側の横で「(下方向に) 掘る」感覚をもつことが重要ではないかという問題意識をもったのだ。右脚が前に伸びた状態から接地すると同時に左腕を下方向に掘ることによって、物理的にも重心位置が丹田付近に左右均等に下がる[6)]。そういう身体の状態をつくりだすために前方から戻る「腕を掘る」のであろう。堀内は、腕振りは足の接地と協力して前への推進力を得るために重要なファクターであると気づき、どういう意識を以て振るべきかを模索した結果、掘るという概念を生み出した。

「腕掘り」の概念を生み出したときのからだメタ認知日記が図10.1である。図に「掘る位置は、自分のかなり手前」とあるが、「手前」とは身体の前方ではなく、腕が戻ってくるときの「身体に近い位置」を意味する[7)]。腕を掘る意識をもつことによって大きな地面反力を得ることは、掘った腕自体が後ろに振られる可動域を増すのではないか。それは肩甲骨を大きく動かすことをも意味するのではないか。図10.1の後半にはそういうことばが並ぶ。

S（※堀内の練習パートナー）と話しながら，腕振り，肩甲骨の使い方について考える．「腕掘る」という表現について，（中略）掘る位置は，自分のかなり手前なのだと．最初の加速のときは，もしかしたら，大きく大きく，遠くから掘ってこないといけないのかもしれない．（中略）手前を掘ることによって，自然に腕振りのレンジが，後ろ寄りになるということだ．自分の身体より後ろの可動域が拡がる．後ろで腕がしっかり動く．すなわち，肩甲骨がよく動いているということも満たされる
[2016年8月31日のからだメタ認知日記の一部]

図10.1　「腕掘り」という概念を生み出す
（[堀内，諏訪 20, p.449] の図5を元に一部編集して[8)] 作成）

6）これは諏訪の理解である。右足裏が接地するが左腕の掘り方が甘いと、身体の下方向への動きの左右バランスがとれないに違いない。
7）からだメタ認知日記は思いつくままに素早く書くことが多い。また、他者に見せるためのものではないため、必ずしも厳選された文言を使っていないことがしばしばである。
8）文章は元論文から一切変えていない。

身体の動きを可視化するために百均素材でツールを作成

アスリートの身体スキルの研究といえば、スポーツ科学の研究手法を連想する方が多いだろう。高速度カメラの映像分析やモーションキャプチャー分析という高度な計測技術を駆使し、身体に生じている現実を客観的に観察することはその典型である。「動きの可視化」である。堀内も走る姿の客観的計測を試みた。しかし、従来の計測・分析手法とは異なる思想の方法を採用した[9]。

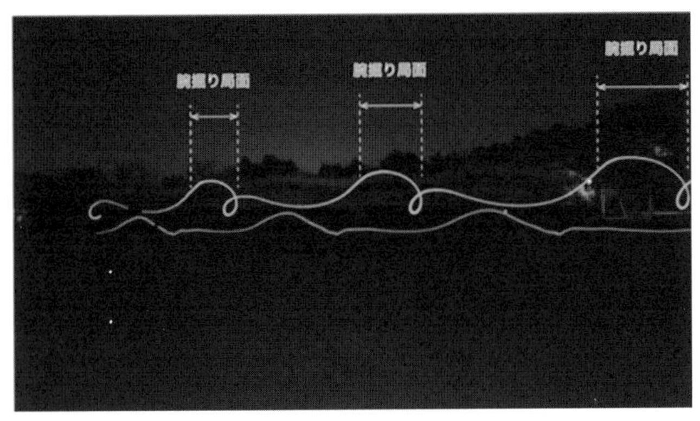

図 10.2 百均 LED で露光撮影した右手／右足の軌跡（[堀内 , 諏訪 20, p.449] の図 6 を転載）

堀内が作成したツールをひとつ紹介する。LED ライトを身体に装着して暗所を走る様子を長時間露光で撮影すると、装着部位の動きが光の軌跡となって可視化できる。図 10.2 は百円ショップ（百均）で購入できる LED ライトを右手と右膝に装着して走り、スマートフォンのアプリ「Magic Shutter」で擬似露光撮影をした写真である。走った方向は左から右で、上部の軌跡が右手、下部の軌跡が右膝である。上部の軌跡のなかで紐の結び目のようにくるっと丸くなっている箇所に着目してほしい。上方向を y 軸、進行方向を x 軸と呼ぶとしよう。

結び目の少し手前で右手の y 座標が最大になるのは、右手が前に振られて高く上がったときである。それ以降右手は後ろ方向に振られる。手は肩関節を中心におおよそ円運動を描く。したがって、振られはじめは右手が後ろに振られて x 座標が小さくなる要因よりも、身体が前進して x 座標が大きくなる要因が支配

9) 大学院の研究プロジェクト型授業でメンター教員となった筧康明氏（現東京大学）と議論の結果、生まれたアイディアである。

的であるため、右手の軌跡は前に進む（x 座標が大きくなる）。その後、手が身体の横に近づくと、後ろへの振りを要因とする x 座標の減少度合いが身体の前進の要因と相殺するか、あるいは若干大きくなるため、右手の x 座標は増えない（むしろ少し減る）。その瞬間は、左足裏が着地しているため身体の前進度合いも一瞬遅くなっていることも作用している。一方、y 座標は手が身体の横に近づくと極小値をとり、背面側に振られると増え始める。そういう要因から、手が身体の横に近づくあたりで結び目ができる。

したがって、図に示した両矢印の箇所が「腕掘り」のフェーズに相当する。そもそもこのような簡便な素材で素早く動きを可視化したいと堀内が考えたのは、「腕掘り」という新しい概念を生み出した後に、自分の腕振りの様子を観察し、深く考察したいという問題意識を持ったからである。

光の軌跡としてこの動きをみたとき、堀内は自身の身体を空間に塗りつけたような感覚が迫ってきたという。認知にはこういう解釈が生じるのが面白い。ひとはグラフを単に客観的に見るだけではないのだ。

- 「腕掘り」という自身が編み出した概念（ことば）と、
- その問題意識をもちながら実際に走ったという事実と、
- 動きを可視化する簡便なツールを考案し素早く制作したという事実

があるからこそ、光の軌跡（動きの可視化）を自分ごととして感じ、特別の感慨や意味を見いだしたのであろう。

軌跡を自分ごととして感じたがゆえに、堀内は右手が「掘っている対象は空気であり、その空気には粘性がある」という、いわば当たり前のことに改めて着眼した。別の言い方をすれば、「空気に粘性を感じながら掘る」ことが重要であるという次なる問題意識が生まれたのだ。もしモーションキャプチャーなどのハイテク機器で計測した右手の座標変化をみせられたとしたら、それを単に「グラフ」と認識するだけで、このような問題意識や意図を感じるには至らなかったであろうと堀内は語る。

長い計測時間は身体知探究の一人称研究には致命的

私は自ら被験者としてバットの素振りをモーションキャプチャーで計測してもらった経験が何度かある。素振りをするときの身体部位の使い方に様々な問題意識を持ち、意図通りに各部位が動いているかどうかを観察・分析［西山，諏訪 08］するためであった。しかし、一般に、ハイテク機器による計測では計測スーツへの着替え、多数台のカメラの詳細な調整、コンピュータによる分析処理のために1時間以上かかる。真剣に学ぼうとしている学び手であれば、計測時の素振りを基に感じたこと・考えたことがあるならば、分析結果が出るのを待つ間にも異なる振り方を試し、新たな身体感覚を味わい、言葉にしたくなるものである。なにせ1時間以上の時間があるので私はほぼ毎回そういう心境になった。しかし、その試し振りは決して計測され得ないことに大きなジレンマを感じていた。

これが何を意味するだろうか。計測にかかる労力や時間の長さは、本気で学ぼうとしているひとの問題意識の醸成や実践的な試行の時間サイクルと相性が悪いということである。理想を述べるならば、毎回素振りするたびに計測し、その都度すぐに結果をみて、結果が芳しくないならすぐ対処策を考え、異なるやり方でまたバットを振る。そういう構成的な認知の時間サイクルが本来の学びの姿である。一方、高度な計測にかかる長い時間はときに邪魔になる。畢竟、高度な計測を組み込んだ練習はなかなか継続が難しい。一学び手としての私は身を以てその問題点に直面した［諏訪他 12］。

その点、堀内が考案した簡易ツールによる動きの可視化は身体知を学ぶ一人称研究に適している。複雑で高度な計測はできない。しかし、簡易ツールで安価でもあるため、学びのプロセスで得た些細な問題意識に応じて、手軽に制作してすぐ動きを可視化し、次なる問題意識を得ることに役に立つ。プログラミング分野におけるアジャイルという概念［江渡 09］と同じである。

軸とは何かという思惟

足が接地するたびに逆側の腕で粘性のある空気を掘るという問題意識を持つに至ったとき、堀内は軸とは何かを理解したという。堀内の軸に関する思惟は以下の通りである。

- 接地した足裏から肩甲骨まで「ひとつながり」であるのは、異なる身体部位間に拘束が存在しているということである
- 腕が掘る空気に粘性があるという状態も、身体にまとわりつく空気と腕の動きとのあいだに拘束が存在するということである
- 身体各部位のあちらこちらにその種の拘束が成り立ち、全身がそれらの拘束の下に連動するならば軸は「おのずと形成」される。軸は決して意識的な操作をして形成するものではない
- 身体各部位に拘束をもたらす源は体幹まわりの筋肉である

2016年9月17日のからだメタ認知日記にはこの考え方の断片が記録されている（図10.3参照）。

やはり「軸」が大事なのだと．（中略）体軸は保たれたまま，その上でうねうねしていることが重要．（中略）自分から軸を形成するもの（骨か？）を動かしていってはいけない．あくまで連動．連動するためには，自由度があまりに高すぎる状態ではだめで，それなりの束縛条件をつくっておく必要があるのだ．そのひとつが軸．（中略）最近ホットな腹横筋腹斜筋は，軸を意識したときにちょっと使われる感覚があった．
[2016年9月17日，からだメタ認知記述の一部]

図10.3 「軸」概念の解釈
（[堀内 , 諏訪 20, p.451] の図8を元に一部編集して[10] 作成）

仮想的文言と写真日記の思想

「光の軌跡は身体を空間に塗り付けた感覚」や「空気を掘る」や「その空気に粘性を感じる」は単に本人の妄想／仮想であって、飛躍した思考は身体知の学びには役に立たないと考える方がいるかもしれない。私は異なる見解を有している。

写真日記の思想を再度振り返ろう。誰もがみても存在が明白であることを記録する「事実記述」、個々の事実記述に対する本人の解釈を記す「解釈記述」、複数の解釈を俯瞰し総じてどういう経験をしたかを記す「経験記述」を書くことであ

10）文章は元論文から一切変えていない。

る。どの記述から先に書くという決まりはない。どこから書き始めても各々の記述が他の記述への着眼を促す。3種類の記述を行ったり来たりして全ての量を増やすことが肝要である。

経験記述を私は「妄想記述」とも呼ぶことは先に述べた。妄想は解釈記述と事実記述に紐づいている限り大いに結構である。自分なりの経験（妄想）記述を発想することが、それまで着眼できていなかった事実への気づきと解釈を促す。一見飛躍した思考に映るかもしれない堀内の文言はそういう効果がある。

身体知の学びの領域には妄想的／仮想的文言はしばしば登場する。姿勢をよくするために後頭部を糸で天井から吊り上げられている感覚をもつという文言を聞いたことがあるひとは多かろう。第2章で紹介した、打撃の身体知の事例を思い出してほしい。腕の筋力でバットを振るのではなく体幹で振るためには、左右の肩甲骨の水平矢上軸[11)]周りの回旋をうまく利用することになる。右打者の私は右の肩甲骨を水平矢上軸の周りに背中から見て反時計回りに回旋させる（私にとっては肩甲骨を「浮かせる」感覚である）と自然にバックスイングが成立し、それを元に戻しはじめるとスイングが始動し、逆に左の肩甲骨を水平矢上軸の周りに背中から見て時計回りに回旋させる（私にとっては左の肩甲骨を「浮かせる」感覚）とインパクト後のフォロースルーになる[12)]。肩甲骨を「浮かせる」という文言も妄想／仮想的である。私のからだメタ認知日記には「肩甲骨に涼しい空気が流れる」ような感覚で肩甲骨を動かすと、バットを意図的に振ろうとしなくても、自然バットが振られるということが記述されている。

脳科学的にいうならば、仮想的な想像をすることによって身体各部位への運動指令は確実に変わるはずである。後頭部を天井から糸で釣り上げられていると想像すると、そうでない場合と比べ、後頭部やそれに連なる首後ろの筋肉への意識が活性化し、その身体部位への運動指令がより活性化される。その想像がない場合とは、身体各部位の動きやそれに伴い得られる体性感覚も大いに異なるはずだ。

11）背面／胸面に垂直方向（前後方向）の軸
12）［諏訪 22a］にも紹介している。

怪我のリハビリ中に欠点の源に気づく

足裏の接地は真下接地が理想であるが、堀内は重心位置が接地位置よりも若干後ろになる（前方接地）という欠点を有していた。前方接地になると、接地で得られる地面反力の一部が重心を接地位置の真上にもってくるまでの動作で失われるため、前進する原動力が弱くなる。

堀内は、先に紹介した数々の問題意識を以て 2016 年のシーズンに十種競技の多くの種目で自己ベストを更新した。しかし、2015 年に負った右膝の怪我（膝蓋靭帯炎）が完治しないまま競技に出続けたシーズンでもあった。そこで 2016 年の冬に根本的な治療（徒手治療やリハビリ）を行った。リハビリ運動として腰を落として大きく前に踏み出すことをしているとき、彼は患部の右膝をかばい下腿を大きく振り出していることを自覚した。さらに、それが走るときの前方接地を引き起こす元凶かもしれないと考えるようになった。

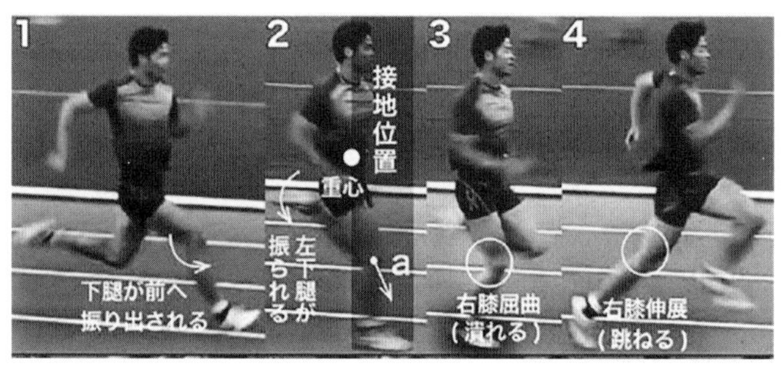

図 10.4　足裏着地に向けての下腿の振りと前方接地
（[堀内 , 諏訪 20, p.451］の図 10 を元に一部編集して作成）

図 10.4 の分解写真をみていただきたい。堀内の発見は以下の通りである。前に振った右腕を粘性ある空気を掘る意識で身体の横に戻し（図 10.4 の 1 コマ目の少し前)、さらに肩甲骨を大きく使って後ろに振ろうとする（1 コマ目)あまり、右脚の下腿が大きく振り出され（1 コマ目)、着地にむけて腰（重心位置）を前に持っていくことが叶わなくなる。その結果、過度な前方接地になる（2 コマ目)。重心が接地位置の真上にないため、膝が屈曲し臀部が落ちてへっぴり腰気味になる（2 〜 3 コマ目)。その態勢を是正して重心を前にもっていくために、膝には過度な力が加わり怪我をしてしまうのではないかと。

日常生活の「立つ、歩く」を見つめ直す

数々の問題意識の変遷、およびそれらがどういう関連をもって堀内の心身に存在していたかを紹介してきたが、2016 年冬頃から彼は、走りの悪い癖を治すには日常生活のごく普通の動作（特に、歩くことや自然に立つこと）をまず改めねばならないと考えるようになった。野口体操を編み出した野口三千三氏［野口 03］は、身体各部位の筋肉はそれが必要とされるタスクを担うときまで休んだ状態になければならないと説く。立っている時の理想状態は多くの筋肉を使わず「骨で立つ」[13]ことである。真下接地で走るのは「骨で立つ」という基本思想を考えるならば至極当然のことであろう。堀内は、ややもすると前方接地で走ってしまう原因は日常生活で「骨で立つ」習慣を形成できていないことにあると痛感したのだ。

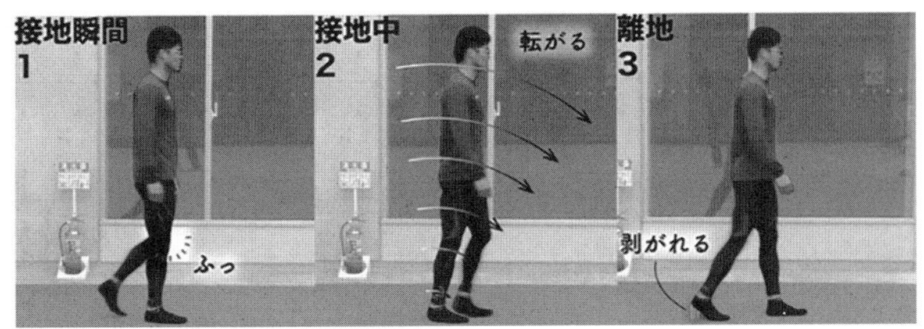

図 10.5　歩き方の模索
（[堀内 , 諏訪 20, p.453］の図 13 を転載）

図 10.5 は野口氏の思想に基づき身体にとって自然な歩きかたを模索する写真である。堀内が意識していた主なことを挙げると、

- 常に上から吊られている意識で歩くこと
- 接地（たとえば右足裏）の際には膝を一瞬ふっと抜くこと
- 接地位置を中心として前方に円運動的に倒れ込む（堀内は「転がる」と表現）こと
- 倒れ込みを次に接地する脚（左脚）が受け止めること
- 接地していた右足裏が後ろで地面から離れるとき、踵からつま先にかけて徐々

13）足裏から頭の先まで、それぞれの骨が順々に下の骨の上に積み上がっているだけという状態。

に「剥がれる」感覚になること（後ろにいる人に足裏が一気に見えないこと）

である。理想の歩きかたで成り立っていることを走るときにもそのまま体現すべきであると考えたのだ。図10.6は、その頃のからだメタ認知日記である。箇条書きで列挙した問題意識に関係する表現が多数見られる。「スイっとグイッと接地中最後の最後まで力が加わっている」や「足裏を見せずに歩く」のが肝要であり、「インパクト[14]の瞬間に一番ヒットして、そのあとは軽く引っ掻く？ような感じてスカッと」という力のかかり方（いままで堀内の身体が為していたこと）ではよろしくないという趣旨の記述がある。

「膝をふっと抜く」という体性感覚は堀内独特のものである。私は野球選手として走ることには人一倍問題意識を紡いできた歴史[15]があるが、実は「膝を抜く」意識はもったことがない。むしろ、足首のバネを柔らかく使って地面反力を足裏全体および足首関節でじわりと受け止める意識をもってきた。「じわり」という副詞は重要であり、接地時間をできるだけ長く体感することの重要性を示唆する文言である。

歩きが練習なのだと胸を張って言える．靴によって感覚が全然異なるが，「スイっとグイッと接地中最後の最後まで力が加わっている」必要がある．それが「膝抜き」であり「ハムウォーク」であり，効率よく力を加えている歩き方なのである．そして，別名「体重移動だけで歩く」という動きなのである．新たなチェックポイントとして，離地した直後に，足裏が後ろから見えてはいけない．なるべく「足裏を見せずに歩く」のだ．中学生への指導として「足の裏を見せないように歩くんだよ」というもの，それの意味も今は「ナンバ歩き」，この歩き方の結果としての話だという理解になっている．「接地中の地面への力の加わり方は，あまりアクセントが無く一定な感じ」．普通の今までのダメな歩き方だと，「インパクトの瞬間に一番ヒットして，そのあとは『軽く引っ掻く？』ような感じでスカッと」というような，力のかかり方の時系列変化なのだ．

[2016年11月25日，からだメタ認知記述の一部]

図10.6　理想の歩きかたを模索するからだメタ認知日記
（[堀内, 諏訪20, p.452] の図12を転載）

14) 歩いているとき足裏が接地した瞬間のこと。
15) [諏訪20b]に紹介している。

入力変数と出力変数：身体固有性をめぐって

私は、身体知理論［諏訪 16］の基本概念のひとつとして、身体知の学び手やコーチは入力変数と出力変数という２つの概念を区別するのがよいと説いてきた。変数とは身体知を学ぶ際に着眼[16)]する（身体部位の動きや体性感覚などの）ポイントを意味する。入力変数とは意識を注入して操作する身体部位や体性感覚を指す。たとえば、足裏が一気に地面を離れるのではなく、踵からつま先にかけて徐々に剥がれていく感覚で歩く場合には、「徐々に剥がれていく」という体性感覚になるように意識を注入するという意味で、その体性感覚が入力変数である。一方、出力変数とは、必ずしも本人が意識を注入するわけではないが、結果としてある状態に「なっている」身体部位の動きや体性感覚を指す。

「足裏が徐々に剥がれていく」体性感覚がそのひとにとっては出力変数であるようなひともいる。その場合そのひとの入力変数は他にある。アキレス腱の動きかもしれないし、膝を前に送ることかもしれない。身体理論において入力変数と出力変数を区別する理由は、身体の状態や動きが結果としてある状態になる（出力される）ために意識をどこにどう入力するかには、ひとそれぞれ、大いに身体固有性があるからである。そのことを学び手もコーチも理解することが肝要である。

皆それぞれ、筋肉や腱の強さや柔軟性、関節の可動域が異なるため、理想的な身体の状態や動きを生むための入力変数は異なっていて当然である。学び手である選手がコーチの言う入力変数を受け売りで実践しようとしても、その意識の入力の仕方が選手にうまくハマるとは限らない。

理想の走りかたとは

膝に関する堀内の意識を詳しく聞き、私（諏訪）の意識の持ちかた（入力変数）との差異はどこにあるのかについて、堀内との議論からわかったことがある。彼は当時「膝を抜く」ことを入力変数にしていた。一方、私の入力変数はむしろ足首での地面の捉え方にある。私にとっては膝はどちらかというと出力変数である。膝は「抜く」という意識入力の対象ではなく、「(結果として)抜ける」のだ。

---

16) 身体知の学び手本人が自身の動きや体性感覚に自覚的意識をもつこと、あるいはコーチは教える選手の各部位の動きに目を向けることは重要である。

ただし、膝が完全に出力変数かというと、そうでもないことが議論でわかってきた。私は「足首で地面反力をじわりと受け止める」という入力意識をもつと同時に、「膝を前に送る」や「あたかも両肩に眼がついていて前方を覗き込むように、両肩から突っ込んでいく」[17] という入力意識をもっていた。入力変数としての膝は、当時の堀内は「抜く」対象であり、私は「前に送る」対象であった。

走りにおいて普遍的に成り立つ理想状態は、堀内の問題意識のひとつ「接地の瞬間に足裏から肩甲骨までがひとつながりになる」ことによって、地面反力が最大限に活用されることである。結果的にその身体状態になるために、堀内は足裏が剥がれる感覚や膝をふっと抜くことを入力変数にしたわけである。一方、私は地面を足首で受け止めること、膝を前に送ること、両肩から突っ込むことを入力変数にする。どちらがよいということではない。各々の学び手（アスリート）が身体の特質に応じて、自身にとってよりよい入力変数を探すことが身体知の学びの肝である。

堀内は歩くことの模索を通して、接地の瞬間に足裏から肩甲骨までがひとつながりになることが、すわわち「(骨で) 立つ」ことだと悟った。別の言い方をするならば、「(骨で) 立つ」瞬間を接地のたびに確実に設ける走りこそが理想であると。

日常で遭遇するものごとへのアンテナ：石花

上記のことを悟った後、堀内は 2017 年シーズンの幕開け直前に、残念ながら右足舟状骨の疲労骨折を負ってしまう。足への衝撃のない穏やかな運動のみが許される状態で、シーズンのほとんどを棒に振ることになる。トレーニングや競技場での練習はできなかったが、彼は、自然に歩き骨で立つこともすでに練習と捉えていた。身体を整え悪い癖をなくすための練習である。

それだけではない。競技練習ができない分、時間は余るほどある。先に紹介した「簡易的ツールの制作を手段として自身の動作を触るかのように観察し、身体を問う」態度を加速させるべく、堀内は電子工作やプログラミングを行い、コンピューテーショナルツールを試作しはじめた。断続的に様々なツールを試作しては身体を問うた [18]。自作ツールはすべて自身の問いを発端としてチューンアップ

17) この意識については［諏訪 20b］に詳しい紹介がある。
18) 詳しくは［堀内，諏訪 18］をご参照いただきたい。

されたものである。自作ツールが次第に身の回りに増えた。その経験は日常生活に遭遇する様々なモノ（その多くは一見競技には関係ない）と身体の関係を積極的に取り結ぶ態度を生むことになったと、いまの堀内は語る。

2017年5月、街のコワーキングスペースにて、「石花」の活動団体のポスターが目に飛び込んだ。積み上がる石を「骨で立つ」ことのアナロジーとして見てしまったのだ。

早速後日、自宅近くの河川に赴き石花を実践してみた。図10.7はそのときの作品である。石同士を結ぶ筋肉はない。各々の石に働く物理的な力は、その石にかかる重力、直上の石との接点から受ける重さ、直下の石の接点から受ける反力のみである。すべての石に対して回転のモーメントが発生しないような接点の位置がみつかったとき、石は積み上がった状態で静止する。一番下以外の石（図10.7ではA, B, C)をすべて手で支えながら、A～Dの石の接点（3箇所)を探る。

図10.7　堀内の石花の作品
([堀内, 諏訪 20, p.454] の図14を転載)

石花が完成したとき積み上がり方は必ずしも直線的であるとは限らない。左右に様々な突出がありながらも積み上がった石を貫く軸が「すっと一本通っている」ことを、堀内は石花のなかに見た。モノへの二人称的な共感[19]である。多くの筋肉を使わず骨だけで立つとはこういう営為に違いないと納得しながら、石花の実践を繰り返した。

19) 佐伯［2017］のいうところの「共感」である。

日常で遭遇するものごとへのアンテナ：リュックを「腹負う」

2017 年 5 月の別の日、堀内は雨の新宿を歩いていて、それまで背負っていたリュックが濡れないように腹の前に持ち替えた。「背負う」ではなく「腹負う」ということばをふと思いついた。重いものを「腹負う」だけで重心位置が前に移動し、その助けを借りて図 10.5 に示した理想の歩き方（脱力して骨で立つの接地から、その安定を少し崩して自然に前に倒れ込む）を実現する体感が得られたと堀内は語る。

本来であれば、何も背負っていなくても、あるいは重いリュックを背負って（あるいは腹負って）いても、そのときの身体の重心位置に応じた真下接地を臨機応変に達成できることが重要である。重心位置に応じて全身各関節での角度を微妙に調節し、「骨で立つこと」を実現する。まさに石花である。そして、その安定状態を少し崩して前方に倒れ込み、踏み出した足の接地で受け止め、再び瞬間的に骨で立つ状態をつくる。

仮に、図 10.7 の中程に位置する石が（リュックに相当する）小さなコブが付随する形だったとしよう。コブの位置を左右入れ替えてその石を置こうとすると、全ての接点のありかた（図 10.7 では 3 箇所）をすべて変えなければならない。背負った状態から腹負う状態への変化は身体全体に影響を与える。からだメタ認知が習慣づいていれば、身体全体への影響を敏感に察知し立ち方（各部位の関節や骨の使い方）を微妙に調節できるだろう。

堀内がこの日、安定状態から前方に倒れ込んでいく感覚を自覚するに至ったのは、「リュックの腹負いによる重心位置のシフト」の助けを借りてである。これは、依然やや前方接地の歩きかたであること、本来あるべき身体状態に至っていないことを意味するのかもしれない。いずれにせよ、競技だけではなく生活のふとしたシーンでもからだメタ認知への志向を持っていたがゆえに、「身体を問う生活」の態度が身についていたことを示す事例である。

日常で遭遇するものごとへのアンテナ：洗濯機を運ぶ

同じ年の夏休みに兄の引越しを手伝ったとき、堀内は大きく重い洗濯機を玄関から狭い廊下を通って運び入れることになった。複数人で運ぶには廊下が狭すぎるので一人で運ぶしかない。洗濯機には取っ手もなく実に難しい。堀内は洗濯機と自身の身体を（リュックのように）一体化させ体幹の筋肉群を連動させるための良質のトレーニングであると解釈した。そして、一人で運び切ることに成功した。それについて記述したからだメタ認知日記が図 10.8 である。

R（※兄）には運べないのになぜ自分に運べるのか．これは間違いなく，体幹部の使い方であろう．もちろん少なくとも体幹の筋肉が発達していない限りは，「体幹で支える」ことはできない．腕などではない．「体幹で持っている」のだ．「ものの重心」と，「自分の重心」と，「そのあわせた重心」と．これらをすべて身体で感じて，体幹を用いてうまく操作することが肝心なのだ．

[2017年8月25日，からだメタ認知記述の一部]

図 10.8　洗濯機を運んだ時のからだメタ認知日記
（[堀内，諏訪 20, p.454] の図 14 を転載）

いわゆるウェイトレーニングは、ややもすると目標数値に囚われ重いものを挙げる自己満足感に酔いしれる危険性を有すると、堀内は常々感じてきた。その種の囚われにはまると、現場で筋肉の連動性を発揮することができなくなる。トレーニングをやる意味がない。日常で遭遇するシーンをトレーニングの場と捉え身体の（特に筋肉レベルの）動きを自覚するというからだメタ認知的な態度は、身体知の学びには是非とも必要である。アスリートは、アスリートである前に日常を生きるひとりの人間であり、ひとつの身体と心を以て生活と競技を行っているのだから。

走りの変化

多種多様な問題意識の変遷をみてきたが、堀内の走りはどう変わったのだろうか。2016 年 9 月 28 日と 2017 年 1 月 17 日の走りの分解写真を図 10.9 に示す[20]。前者は「腕を掘る」意識を紡ぎ出したのち軸の意味を再解釈するに至った頃である。後者は、慢性的な怪我の根本的な治療（トレーナーによる徒手とリハビリ）

20) Before-after という意図で掲載するものではない。からだメタ認知による意識の変遷に伴って、物理的な身体運動は常に変わるものである。理想方向への変化であれば、それが少々の変化でも、意識変革が功を奏したことになる。ある意識変革によりある部位は良くなったが、別の部位が悪い方向に変化することもある。あらゆる部位が一体となって全体的に良い方向に向かうことを模索することになる。

を始めてから1ヶ月くらいが立ち、歩くこと・立つことを練習と捉え実践していた頃である。図では前者をA、後者をBと記す。右脚を前に伸ばしているフェーズ（図の1）から、右足裏の接地（3）を経て、左脚の腿上げ、および右腕の前振り（6）までの分解写真である。

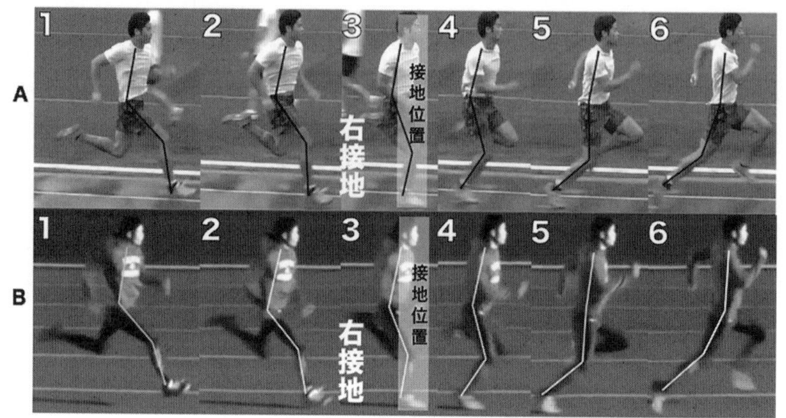

図10.9　走りの変化（A：2016年9月28日、B：2017年1月17日）
（[堀内, 諏訪 20, p.456] の図18を一部修正して作成）

接地はAとBともにまだ完全な真下接地ではない[21)]。しかしながら、AになくBに存在する良い点が多数ある。列挙すると、

- 1は右足が前に伸び右肘が後ろに張るフェーズなので、右上半身は少し後ろに開き気味になる（胸が見える）。1と2のフェーズをA, Bで比較すると、右上半身の開き（遅れでもある）はAの方が明らかに大きい
- その傾向は接地のフェーズ（3）でも顕著である。Bの方が肩も腰も開き（遅れ）が少なく、進行方向に対して胸面や骨盤を正体[22)]させて走っている。
- 接地した時の右腰の開き（遅れ）が原因で、Aでは4と5のフェーズで右膝が下方向に沈み込み、同時に右肩も下がっている。このとき走路前方から見たとすると、Aでは両肩のラインが地面と平行ではなく右肩方向に傾斜していたはずだ。Bの4と5のフェーズではその傾向は見られず、右腰から右肩にかけて

21）図10.9の両日ともに、新宿でリュックを腹負う意識を得た2017年5月よりも前である。腹負う意識の助けを借りて前方に自然に倒れ込むことを自覚した5月にもまだ少し前方接地になっていたのであれば、図10.9のBの2017年1月に完全な真下接地になっていないということも肯ける。
22）「進行方向にまっすぐ向けて」という意味。

進行方向に乗りこんで走っている。つまり、膝を抜く問題意識が体現できているように映る。

- 5のフェーズで右足首から膝にかけてのラインが地面となす角度を、AとBで比較して見てほしい。若干だがBの方が鋭角である。進行方向に乗り込んで走っている証である。私（諏訪）は「膝を前に送る」という意識をもっていると先に言及した。「前に送る」ことは堀内にとっては入力変数ではないが、結果として「膝を前に送る」ことができている。
- さらに、5のフェーズで右足裏が接地／離地している程度をAとBで比べてほしい。Aでは踵が既に高い位置にあるが、Bでは踵はまだ地面を少し離れた程度である。足首で柔らかく地面反力を受け止めているのだ（接地時間がAよりも長い）。

総じて言えば、Bの走りでは、歩くこと・骨で立つことの重要性を認識し、「膝を抜く」、「スイっとグイッと接地中最後の最後まで力が加わっている」、「足裏を見せずに歩く」を問題意識とした効果が着実に現れている。まだ真下接地には至っていないが、右上半身の開き（遅れ）、右肩および腰の下がり、右膝の下方向への潰れという欠点がなくなり、進行方向に乗り込み骨盤や胸面を正体させて走っている。

一人称視点でのからだメタ認知は重要

順を追って堀内の問題意識の変遷と、それぞれの問題意識がどうつながっていたかを紹介してきた。からだメタ認知を実践しながら身体知の学びを行うと、こういう模索を続けることになる。紡ぎ出した問題意識のすべてが有効なものばかりではない。ある意識変革が一時的に功を奏するものの、その後再び弊害が出て、代替となる問題意識を捻出せざるをえないということはしばしばある。全く別の身体部位や体感を入力変数として取り上げることも大いにある。いっとき何もかもがうまくいかなくなり、暗礁に乗り上げた心境になることもある。そういう現象は第3章で論じた「必要悪としてのスランプ」であり、悪いことばかりではない。

そして、ある日、真新しい入力変数に着眼した途端、それまでに見つけた複数の問題意識を連携させる方法を身を以て悟り、理論的にも体感的にも納得した状態で、あるレベルのスキルを体得するに至る。きっかけの入力変数が何であるのかは学び手の個人固有性に依存する。最初は本人にもわからない。身体知の学びは自身の身体にフィットする入力変数を探し求める旅であると言っても過言ではない。

スポーツ競技のように写真や映像を撮れば客観的に身体の状態がある程度観察できるドメインでは、からだメタ認知という一人称的な模索は本当に必要なのかと懐疑的になる方も多いかもしれない。三人称的なビデオ分析を基にして、見る目を持ったコーチに現状の問題点を指摘してもらい、いくつかの身体部位の状態を理想的なものに修正すべく練習すればよいのではないかという思いも湧くだろう。

入力変数／出力変数の区別を思い出してほしい。ある身体部位や体感を理想状態に修正しようと模索するとき、その部位や体感は学び手本人にとっては必ずしも入力変数であるとは限らない。自分にとっての有効な入力変数が別にあって、それを見つけるとコーチの指摘する部位や体感が理想状態になるのかもしれない。

入力変数の模索が身体知の学びの肝だとすると、本人が一人称的な視点で自身の身体を見つめ、問う態度が必須である。もちろん、コーチの三人称的な分析と指摘があるに越したことはない。しかし、一人称的なからだメタ認知の行為が活発になされていない場合には、コーチのアドバイスも身にはならない。私の身体知理論の根幹を成す考え方である。

物語を提示する一人称研究の意義

堀内の研究は物語提示型［堀内，諏訪 20］の一人称研究である。アスリートとしての身体感覚、一般に言われている身体理論、身体の現実を計測する手法やその基本思想の開拓、より効率的に身体を駆使しより速く走るための数々の問題意識の誕生、競技会や練習におけるパフォーマンスの観察、そこに浮かび上がる問題点の探究、怪我や紆余曲折との闘い、生活で遭遇するものごとやシーンに身体の使い方のヒントや問題意識を見出すことのすべてが一体となり、アスリートとして生きる姿が描かれている。その類の研究がもつ価値について論じてみよう。

身体スキルの探究についての物語論文に読者が見出すことができるのは、身体部位や体感への着眼とその経緯、個々の問題意識とそれらの時系列的な連なり、生活の多種多様な側面への着眼とその経緯である。それらのものごとは、総じて、そのひとがある文脈の中で生きる姿の一端を描き出す。個々の着眼や問題意識や生活上のできごとが文脈を形成し、その文脈のなかで個々の問いや発見の意味が顕在化する。

Folk psychology という分野を提唱したブルナー［ブルナー 16］によれば、物語とは一般に、

- 主人公が目的指向的に行動する際の「動作主体性」を説得力豊かに表現し、
- 個々の語り相互の時系列的秩序を表現し、
- 主人公が社会的交流において経験した規範的なものごとや規範から逸脱したものごとを詳細に描き出し、
- 個々の語りを総合した全体性や文脈のなかに「声なき声」を表現する

媒体である。つまり、物語形式は、主人公が主体的につくりあげてきた「意味や価値観」を手触り感を以て伝えることを可能にする媒体のひとつである。ブルナーの書のタイトル（“Acts of Meaning”）は、ひとの行為や振る舞いはそのひとがつくりあげてきた「意味の外化」であることを踏まえ、意味や価値観を明示的に扱い議論の俎上に載せる心理学が学問領域として必要であるというメッセージなのだ。

ブルナーの説に則るならば、生活と競技が一体となって身体スキルを学ぶ姿を探究する一人称研究の知見は、個々のできごと（堀内の場合は、着眼、問題意識、怪我や紆余曲折、日常遭遇するシーンなど）に本人が見出した意味や価値観を伝える物語として記述するのが、ひとつの有効なやりかたである。ブルナーが列挙した特徴の多くを満たす物語になっていれば、読者（多くの場合、研究者）は二人称的な共感[23)]を覚えながら読むことができる。それをきっかけに読者が新たな研究をやってみる動機が得られるならば、その一人称研究は学問上意義あるものとなる。例えば、水泳のスキルを探究した榎本の一人称研究［榎本 20］は水泳をやったことがないひとにも大いなる示唆を有する。

23) 佐伯胖氏［佐伯 17］のいうところの「共感」（手触り感をもって相手が感じていたこと、悩んでいたことを推し量ること）であり、かならずしも賛同（佐伯氏のことばでいうと「同感」）する必要はない。

研究の価値とは、普遍的であると検証された事実の提示だけではない。身体スキルの探究の場合、心身に起こったものごとを客観的に観察できるよう提示することは所詮難しい。であるならば、自身が醸成した意味や価値観を物語として語るのがよい。

その点で、身体スキルの探究は自然科学領域の研究とは大いに異なる［諏訪17］。自然科学の方法は、客観性、普遍性、論理性、再現性という原則を厳守するがゆえに、得られる知見は論理的で、曖昧性がなく、普遍的な適用可能性をもつ。その強力な性質が社会を発展させてきたのは紛れもない事実である。しかしながら、その原則に縛られているがゆえに、個々の現象が有する個別具体性や、現象に遭遇する各々の生活者にとっての意味や価値観は剥ぎ取られる。研究知見を享受するひとの一部は、ややもすると「検証された正しい事実・知識」として受けとり、生きる上での意味や価値観という側面を考えない態度に陥る。

自然科学の方法は本来自然を研究対象にするためのものなのに、ひとの知の領域にも適用する動向が散見されるのも、その態度の現れであろう。自然科学の方法を無自覚に知の領域に適用すると、ひとが生きるリアリティ（特に意識変遷の現実）の重要な側面が漏れ落ちる。哲学者の中村雄二郎［中村92］もその問題を鋭く指摘している。

スキル探究の一人称研究が物語提示型論文の読者（研究者）に与えるであろう触発や影響について最後に触れておく。第一に、一人称研究をやりながら構成的に心身のありようを変革し、それを通じて心身のありかたを学ぶという道のりの全体像を読者に伝えることになる。それは次なる一人称研究の誕生のきっかけになり得る。

一人称研究の触発は次なる一人称研究への導きだけではない。一人称研究の物語に登場する数々の着眼点が、従来のスキル探究では注目されてこなかったものであるとすると、スポーツ科学の研究者が触発を受け、それらの着眼点に関連する変数を計測する動機を生むかもしれない。あるいは、それらの着眼点に興味を覚えた研究者が新たに大規模調査するアンケート／インタビュー研究を立ち上げるかもしれない。これまで注目されてこなかった着眼点とは、ブルナーが言うところの「規範から逸脱するものごと」に相当する。

第三に、生活と一体となったスキルの学びの様を（他者には観察が難しい）意味や価値観の変遷も含めてありありと描き出した物語を、コーチングを重視する実践者が自分ごととして享受することによって、コーチングの実践や方法論の研究に影響を与える可能性がある。

身体スキルの探究の一人称研究は、身体知にまつわる多種多様な研究に貢献できる潜在性を有している。

第 3 部

第 11 章

一人称研究実践の総括

一人称研究は生活研究

野球のスキル探究の事例を第 2 章で紹介したように、私はアスリートの端くれである。一人称研究にまつわる私の思想は、加齢による身体能力の減退を相殺して余りあるような身体知を獲得しようともがく私[1)]を、認知科学者としての私が一人称および三人称視点でみつめてきた歴史のうえに成り立っている。一人称研究という看板を掲げはじめたのは約 10 年前であるが、改めて振り返ると、それ以前から私の研究室の卒論や修論には数多くの一人称研究があった。第 3 章に紹介したボウリングの研究は初期の一人称研究の典型事例である。

初めて卒論を指導した 2003 年度から 2021 年度までの 19 年間に、指導教員（あるいは主査）として担当した卒論と修論の合計は約 160 件である。そのうち、一人称研究に該当する研究は約 100 件に上る。スポーツスキル以外の研究題材を列挙すると、洋服コーディネイト、料理、日本酒の味わい、気分転換、部屋のレイアウト、手紙、生き物との関わり、ダンス、ラップ、まち歩き、まちでの嗅覚、空間認知、散策におけるふとした遊び、絵画鑑賞、音楽鑑賞、映画鑑賞、恋愛、自己キャラ、余暇、相槌や表情、文房具やぬいぐるみの触覚、駅の音（聴覚）、舞台デザイン、編曲、アニメ制作、日常の小物制作、写真撮影、現代詩や小説の創作、イラスト制作、演技や演出、お笑いネタの創作、チーム運営やコーチング、インタビュー、グラフィックレコーディング、子どもとの関わりなど、実に多岐にわたる。日常のふとした感性、趣味、心身のありさま、自己、生活での身体や五感、（デザイン）制作や創作、他者との関わりなど、よりよく生きることを希求し自分らしい生活を編み出そうとする営為をまざまざと彷彿とさせる。

1) 私も第 10 章の堀内と同様、「アスリートとして生きる」存在であると自認している。

そう、一人称研究は「**生活研究**」なのである。自己のあり様をみつめ、自己のあり方を問いながら、様々な試行錯誤と紆余曲折を経験し、ひととしての学びを得ようとする。その過程に垣間見られる多様で豊かな知の側面をあぶりだすことが一人称研究の真髄である。「生きるリアリティ」という文言にはそういう意図がある。

本書は、一人称研究という新たな研究スタイルを広め、重要な研究分野としての市民権を得たいという思いでしたためた。最終章は、まえがきに箇条書きで列挙した一人称研究にまつわる幾つかの問いについて、ひとつずつ答える形でまとめる。

一人称研究はどう着手するのがよいか

この問いに対する私の答えは「日々の生活で以下に該当するものごとを見出そう」である。

- 自身が結構うまくやってのけていると思うこと
- いま苦労しているがなんとか糸口を見出して乗り越えたいこと
- 感情の動きや身体の処し方について不思議だと思うこと
- 生活の中にふとした楽しみをみつけつつあると思うこと

などを研究対象に据えれば、一人称研究はすぐに始められる。生活研究であるからである。趣味の世界でもよい。生活を豊かにするちょっとした工夫でもよい。あなた自身がアスリートやアーティストとしての高いレベルのスキルを有しているなら、スキルをさらに磨きたいということでもよい。

研究対象を選んだなら、その行為を為しているときの身体（動きや体性感覚）、感情、違和感、疑問、仮説、目標や意図を一人称視点からみつめ、ことばとして記録するのがよい。からだメタ認知メソッドはその手法である。写真日記は、からだメタ認知メソッドを効果的に実践するためのやりかたとして大いに機能する。もちろん、あなたをよく知る他者の二人称視点、ビデオ撮影などの三人称視点からどうみえるのかというデータも併用するのがよい。一人称研究は一人称／二人称／三人称視点をすべて併用し遂行する。

最初はことばで表現することに難しさを感じるかもしれない。しかし、毎日少しずつでもよいから日記のように記録することが肝要である。いつのまにか難しさは嘘のように消える。からだメタ認知日記として記録すべき類のことは第2章に詳しく解説した。身体（動きや体性感覚）、感情、違和感、疑問、仮説、目標や意図など、多様なものごとがことばとして出現しはじめたなら、もうしめたものである。

一人称研究は構成的手法：長期継続のマインドが必須

一人称視点から見える世界をことばで表現することは、世界の見え方や身体の処し方を変容させていくものである。それは心身の変化を促し、記録したくなること、記録できることも変えていく。したがって、当初は想定していなかった変容がもたらされることも多い。一般的な言い方をするならば、自身の心身を新たにつくりだすことを通じて世界とのインタラクションのありようを進化させ、その結果として心身が再び変容するというサイクルが起こるのである。「つくりだす」ことは、すなわち現象の構成という意味で、このスタイルを「構成的手法による研究」と称する（[中島 15] [藤井他 08] [藤井 15] [諏訪 , 藤井 15]）

つまり、「変容」は基本的に良い兆候である。心身の変容と向き合い、当初とは異なる目標に邁進しはじめている自身を楽しみながら、さらなる変容に心身を委ねるというマインドこそ、一人称研究を駆動する上で最も重要なものである。

自身はこう進化するかもしれない、あるいは、こう進化してほしい。研究当初はその種の仮説や願望を抱いているかもしれない。しかし、「変容」を是とする構成的研究において、仮説はややもすると固定観念になる。固定観念は一人称研究の敵である。当初の仮説とは異なる想定外の開拓が進めば進むほど新たな知の側面があらわになる。それが一人称研究でしか得られない研究知見である。

一人称研究の価値は、当初は本人さえも予見できないような知の側面（仮説的側面でよい）を最終的に見出すことにある。だからこそ、心身のあり様をことばにすることを原動力にしながら、心身のあり方を問い、心身が構成的に変容することを楽しみ、結果的に醸成される知の側面へのアンテナを張る。手早く結果を得たいと日和って問うことが疎かになることは避けたいものである。それが一人称研究を成就させるに必須なマインドである。一人称研究は自身の開拓—それはすなわち学び—とともにある。

一人称視点のデータの収集と蓄積：大いに越境・脱線するのがよい

一人称視点のデータを継続的に収集・蓄積する際のマインドのもちかたについては、「着手」および「継続」の節で詳しく述べた。また、記述すべきものごとの種類（身体動作、体性感覚、感情、違和感、疑問、仮説、目標や意図など）についての詳細は第2章を参照していただきたい。もうひとつ重要なことに言及する。

それは、思考を及ぼす（思いを馳せる）ドメインについてである。たとえば研究対象が料理のスキルだとして論じてみる。「研究」という名のもとで料理に関するデータを収集・蓄積しようと肩肘を張ると、ややもすると「料理のドメイン」のものごとだけをことばで記録してしまうものである。食材は何か、食材をどう処理するか、レシピ本に書かれている指示を忠実にこなせているか、必ずしも書かれていないものごとはありはしないか、美味しい料理ができたか、食材への火の入り方、結果としての味や食感、そして合わせた調味料との相性はどうだったか、フライパンを使って手早く炒めることができているか、スキルが欠如していると思うならどう学ぶかなどなど、「料理のドメイン」だけでも多種多様である。

しかし、料理を対象にしているからといって、からだメタ認知の記述として思いを馳せるものごとが「料理のドメイン」だけに留まると非常にもったいない。繰り返し述べるように、一人称研究は生活研究である。生活は縦割りに分割された多数のドメインから成り立つわけではない。料理、食事、お酒、健康、運動、音楽、スポーツ、美術鑑賞、建築空間で居心地を感じること、まち歩き（散歩）にて風景やお店に遭遇して楽しむこと、これらすべてのドメインが渾然一体となってひとつの生活が存立しているはずである。料理、食、生活文化に関するエッセイスト平松洋子氏の『買えない味』[平松 90] は、食べるというものごとが生活上の多様なものごとに深く結びついていることを示唆する名著である。

ひとつのドメインだけに意識を留め、その範囲内のものごとだけをからだメタ認知のことばとして記録することは、生活を複数異種ドメインの縦割り構造と認識するに等しい。「生きるリアリティ」に迫ることが一人称研究の目的であるという観点からすれば、その認識は研究を矮小化する。

かといって、生活全般のありとあらゆるドメインのものごとを日々記録に残すなど到底できる業ではない。そもそも「料理」を研究対象に据えたことがぼやけてくる。

そこで、こうするのがよい。料理を研究対象にしているなら、いわゆる料理のものごとを中心に据え、主にそのものごとについて日々感じたこと、考えたことを記録する。しかし、料理のことを考えていると、食卓のアレンジ、お酒との相性、自身の体調や体型、スポーツや散歩などの軽い運動、散歩でみつけた食材店や農園などに、ふと意識が向くものである。あくまでも料理を中心に据えているが、なにげなく連想が周辺に及ぶことがあれば、それらのものごとへの気づきや体感も合わせて記述することをお勧めする。縦割りドメインの並立という固定観念に縛られがちの認識を打ち破って、軽やかにドメインを越境して日々の記録を残すべきである。越境・脱線は大いに結構である。研究対象の中心は「料理」にあるという意識さえあれば、越境・脱線先からいつでも中心に舞い戻ることができる。

一人称視点のデータの収集と蓄積：主体としてのあなたと世界の関係を記述しよう

もうひとつ、「一人称視点のデータ」という観点で論じるべきことがある。一人称視点とは何かについては、第1章、第2章を中心に、理論編の各章に偏在する形で解説を施してきた。簡単にまとめると、一人称視点のデータとは自身の立ち位置から見た世界、自己、そしてその関係である。「一人称」という文言から、とかく「心のうちに閉じこもった記述」と誤解するむきもあるが、そうではない。もちろん、自己のこと（心の内にあること）は重要な記述対象である。しかし同時に重要なのは、自身の身体をとりまく世界をあなたはどう見ているかという記述、すなわち、主体としてのあなたと世界の関係を記述することが最重要である。

哲学的にいうと、主体としての自己は心の内側だけを覗いていても一向に掴めない。身の回りの外界をあなたがどう見ているか（自己と世界の関係性）が外界に対する振る舞いを決め、それが次なる自己をつくりだす。世界に対する感じ方、考え方のなかにあなたが現れる。だからこそ、心の中で思っているだけではなく、それをことばとして外的表象化すること（第4章を参照）があなたの心身の変容をもたらすのである。

私はここに列挙した諸々の意識を以て一人称視点のデータの収集と蓄積を実践

している。

収集・蓄積されたデータの性質

一人称視点のデータの収集・蓄積において軽やかにドメインを越境・脱線しすぎた結果、内容が散逸的になっていると果たして明確な分析などできるだろうかと心配するかたもいるかもしれない。その点について私はこう考えている。

一人称研究がいかなる知見の導出を目論むものかを振り返ってみよう。それは、生活に潜む多種多様で豊かな知の姿を見出すことである。まずはあなたひとりが生きるありさまに焦点を当てて知見を得るので、いきなり普遍的知見に至るわけではない。ひとつの一人称研究から導出できる知の姿は仮説的知見である。したがって、一人称研究における分析は、従来の研究における分析・評価のありかたを一旦括弧に入れ、分析評価はこれこれこうあらねばならぬという固定観念から自由になることが必須である。

先に述べたように、生活は縦割りの各種ドメインから構成されているのではなく、ひとりのひとの心身ではすべてが有機的に繋がっている。料理のことを中心に考えていても、様々なドメインのものごとが頭をかすめる。それが自然な「生きるありさま」である。

たとえば、第7章で紹介したカフェの居心地の研究を振り返ろう。日々のからだメタ認知日記から、居心地に関与するかもしれない面白い認知の断片を生タグとして抽出し、抽出された329個の生タグからKJ法によって55個のタグを導出した。これらは、カフェにおける多種多様な「私の居かた」である。そんなものごとに意識を向けながら、楽しんだり、そわそわしたり、どきどきしたり、落ち着き払ったりしながら私が過ごしていることが見えてきたのだ。

考察にも論じたように、55個のなかには建築空間での居心地や佇まいに関する既往研究では見かけたことのない「居かた」も10数個見出すことができた。幾つか列挙してみる。たとえば、

- 馴染みの場所につながる知らないスポットにいる
- 外光を間接的に取り込む（via 雨雲，曇りガラス，ブラインド，光を反射する小物，ボリュームのある自然物）ことで自然と繋がる

- 極地（エネルギー充満，緊張感あるバランス）に居る
- 他者を斜めから（斜め後，前）みると，リッチな表情に触れられる

を見て思うのは、「カフェ」ということばから普通は連想しないような空間の楽しみ方、意味・価値の見出し方がそこにあるということである。

生活の多種多様なドメインはひとりの心身では有機的に繋がっているがゆえに、生活における知の姿を見出すためのデータは散逸的であるのが自然である。敢えてこう主張する。**一人称研究ではこの種の散逸的なデータを収集することにこそ価値がある**と。散逸的なデータを扱うからこそ多種多様で豊かな知の姿が立ち現れてくるのだと。生活は身体知の宝庫であり、これまで必ずしも学問的に扱われてこなかったものごとに目を向け、一人称視点で切り取り、学問に仕立てていくことを目論むからこその論点である。

データの分析・評価をどうすればよいか

日々記録し続けた一人称視点からの世界の見え方という散逸的なデータをどう分析するのがよいか。第 7 章、第 8 章で論じたように、どんな些細な、もしくはマニアックな認知の断片であっても、そして頻繁に出現しないかもしれない認知の断片であっても、まずは生タグとして抽出するという分析手法が必須となろう。生タグ抽出法は一人称視点のデータから意味や価値観を見出す効果的な方法のひとつである。

次に留意すべきことは、研究対象（たとえば「料理」や「カフェ」）にまつわる常識や専門知識の観点から一人称視点のデータをトップダウンに解釈・分類することは避けようということである。むしろ、データがもともと有する個別具体性、特殊性、状況依存性、身体固有性を尊重し、それを活かす形でボトムアップに分類作業を行うのがよい。その意味で KJ 法の精神は一人称研究の分析手法として有効である。

社会調査手法や質的データ分析法として、KJ 法と並んで有名なものに GTA がある。しかしながら、私は GTA は一人称研究には適さないと考えている。[コルビン，ストラウス 12] によれば、GTA の核はプロパティとディメンジョンという概念にある。プロパティとはデータのなかに見るべき側面や属性、ディメンジョンとはあ

るプロパティがとりえる多様な属性値（バリエーション）である。GTA を駆使した研究事例を俯瞰すると、生データを一次処理する過程で研究者がプロパティとディメンジョンをトップダウンに決めることが多いように映る。KJ 法の「研究者はデータが語る声に耳を傾ける」というボトムアップな思想とは真逆である。

私の知る限り、GTA の書にトップダウン／ボトムアップに関する議論をほとんど見たことがない。調査手法として分析項目をトップダウンに決めるべしという思想があるとは考えにくいが、適用手順にトップダウン的な分析解釈を促す要因があるのではないかと推察する。それは、プロパティとディメンジョンをまず決定してから生データを分類するという手順である。プロパティ及びディメンジョンに該当する、明確に言語化された分析観点のリストを最初に揃えることがトップダウン処理を促してしまうのではないかと考える。

一方、本書で紹介した生タグ抽出法は、分析観点を明確に言語化する前に、分析者（一人称研究の場合は本人）の興味の赴くままに、からだメタ認知日記が物語る重要な側面を暗黙知的にエッセンスとして取り出す作業である。生データの声に耳を傾けようとするなら、そのような手法でデータ処理に手を下しながら生データの感触を掴むことから分析を開始するのがよい。その手順を抜きにしてプロパティとディメンジョンを決定すると、ややもすると研究者の過去の経験の観点から、あるいは研究対象に対する先入観で生データをみてしまいがちになる。

一人称研究は、研究遂行から分析までをすべて終えて初めて顕在化する多様で豊かな知の姿を得ることを目指している。分析の初期過程で研究者が安易に抱く観点リストを以てデータを俯瞰することは極力封印せねばならない。GTA は優れた分析法ではあるが、この点で一人称研究には向かないと考える。

構成的研究手法だからこそ見出せた知の新しい姿

本書で紹介した研究実践例は、すべて、一人称研究を行う本人の学びのありさまを探究したものである。カフェの研究事例では 55 個の「私の居かた」があらわになった。研究を始める以前から私の心身が宿していた「居かた」もある一方で、この研究を遂行したからこそ醸成されてきた「居かた」も相当数あったのは見逃せない。

見心地の研究や音楽鑑賞の研究も同様である。風景の見方の多様さ、音楽体験で感じたり想起したりするものごとの多様さに、純粋に驚きの念を覚える。一人称研究をやったからこそ、暗黙知として有するだけで言語的に意識できなかった知や、研究過程で初めて醸成された知があらわになった。

2021年度の卒論生の研究に、まち歩きの一人称研究があった。まち歩きとは簡単に言えば散歩である。たかが散歩だが、されど散歩である。まちに素直にむきあうマインドを以って真剣に散歩に取り組めば、まちの風景が一変して見えたり、まちの新しい側面があらわになったりする。まちに対する新しい眼差しを得る学びでもある。私はその種の志向性を有する散歩を「まち歩き」と称してきた[諏訪, 加藤 12] [加藤, 諏訪 12]。

住み慣れた地元はまち歩きにとっては厄介な場所である。子どものころから住み慣れているだけに、通学したり最寄り駅まで固定経路で自転車を走らせたりするだけの日常的シーンと捉えがちで、固定観念でまちを見ているからである。その学生は9ヶ月間地元を中心とする12のエリアを歩き、197個の写真日記を書きながら少しずつ固定観念を打破し、地元に対する新しい眼差しを獲得せんとした。次第に普段よく通る道にも目新しい側面を見出し、まちに内在する些細な性質、痕跡、起伏に誘(いざな)われて歩くことができるようになった。ボトムアップなマインドを礎にしたまち歩きである。最終的に82種類のまちに対する新しい眼差しを得るに至った [上羅 22] [上羅, 諏訪 22]。新しい眼差しは、

- まちに素直にむきあえる歩き方の体得
- まちの側面や痕跡や性質への着眼や自覚
- 写真日記の書き方の体得

に大別できるという結果を得た。歩きかた、まちへの着眼のしかた、写真日記の書きかたは相互促進の関係にある。ひとつ進化すると他も全て進化し、共に促しあって全体が進化する。この研究もまた、一人称研究の遂行そのものが心身を構成的に進化させ（本人の学びになり）、学びの結果としてまちへの眼差しという知の姿が顕在化した証例である。

一人称研究の結果どんな知の新しい姿が立ち現れてくるかは、当初は本人にもわからない。生活が研究の場であり、研究遂行によって生き方そのものが進化し、途中でときには研究手法を刷新することもあり、だからこそ予見できない新しい

知の姿が顕在化する。一人称研究はそうやって人が生きるリアリティに迫る。まえがきに列挙した箇条書きの一つ、「ひとが生きるリアリティをあぶりだすとはどういうことか」に対する回答である。

一人称研究のプロダクト（成果）はどのような形態があるか

一人称研究の事例（少なくとも世に出たもの）はまだ少ない。したがって、この節の問いに関して確固たる知見や近未来の見通しが立っているわけではない。しかし、私の研究室での経験から論じるならば有効そうな形態は少なくとも3つある。

1. 多様で豊かな知の姿を仮説的知見として提示するという形態
2. ひとが生きるリアリティを語る物語論文の形態
3. 一人称視点のことばのデータをプロトコル分析して、設けた分類に属することばの数の変遷や分類間の関係を考察するという初期スタイルの形態（第3章の身体スキル研究はその典型）

の3つである。一人称研究の遂行が促す学びの過程で構成的に生まれたものごとの、何に焦点を当てると説得力のある研究になると考えるかに応じて研究形態が決まる。

一人称研究は生活とともにあるため、本人はその学びに際して様々な物理的状況に遭遇し、心身の処し方も多様である。研究開始以前に本人が感じ・考えていたことも重要な背景となる。本人ならではの心身の処し方から立ち現れる知の姿もある。長期間の研究継続という経験の積み重ねがあったからこそ研究の終盤にようやく立ち現れる知の姿もある。このようにして立ち現れた多様で豊かな知の姿の各々に価値を見出し列挙することを重要視する場合は、第1の形態の研究になる。

第7～9章の研究はそれに該当する。カフェにおける55種類の「居かた」は、私の心身固有性、人生背景、そして研究期間中に遭遇した物理的状況に依存して醸成された多様なる知の姿である。音楽鑑賞の研究では、早見が楽曲を構成する音・メロディ・コード進行の多種多様な性質に着眼する（意識を向ける）行為、および、それに応じて多種多様な感情や連想を生起させる行為ひとつひとつが、彼女の音楽鑑賞身体知の多様な姿である。

一方、第10章の堀内の研究は、生活の中で様々な工夫を行いながら生活への眼差しを進化させ、人としての成長も果たしながら、「走る」という身体知を学ぶ、彼の生き様全体を物語る形態（第2の形態）をとっている。アスリートはどんなことを感じ、考え、生きている存在なのか。「アスリートとして生きる」とはどういうことか。生活と研究が渾然一体となるとはどういうことか。学ぶという営為が持ちうる側面はどれほど多様であるか。堀内の研究は、アスリートならではの生活を営みながら生き抜くひとりの人間の生き様を提示するものだが、必ずしもスポーツをしない一般読者や知能の研究者にも有益な証例の提供になる。

第1の形態でもあり同時に第2の形態でもある研究が存在することを、本節の最後に論じておく。前節で紹介したまち歩きの研究［上羅 22］［上羅, 諏訪 22］はそれに該当する。まちに対する82種類の眼差しのそれぞれは、一人称研究が顕在化に成功した多様で豊かな知の姿に他ならない。その一方で、見慣れた地元の風景のなかに真新しい側面を見出したり、どういう心持ちでまちを歩けば新しい着眼や側面に遭遇しやすいかを体得したり、発見の原動力としての写真日記の書き方自体を会得したりしながら地元で生きてきた、そしてこれからも生きる「わたし」が地元に見出す意味を自覚するに至ったという全体像は、その学生の9ヶ月間の生き様の物語そのものである。

一人称研究の良し悪しは何で決まるか

ひとことで言うならば、目を見開かせるような多様で豊かな知の姿、共感を与えるような生き様を提示することによって、読者である研究者の知的興味を喚起し、新たな一人称研究を生み出す原動力になれるかどうかであろう。

- 「カフェでそんなものごとに意識を向けて密かな楽しみを得ているとは驚き！」
- 「風景からそんなことに想いを馳せるなんて面白い」
- 「楽曲を構成する音要素に対してそういう着眼もアリなのね！」
- 「まちをそんな観点で眺めるのはなかなか創造的だ」
- 「生活のあらゆるものごとが競技スキルを学ぶためのヒントになる可能性を秘

めている」

などなど、豊かに生きる多様なる生き様を、手触り感を以て垣間見させてくれる一人称研究を目指したいものである。知能の研究としては未開拓な領域である。人工知能や実験心理学の分野はもちろんのこと、認知科学の分野でさえもその種の生活知の研究は数少ない。現在の知能の研究はもしかすると、産業における問題解決につながるトピックや従来学問が着目してきた心身の側面などの、いわゆる「学問らしい領域」にしか目を向けず、生活に潜む豊かで多様なる知の姿を取りこぼしてしまっているのではないか？　生活のリアリティにむきあい、多様な知のありようを探究する研究がもっとあってよい。

手触り感という概念を語るとき、私がよく引用するものがある。小説家、保坂和志氏の『書きあぐねている人のための小説入門』の冒頭に登場する、彼の小学校時代の授業の一コマである。「“昔”とはいつのことか？」という先生の質問に、クラスの大半の生徒がたとえば「10年前」というふうに数字を用いて答えたのとは対照的に、ある生徒Mくんの答えは「お母さんのお母さんのお母さんが生まれる前」[保坂 08, p.14]であったという。保坂氏は、

> “そこには確実に“個”の手触りがある。いかにも、“個”が立ち上がってくる気配がする“(p.15)

と述べている。個の手触りは数字を使わなかったことだけから生まれたわけではないと私は解釈している。「ひいおばあさん」という言葉ではなく、「お母さんのお母さんのお母さん」と言ったからこそ濃い手触り感が生じる。Mくんがお母さん、お婆さん、ひいお婆さんの顔を具体的に思い浮かべ、家系の歴史をひとつずつ辿りながら“昔”に想いを馳せている身体感覚が読者に強烈に伝わる。

一人称研究もしかり。日々遭遇したできごとに臨機応変に知的な振る舞いを見せる自身の知のあり様を、拙速に一般化せずに個別具体性をはらませたまま提示すること、そしてその総体として「豊かに生きる多様なる力」を物語的に提示することが肝要である。この二つはそれぞれ、先の節で論じた第1の研究形態、第2の研究形態に対応している。

一人称研究の意義は、多様で豊かな個別的な知の姿（第1の形態）と、その総

体としての生き様（第２の形態）の証例のインベントリーを集積し、整理することにある。ひとつひとつの姿や証例は、研究を遂行した個人の“顔”を色濃く伝える個別具体性を有する。それらが集積され、整理された先に、次第に全体として普遍的な知の姿が浮かび上がる。ひとつひとつの一人称研究で拙速に普遍性を求めることは敢えて封印し、個別具体性のある知の姿や証例を集めた後で、KJ法の思想のように「個別具体の証例が語る声に耳を澄ませて」、少し抽象度の高い知のあり様という知見を学界全体で探究すればよいと私は思う。

その意識を学界全体で共有するならば、一人称研究を受け取る側の評価の仕方、および読者としての読み方は、これまでの研究論文とは全く異なるものになるだろう。

参考文献

[アレグザンダー 84] クリストファー・アレグザンダー (平田翰奈　訳) :『パタン・ランゲージ一環境設計の手引』, 鹿島出版会 (1984)

[ブルナー 16] ブルナー , ジェローム著 (岡本夏木 , 仲渡一美 , 吉村啓子訳) :『意味の復権—フォークサイコロジーに向けて— (新装版)』ミネルヴァ書房 (2016) (Bruner, J.: Acts of meaning, Cambridge: Harvard University Press, 1990)

[Clancey 97] Clancey, W. J.: Situated Cognition: On Human Knowledge and Computer Representations, Cambridge University Press, Cambridge (1997)

[コルビン , ストラウス 12] ジュリエット・コルビン , アンセルム・ストラウス著 (操華子 , 森岡崇訳) : 質的研究の基礎　グラウンデッド・セオリー開発の技法と手順　第 3 版 , 医学書院 (2012) (Corbin, J. and Strauss, A.: Basics of Qualitative Research – Techniques and Procedures for Developing Grounded Theory, Third Edition, Sage Publications, Inc. 2008)

[ダマシオ 10] アントニオ・R・ダマシオ (田中三彦　訳) : デカルトの誤り　情動、理性、人間の脳 , ちくま学芸文庫 , 筑摩書房 (2010)

[榎本 20] 榎本美香 : 物的世界と相生する身体技法の習得に関する論考 : 言葉の藁にすがって水をよじ登る ,『認知科学』, Vol.27, No.2, pp.95-109 (2020)

[Ericsson 86] Ericsson, K. A. and Simon, H. A.: Protocol Analysis: Verbal Reports as Data, MIT Press, Cambridge (1986)

[江渡 09] 江渡浩一郎 :『パターン、Wiki、XP　—時を超えた創造の原則』, 技術評論社 (2009)

[藤井 15] 藤井晴行:知をデザインする , (諏訪正樹、堀浩一 編著 , 伊藤毅志 , 松原仁 , 阿部明典 , 大武美保子 , 松尾豊 , 藤井晴行 , 中島秀之著 :『一人称研究のすすめ　—知能研究の新しい潮流—』, 6 章), 近代科学社 , (2015)

[藤井他 08] 藤井晴行 , 中島秀之 , 諏訪正樹 : 構成論的方法論から見たイノベーションの諸相—建築を題材として , 情報処理学会誌 , Vol. 49, No. 4, pp. 1571-1580 (2008)

[藤井 , 塚本 18a] 藤井晴行 , 塚本由晴 , 諏訪正樹 : 一人称研究対談 :「建築デザインの理念に共感する」上篇 ,『人工知能』, Vol.33, No.3, pp.357-365 (2018)

[藤井 , 塚本 18b] 藤井晴行 , 塚本由晴 , 諏訪正樹 : 一人称研究対談 :「建築デザインの理念に共感する」下篇 ,『人工知能』, Vol.33, No.4, pp.515-526 (2018)

[Gibson 55] Gibson, J. J. and Gibson, E. J.: Perceptual learning: differentiation or enrichment?, Psychological Review, Vol.62, No.1, pp.32-41 (1955)

[Goel 95] Goel, V.: Sketches of Thought, MIT Press, Cambridge (1995)

［早見 19］早見あかり：音楽を聴く「わたし」の体験をつまびらかにする研究手法の提案—Billy Joel『Honesty』に向きあった経験より—, 慶應義塾大学環境情報学部 2018 年度卒業プロジェクト論文 , (2019)

［樋口 04］樋口耕一：テキスト型データの計量的分析：2 つのアプローチの峻別と統合 ,『理論と方法』, Vol.19, No.1, pp.101-115 (2004)

［平松 90］平松洋子：買えない味 , 筑摩書房 (2009)

［保坂 08］保坂和志 :『書きあぐねている人のための小説入門』, 中公文庫 (2008)

［堀 15］堀浩一:知の研究のスペクトラムを拡げる—人工知能研究の方法 , (諏訪正樹、堀浩一 編著 , 伊藤毅志 , 松原仁 , 阿部明典 , 大武美保子 , 松尾豊 , 藤井晴行 , 中島秀之著 :『一人称研究のすすめ —知能研究の新しい潮流—』, 8 章), 近代科学社 (2015)

［堀内 , 諏訪 18］堀内隆仁 , 諏訪正樹：陸上競技におけるスキル学習の仮説生成型研究 – 身体・生活意識・ツールが共創する「野生の実践」 –, 人工知能学会第 2 種研究会「身体知研究会」第 25 回研究会 , SKL-25-08, pp.41-48 (2018)

［堀内 , 諏訪 20］堀内隆仁 , 諏訪正樹 :「アスリートとして生きる」ということ：競技・生活が一体となり身体スキルを学ぶ様を描く物語 ,『認知科学』, Vol.27, No.4, pp.443-460 (2020)

［石川 20］石川初：ランドスケープ思考—思考法としての「ランドスケープ」の再定義—, 慶應義塾大学大学院政策・メディア研究科 2020 年度博士論文 (2020)

［伊東 06］伊東大輔：ボウリング９９９ゲームの軌跡に見る熟達のプロセス , 中京大学情報科学部 2005 年度卒業論文 , 2006 年 1 月 (2006)

［井筒 91］井筒俊彦 :『意識と本質—精神的東洋を索めて』, 岩波文庫 (1991)

［加藤 , 諏訪 12］加藤文俊, 諏訪正樹:「まち観帖」を活用した「学び」の実践 ,『SFC Journal』“ 学びのための環境デザイン ” 特集号 , Vol.12, No.2, pp.35-46 (2012)

［川喜田 70］川喜田二郎 :『続・発想法　KJ 法の展開と応用』, 中央公論新社 (1970)

［木村 82］木村敏 :『時間と自己』, 中央公論新社 (1982)

［コフカ 98］コフカ , クルト著 , 鈴木正彌監訳：ゲシュタルト心理学の原理 , 福村出版 (1998) (Koffka, K.: Principles of Gestalt Psychology, London: Routledge & Kegan Paul Ltd. 1935)

［Larkin, Simon 87］Larkin, J.H. and Simon, H. A.: Why a diagram is (sometimes) worth ten thousand words, Cognitive Science, Vol.11, No.1, pp.65-99 (1987)

［Lawson 90］Lawson, B.: How Designers Think, Butterworth Architecture, Oxford (1990)

［McIntyre, Smith 89］McIntyre, R. and Smith, D, W.: Theery of intentionality, In J. N. Mohanty and William R. McKenna (eds.) , Husserl's Phenomenology: A Textbook (Washington, D. C.: Center for Advanced Research in Phenomenology and University Press of America, 1989), pp.147-179 (1989)

[中島 15] 中島秀之：客観至上主義を疑ってみる，(諏訪正樹、堀浩一 編著，伊藤毅志，松原仁，阿部明典，大武美保子，松尾豊，藤井晴行，中島秀之著：『一人称研究のすすめ　—知能研究の新しい潮流—』, 7 章), 近代科学社，(2015)

[Nakashima et.al 06] Nakashima, H., Suwa, M., Fujii, H.: Endo-system view as a method for constructive science, Proc. of the 5th International Conference on Cognitive Science, ICCS2006, pp.63-71 (2006)

[中島，池上 17a] 中島秀之，池上高志，諏訪正樹，：一人称研究対談：「人工生命研究から見た言語化の意義」上篇，『人工知能』, Vol.32, No.5, pp.791-803 (2017)

[中島，池上 17b] 中島秀之，池上高志，諏訪正樹，：一人称研究対談：「人工生命研究から見た言語化の意義」下篇，『人工知能』, Vol.32, No.6, pp.988-998 (2017)

[中村 92] 中村雄二郎：『臨床の知とは何か』, 岩波書店 (1992)

[中村 09] 中村俊輔，『夢をかなえるサッカーノート』, 文藝春秋 kindle 版 (2009)

[西田 04] 西田幾多郎：西田幾多郎全集第二巻，岩波書店 (2004)

[西村 18] 西村ユミ：『語りかける身体　看護ケアの現象学』, 講談社 (2018)

[西山，諏訪 08] 西山武繁，諏訪正樹：身体運動時の姿勢変化の分節化によるスキル熟達支援，人工知能学会第2種研究会「身体知研究会」第 1 回研究会，SKL-01-03, pp.13-16 (2008)

[野口 03] 野口三千三：『原初生命体としての人間—野口体操の理論—』, 岩波書店 (2003)

[野村 09] 野村克也：『野村ノート』, 小学館文庫 (2009)

[Polanyi 66] Polanyi, M.: The Tacit Dimension, Peter Smith, Mass. (1966)

[Reddy 08] Reddy, V.: How infants know minds, Cambridge: Harvard University Press (2008)

[佐伯 17] 佐伯胖 編著：『「子どもがケアする世界」をケアする——保育における「二人称的アプローチ」入門』, ミネルヴァ書房 (2017)

[佐野 20] 佐野まり沙：風景の「見心地」を体得するための再体験手法，慶應義塾大学総合政策学部 2019 年度卒業プロジェクト論文 (2020)

[佐野，諏訪 20] 佐野まり沙，諏訪正樹：風景と触れるように対話を繰り返し間合いを形成する手法の開拓，日本認知科学会「間合い」研究分科会第 17 回研究会 (2020 年 12 月 20 日)，JCCS SIG-Maai, Vol.2020, No.1, pp.2-1~9 (2020)

[Schön 83] Schön, D. A.: The Reflective Practitioner, Basic Books, New York (1983)

[下條，松原，伊藤 18a] 下條信輔，松原仁，伊藤毅志，諏訪正樹：一人称研究対談：「孤高の人の思考を科学するとは？」上篇，『人工知能』, Vol.33, No.5, pp.653-661 (2018)

[下條，松原，伊藤 18b] 下條信輔，松原仁，伊藤毅志，諏訪正樹：一人称研究対談：「孤高の人の思考を科学するとは？」下篇，『人工知能』, Vol.33, No.6, pp.880-892 (2018)

[庄司，諏訪 08] 庄司裕子，諏訪正樹：個人生活における価値創造の方法論：メタ認知実践のケー

スタディ，『情報処理学会論文誌』, Vol.49, No.4, pp.1602-1613 (2008)

[篠崎，藤井他 15] 篠崎健一，藤井晴行，片岡菜苗子，加藤絵理，福田隼登：空間図式の身体的原型の実地における空間体験に基づく研究（写真日記を基礎資料とするKJ法の試み），認知科学，Vol.22, No.1, pp.37-52 (2015)

[Simon 78] Simon, H. A.: Information processing theory of human problem solving, In W. K. Estes (ed.), "Handbook of Learning and Cognitive Processes (volume 5): Human Information Processing", Lawrence Erlbaum Associates, Hillsdale, N.J (1978)

[Suwa, Tversky 97] Suwa, M. and Tversky, B.: What do architects and students perceive in their design sketches?: A protocol analysis, Design Studies, Vol.18, No.4, pp.385-403, (1997)

[Suwa et. al 98] Suwa, M., Purcell, T., Gero, J.: Macroscopic Analysis of Design Processes Based on a Scheme for Coding Designers' Cognitive Actions, Design Studies, Vol.19, No.4, pp.455-483 (1998)

[諏訪 99] 諏訪正樹：ビジュアルな表現と認知プロセス，『可視化情報』, Vol.19, No.72, pp.13-18 (1999)

[Suwa et.al 00] Suwa, M., Gero, J., Purcell, T.: Unexpected discoveries and S-invention of design requirements: important vehicles for a design process, Design Studies, Vol.21, No.6, pp.539-567 (2000)

[諏訪 04] 諏訪正樹：「こと」の創造：行為・知覚・自己構築・メタ記述のカップリング,『認知科学』, Vol.11, No.1, pp.26-36 (2004)

[諏訪 05a] 諏訪正樹：シナリオ創発の認知科学的裏付け：言語化と現象学的知覚の共促進,『人工知能学会誌』,Vol.20,No.1,pp.34-39 (2005)

[諏訪 05b] 諏訪正樹：身体知獲得のツールとしてのメタ認知的言語化,『人工知能学会誌』, Vol.20, No.5, pp.525-532 (2005)

[諏訪，伊東 06] 諏訪正樹，伊東大輔:身体スキル獲得プロセスにおける身体部位への意識の変遷，第２０回人工知能学会全国大会，CD-ROM, (2006).

[諏訪，高尾 07] 諏訪正樹，高尾恭平：パフォーマンスは言葉に表れる：メタ認知的言語化によるダーツの熟達プロセス，第 21 回人工知能学会全国大会，1H3-6 (CD-ROM) (2007)

[諏訪 09a] 諏訪正樹：身体性としてのシンボル創発,『計測と制御』, Vol.48, No.1, pp.76-82, (2009)

[諏訪 09b] 諏訪正樹：身体的メタ認知：身体知獲得の認知的方法論（古川康一編著,『スキルサイエンス入門―身体知の解明へのアプローチ―』, 7章), オーム社 (2009)

[諏訪，赤石 10] 諏訪正樹, 赤石智哉：身体スキル探究というデザインの術，『認知科学』, Vol.17, No.3, pp.417-429 (2010)

[諏訪他 12] 諏訪正樹, 筧康明, 矢島佳澄, 仰木裕嗣：ライフスキルの学習支援ツールの開

発　—身体と意識の共創様態の探究方法論—，電子情報通信学会特集号「人間を理解するための ICT 技術　—人間を対象としたセンシング・情報処理からその応用まで— 」,Vol.24, No.5, pp.377-384　(2012)

[諏訪 , 加藤 12] 諏訪正樹，加藤文俊：まち観帖：まちを観て語り伝えるためのメディア．人工知能学会第 26 回全国大会，2P1-OS-9b-6 (CDROM) (2012)

[諏訪 , 堀 13] 諏訪正樹，堀浩一　編：特集「一人称研究の勧め」にあたって，『人工知能』,Vol.28, No.5, p.688 (2013)

[諏訪 15] 諏訪正樹：一人称研究だからこそ見出せる知の本質 (諏訪正樹、堀浩一 編著 , 伊藤毅志 , 松原仁 , 阿部明典 , 大武美保子 , 松尾豊 , 藤井晴行 , 中島秀之著 :『一人称研究のすすめ　—知能研究の新しい潮流—』, 1 章), 近代科学社 , (2015)

[諏訪 , 堀 15] 諏訪正樹、堀浩一 編著 , 伊藤毅志 , 松原仁 , 阿部明典 , 大武美保子 , 松尾豊 , 藤井晴行 , 中島秀之著 :『一人称研究のすすめ　—知能研究の新しい潮流—』, 近代科学社 , (2015)

[諏訪 , 藤井 15] 諏訪正樹 , 藤井晴行 :『知のデザイン　自分ごととして考えよう』, 近代科学社 (2015)

[諏訪 16a] 諏訪正樹 :『「こつ」と「スランプ」の研究　身体知の認知科学』, 講談社　(2016)

[諏訪 16b] 諏訪正樹 :「身体」が「ことば」の力を借りたら ,『早稲田文学 2016 冬号小特集「からだにとって言語はなにか」』, Vol.1022, pp.158-163, (2016)

[諏訪 17] 諏訪正樹：身体知という研究領域，『人工知能』「身体知の発展」特集，Vol.32, No.2, pp.215-217 (2017)

[諏訪 , 鈴木 17a] 諏訪正樹 , 鈴木宏昭 , 堀浩一 :一人称研究対談 :「一人称研究とはなんぞや」上篇 ,『人工知能』, Vol.32, No.3, pp.437-447 (2017)

[諏訪 , 鈴木 17b] 諏訪正樹 , 鈴木宏昭 , 堀浩一 :一人称研究対談 :「一人称研究とはなんぞや」下篇 ,『人工知能』, Vol.32, No.4, pp.599-608 (2017)

[諏訪 , 青山 , 伝 20a] 諏訪正樹 , 青山征彦 , 伝康晴 : 特集「「生きる」リアリティと向き合う認知科学へ」編集にあたって ,『認知科学』, Vol.27, No.2, pp.89-94 (2020)

[諏訪 , 青山 , 伝 20b] 諏訪正樹 , 青山征彦 , 伝康晴 : 小特集「「生きる」リアリティと向き合う認知科学へ・その後」編集にあたって ,『認知科学』, Vol.27, No.4, pp.440-442 (2020)

[諏訪他 20] 諏訪正樹編著、伝康晴 , 坂井田瑠衣 , 高梨克也著 :『「間合い」とは何か　二人称的身体論』, 春秋社 (2020)

[諏訪 20a] 諏訪正樹 : タイミングを合わせる—野球の打者の間合い , (諏訪正樹編著、伝康晴 , 坂井田瑠衣 , 高梨克也著 :『「間合い」とは何か　二人称的身体論』第 1 章), 春秋社 (2020)

[諏訪 20b] 諏訪正樹 : 体感の微妙な差異に気づけるからだをつくる ,『体育科教育』(巻頭エッセイ), 5 月号 , pp.9-11, 大修館書店 (2020)

[諏訪 21] 諏訪正樹 : 身体学—「体感と問いの学」,（河野哲也、山口真美、金沢創、渡邊克巳、

田中章浩、床呂郁哉、高橋康介 (編) :『顔身体学ハンドブック』第 5-6 節) , 東京大学出版会 (2021)

[諏訪 22] 諏訪正樹：ことばにより醸成される主観こそ身体知の学びを促す源 ,『体育の科学』, Vol,72, No.1, pp.21-25 (2022)

[高尾 07] 高尾恭平：ダーツ道　―パフォーマンスは言葉に表れる―, 中京大学情報科学部 2006 年度卒業論文, 2007 年 1 月 (2007)

[谷 02] 谷徹 :『これが現象学だ』, 講談社 (2002)

[トヴェルスキー 20] トヴェルスキー , バーバラ著 (渡会圭子 訳) :『Mind in Motion　身体動作と空間が思考をつくる』, 森北出版 (2020)

[上羅 22] 上羅裕加：水を編むまち「三茶」―まち歩きの眼差しの体得―, 慶應義塾大学環境情報学部 2021 年度卒業プロジェクト論文 , (2022)

[上羅 , 諏訪 22] 上羅裕加 , 諏訪正樹：水を編むまち「三茶」―まち歩きの眼差しの体得―, 日本認知科学会「間合い」研究分科会第 20 回研究会 (2022 年 2 月 27 日) , JCCS SIG-Maai, Vol.2022, No.1, pp.4-1~10 (2022)

索引

索引語として日常生活でつかうことばも数多くリストアップした。生活を舞台とした身体知を探る一人称研究の書だけに、この種のものも重要な索引語であると認識している。

た

ら

わ

著者紹介

諏訪 正樹（すわ まさき）

慶應義塾大学環境情報学部教授。1984年東京大学工学部卒業、89年同大学院工学系研究科博士課程修了（工学博士）。同年、日立製作所基礎研究所入社、人工知能／推論学習の研究に従事。94-96年スタンフォード大学CSLI研究所にて客員研究員。1997年シドニー大学建築デザイン学科主任研究員就任。2000年より中京大学情報科学部助教授、04年より同学部教授。08年4月より現職。

専門は認知科学、および人工知能。生活に埋め込まれた身体知（いわゆるスポーツスキルだけではなく、感性や生活実践知、デザイン知、コミュニケーション知を含む）をひとが学ぶプロセスの研究を行う。認知科学は実世界のフィールドにて構成的方法論に則り行うのがよいという思想を有する。自ら野球選手としてスキルを学ぶ実践を通して、一人称視点の記述を残しつつ学びを促す手法「からだメタ認知」と研究方法論「一人称研究」を提唱してきた。単著に『「こつ」と「スランプ」の研究　身体知の認知科学』（講談社）、『身体が生み出すクリエイティブ』（筑摩書房）、共著に『知のデザイン　自分ごととして考えよう』、『一人称研究のすすめ　知能研究の新しい潮流』（ともに近代科学社）、『「間合い」とは何か　二人称的身体論』（春秋社）などがある。

装丁・組版　安原 悦子
編集　山根 加那子

一人称研究の実践と理論

「ひとが生きるリアリティ」に迫るために

2022 年 6 月 30 日　　初版第 1 刷発行

著　者　諏訪 正樹
発行者　大塚 浩昭
発行所　株式会社近代科学社
〒101-0051 東京都千代田区神田神保町 1 丁目 105 番地
https://www.kindaikagaku.co.jp

Printed in Japan
ISBN978-4-7649-0653-2
印刷・製本　大日本法令印刷